临川新梦

抚州文艺精品创作与特色文化走出去研究

意娜 著

华文出版社
SINO-CULTURE PRESS

图书在版编目（CIP）数据

临川新梦：抚州文艺精品创作与特色文化走出去研究 / 意娜著. -- 北京：华文出版社，2024.6
ISBN 978-7-5075-5772-5

Ⅰ.①临… Ⅱ.①意… Ⅲ.①地方文化－文化研究－抚州 Ⅳ.①G127.563

中国国家版本馆CIP数据核字(2023)第253008号

临川新梦：抚州文艺精品创作与特色文化走出去研究

作　　者：	意　娜
策划编辑：	杨艳丽
责任编辑：	周海璐
出版发行：	华文出版社
地　　址：	北京市西城区广安门外大街 305 号 8 区 2 号楼
邮政编码：	100055
网　　址：	http：//www.hwcbs.cn
电　　话：	总 编 室 010-58336239　发 行 部 010-58336212　58336230
	责任编辑 010-58336191
经　　销：	新华书店
印　　刷：	三河市龙大印装有限公司
开　　本：	710mm×1000mm　1/16
印　　张：	17.5
字　　数：	270 千字
版　　次：	2024 年 6 月第 1 版
印　　次：	2024 年 6 月第 1 次印刷
标准书号：	ISBN 978-7-5075-5772-5
定　　价：	68.00 元

版权所有，侵权必究

前　言

拥有2200多年历史的抚州是江西省第5个国家历史文化名城，文化底蕴深厚。这里素有"才子之乡、文化之邦"之称，中国文化史上著名文人王安石、曾巩、晏殊、晏几道、陆九渊、汤显祖等，都曾在此留下文化印记。抚州全市有714处各级文物保护单位和2431处已登记的不可移动文物，有省级历史文化名城2座、中国历史文化名镇2个、省级历史文化名镇1个，抚州还是江西省中国传统村落最多的设区市，全市有省级历史文化街区20片、中国历史文化名村8个、省级历史文化名村7个、中国传统村落96个、省级传统村落113个。抚州背负着深厚的文化积淀努力前行，以文兴城，赓续文化血脉，并再创文化辉煌，其实并不容易。"十三五"以来，在以习近平同志为核心的党中央坚强领导下，在各级党委政府支持和社会各界的共同努力下，我国文艺创作百花竞放、硕果累累，呈现出繁荣发展的生动景象。"十三五"时期，一系列重大政策措施相继出台，艺术创作生态进一步改善。文艺战线围绕中心、服务大局，增强"四个意识"、坚定"四个自信"、做到"两个维护"，艺术创作组织化程度进一步提高，艺术作品的整体质量显著提升。重大活动的导向和示范作用进一步发挥，文艺人才队伍进一步壮大，艺术传播的广度和深度进一步拓展，文艺事业的重要地位和作用愈加突出。在这一时期，抚州市作为全国历史文化名城的发展定位基本确立，汤显祖戏剧节成为江西文化"新名片"；北京大学文化传承与创新研究院（抚州）成立，"文化走出去"成效显著。抚州市文化发展过程呈现出政府重视、文化资源丰厚、品牌突出的特点。

"十四五"是我国全面建成小康社会、实现第一个百年奋斗目标，开启全面建设社会主义现代化国家新征程、向第二个百年奋斗目标进军的第一个五年，也是推进社会主义文化强国建设的关键时期。实现中华民族伟大复兴，离不开文艺事业的繁荣发展。文艺战线要全面把握新发展阶段、贯彻新发展理念和构建新发展格局，抓住新机遇，直面新挑战，感国运变化、立时代潮头，用精品力作吹响时代号角、展现时代风貌、引领时代风气，为中华民族提供丰厚的滋养，为世界文明贡献华彩篇章，努力开创艺术创作繁荣发展新局面。

在中国文联十一大、中国作协十大开幕式上，习近平总书记站在"两个一百年"奋斗目标的历史交会点上，为我国文艺事业的繁荣发展指明了新的努力方向，提出文艺工作者要有"坚持守正创新，用跟上时代的精品力作开拓文艺新境界"的使命担当[①]。

自2014年的文艺工作座谈会以来，习近平总书记围绕文艺创作的人民立场和精品追求，提出了一系列重要论述。他指出，中国历史上灿若星辰的文艺大师，留下了浩如烟海的文艺精品，不仅为中华民族提供了丰厚滋养，而且为世界文明贡献了华彩篇章。当代的文艺创作存在有数量缺质量、有"高原"缺"高峰"的现象，广大文艺工作者"必须把创作生产优秀作品作为文艺工作的中心环节，努力创作生产更多传播当代中国价值观念、体现中华文化精神、反映中国人审美追求，思想性、艺术性、观赏性有机统一的优秀作品"[②]。2015年，中共中央政治局审议通过了《关于繁荣发展社会主义文艺的意见》，指出繁荣发展社会主义文艺，必须高举中国特色社会主义伟大旗帜，以马克思列宁主义、毛泽东思想、邓小平理论、"三个代表"重要思想、科学发展观为指导，学习贯彻习近平总书记系列重要讲话精神，坚持社会主义先进文化前进方向，全面贯彻"二为"方向和"双百"方针，紧紧依靠广大文艺工作者，坚持以人民为中心，以社会主义核心价值观为引领，深入实践、深入生活、深入群众，推出更多无愧于民族、无愧于时代的文艺精品，不断满足人民精神文化需求，建设社会主义文化强国，为实现"两个一百年"奋斗目标、实现中华民族伟大复兴中国梦提供强大的价值引导力、文化凝聚力、精神推动力。[③]

2016年11月30日，习近平总书记在中国文联十大、中国作协九大开幕

---

① 习近平：在中国文联十一大、中国作协十大开幕式上的讲话［N］．人民日报，2021-12-15．
② 习近平在文艺工作座谈会上的讲话［N］．人民日报，2015-10-15．
③ 中共中央政治局召开会议审议《生态文明体制改革总体方案》《关于繁荣发展社会主义文艺的意见》［N］．人民日报，2015-9-12．

式上的讲话中再次指出:"古往今来,世界各民族无一例外受到其在各个历史发展阶段上产生的文艺精品和文艺巨匠的深刻影响。中华民族精神,既体现在中国人民的奋斗历程和奋斗业绩中,体现在中国人民的精神生活和精神世界中,也反映在几千年来中华民族产生的一切优秀作品中,反映在我国一切文学家、艺术家的杰出创造活动中。""那些叫得响、传得开、留得住的文艺精品,都是远离浮躁、不求功利得来的,都是呕心沥血铸就的。"我们的文艺工作者需要"胸中有大义、心里有人民、肩头有责任、笔下有乾坤,推出更多反映时代呼声、展现人民奋斗、振奋民族精神、陶冶高尚情操的优秀作品,为我们的人民昭示更加美好的前景,为我们的民族描绘更加光明的未来"[①]。中共中央政治局委员、中宣部原部长黄坤明在出席第十五届精神文明建设"五个一工程"表彰座谈会时强调要深入学习贯彻习近平总书记关于文化文艺工作系列重要论述,牢记初心使命、坚持正确方向,聚焦文艺精品创作,推动文化高质量发展,更好满足人民群众精神文化生活新期待,更好发挥文艺在举旗帜、聚民心、育新人、兴文化、展形象上的积极作用。[②]

新时代新气象,创作优秀文艺作品和精品的重要性和紧迫性更加凸显。国家呼唤文艺精品,有着丰厚文脉的抚州应该勇立潮头,努力创作出一批思想精深、艺术精湛、制作精良的优秀文艺作品和精品,记录人民的伟大实践和丰富多彩的社会生活,记录这片土地的奋斗历程。让历史与当下对话,让当下与未来呼唤,让抚州带着创造性转化与创新性发展的文化积淀走出江西,走向全国,向全世界讲述抚州故事、中国故事。同时,用优秀的精品深度滋养抚州人民的审美观和价值观。

带着这样深远的目的,我们在北京大学文化传承与创新研究院(抚州)的支持下启动了对抚州文脉的梳理和研究。本书凝结了抚州当地学者和文化部门多年的整理和研究成果,也参考了国内其他学者类似的分析思考。其中,中国社会科学院大学的周玥参与撰写了第二章和第三章的案例,并整理了大量资料。

我们希望能在这本书里回答三个问题:一是我们所追求的是什么样的文艺

---

① 习近平在中国文联十大、中国作协九大开幕式上的讲话[N].人民日报,2016-12-1.
② 聚焦文艺精品创作 更好满足人民精神文化生活新期待[N].人民日报,2019-8-20.

精品？二是抚州的文化资源如何助力文艺精品的创作？三是抚州文艺精品用什么样的形式走出去？本书只是抚州丰富文艺创作资源整理和规划的第一步，后续还可以通过研究，分析各种资源影响力和存续力，从中选择合适的内容、符号、作品、题材、片段进行各种再研究和再创作。

目 录

第一章 新时代文艺精品评价标准⋯⋯⋯⋯⋯⋯⋯⋯⋯⋯⋯⋯⋯ 1
  第一节 新时代文艺精品评价标准综述 ⋯⋯⋯⋯⋯⋯⋯⋯⋯⋯ 1
  第二节 用情用力讲好中国故事 ⋯⋯⋯⋯⋯⋯⋯⋯⋯⋯⋯⋯⋯ 4
    一、文艺创作心系民族复兴伟业 ⋯⋯⋯⋯⋯⋯⋯⋯⋯⋯⋯⋯ 5
    二、坚守人民立场讲好中国故事 ⋯⋯⋯⋯⋯⋯⋯⋯⋯⋯⋯⋯ 8
    三、倡导德艺双馨的时代精品力作 ⋯⋯⋯⋯⋯⋯⋯⋯⋯⋯⋯ 11
  第三节 抚州新时代文艺精品的评价标准 ⋯⋯⋯⋯⋯⋯⋯⋯⋯ 14
    一、精品的理论层面评价标准 ⋯⋯⋯⋯⋯⋯⋯⋯⋯⋯⋯⋯⋯ 14
    二、精品的精神层面评价标准 ⋯⋯⋯⋯⋯⋯⋯⋯⋯⋯⋯⋯⋯ 18
    三、精品的反映层面评价标准 ⋯⋯⋯⋯⋯⋯⋯⋯⋯⋯⋯⋯⋯ 22

第二章 抚州地方特色文化挖掘与解读（上）⋯⋯⋯⋯⋯⋯⋯⋯ 28
  第一节 建立抚州优秀文化素材库 ⋯⋯⋯⋯⋯⋯⋯⋯⋯⋯⋯⋯ 28
    一、文化素材库建设是实现抚州优秀传统文化"两创"的
       新型基础设施 ⋯⋯⋯⋯⋯⋯⋯⋯⋯⋯⋯⋯⋯⋯⋯⋯⋯ 28
    二、建设抚州优秀文化素材库有利于解决抚州文化发展的
       一系列紧迫问题 ⋯⋯⋯⋯⋯⋯⋯⋯⋯⋯⋯⋯⋯⋯⋯⋯ 33
    三、实施抚州优秀文化素材库建设需要解决的政策问题 ⋯ 36
  第二节 抚州相关经典文艺作品资源 ⋯⋯⋯⋯⋯⋯⋯⋯⋯⋯⋯ 38
    一、临川四梦 ⋯⋯⋯⋯⋯⋯⋯⋯⋯⋯⋯⋯⋯⋯⋯⋯⋯⋯⋯ 41
    二、抚州景点相关的古代经典文艺作品 ⋯⋯⋯⋯⋯⋯⋯⋯ 41

        三、抚州当代优秀文艺作品 ………………………………… 52
    第三节 抚州的优秀故事和题材 ………………………………… 55
    第四节 抚州著名的历史人物 …………………………………… 57

第三章 抚州地方特色文化挖掘与解读（下） ……………………… 66
    第一节 抚州经典作品中的著名人物 …………………………… 66
        一、杜丽娘 ………………………………………………… 66
        二、柳梦梅 ………………………………………………… 66
        三、李益 …………………………………………………… 67
        四、霍小玉 ………………………………………………… 67
        五、卢生 …………………………………………………… 68
        六、淳于棼 ………………………………………………… 68
    第二节 抚州特色文化表现形式 ………………………………… 69
        一、戏曲艺术形式 ………………………………………… 69
        二、非物质文化遗产 ……………………………………… 72
        三、文物古迹 ……………………………………………… 110
    第三节 抚州特色自然/文化景观 ……………………………… 161
    第四节 《大傩·董春女》案例分析 …………………………… 175
        一、《大傩·董春女》的精品构成要素 ………………… 176
        二、《大傩·董春女》"走出去"的条件 ……………… 178
        三、《大傩·董春女》的范例意义 ……………………… 180

第四章 文艺经典化与文化走出去 ………………………………… 182
    第一节 关于《牡丹亭》文本经典化路径的考察 ……………… 182
        一、《牡丹亭》文本经典的基本确立 …………………… 183
        二、《牡丹亭》文本经典的巩固与发展 ………………… 187
        三、《牡丹亭》的当代传承 ……………………………… 190
    第二节 打通抚州基于特色IP打造文艺精品创作的六大瓶颈 … 192
        一、优秀传统文化实现"两创"的三大理念瓶颈 ……… 193

二、根据传统文化资源进行文艺精品创作的3个现实困境 …… 196
　　三、打通文化转化瓶颈的长远路径选择 ………………… 197
　第三节　国内外文艺奖项的初步梳理 ……………………… 199
　　一、江西省已经获得的国内外奖项 ……………………… 199
　　二、全国性文艺新闻出版奖项 …………………………… 203
　　三、国外相关文艺奖项 …………………………………… 221

第五章　"十四五"时期抚州推进文艺精品创作建议 ………… 235
　第一节　文艺工作者在新时代的新要求 …………………… 235
　　一、以人民为中心的创作导向 …………………………… 235
　　二、培育和弘扬社会主义核心价值观 …………………… 238
　　三、扎根人民、扎根生活 ………………………………… 241
　　四、德艺双馨的艺术境界 ………………………………… 244
　第二节　"十四五"时期抚州推进文艺精品创作的建议 …… 246
　　一、"十四五"时期文艺精品创作的总体要求 ………… 248
　　二、推进抚州新时代艺术精品创作及走出去 …………… 249

附件　抚州文艺作品研究文章索引清单 ……………………… 252
　附1　采茶戏研究文章索引清单 …………………………… 252
　附2　抚州旅游研究文章索引清单 ………………………… 253
　附3　抚州品牌与传播研究文章索引清单 ………………… 257
　附4　汤显祖及其作品研究文章索引清单 ………………… 258
　附5　抚州文化研究文章索引清单 ………………………… 263
　附6　抚州其他文学与文人研究文章索引清单 …………… 266

第一章　新时代文艺精品评价标准

第一节　新时代文艺精品评价标准综述

对于优秀文艺作品的评价标准，是自古以来既有的话题。中国文学史上"思无邪""文质彬彬""发乎情，止乎礼义"等，都是中国古代形成的文艺评价标准。西方历史上也有过模仿说、实用说、表现说、客观说等标准。改革开放以来，发展了半个多世纪的多种西方文艺评价理论涌入中国，在中国文艺理论界形成多理论并存情况。同时，中国社会主义市场经济发展产生的评价理论，与西方理论发生了碰撞与融合，给中国的文艺带来了多样化的评价标准。比如：思想内容标准，要反映群众真实生活；读者反映标准，要引起强烈共鸣；商业化标准，要获得市场认可；甚至有人提出不应该有固定的评价标准。[①] 随着时代的发展，在不同社会历史发展时期，我们对文艺作品都有不同的要求，党的十八大以来，中国特色社会主义进入新时代，势必给当代优秀文艺作品和精品的评价提出了新要求。

习近平总书记指出，文艺工作者要用历史的、人民的、艺术的、美学的观点，创作生产更多传播当代中国价值理念、体现中华文化精神、反映中国人审美需求，思想性、艺术性、观赏性有机统一，有筋骨、有道德、有温度的优秀作品，书写和记录人民的伟大实践、时代的进步要求，彰显信仰之美、崇高之美。[②] 这其实已经回答了"什么是优秀文艺作品"的问题。尤其是他在文艺

---

① 李昕揆.优秀文艺作品的评判标准［J］.中国社会科学院研究生院学报，2018，3.
② 习近平：坚持以人民为中心的创作导向 创作更多无愧于时代的优秀作品［N］.人民日报，2014-10-16.

工作座谈会、十九大报告等多个场合所强调的精品之所以"精",在于"思想精深、艺术精湛、制作精良"。最近几年针对新时代文艺精品评价标准的讨论和阐释,基本上都是围绕着这三点展开的。

时任江西省副省长的朱虹认为习近平总书记的讲话精神可概括为"三精两力一检验","三精"即思想精深、艺术精湛、制作精良,"两力"即具有强烈的吸引力和感染力,"一检验"即能经得起历史的检验。其中,"三精"可以具体阐释为:思想精深,不是简单的、图解式的表述政治倾向和标语口号,它是艺术作品中自然流露的深刻哲理和文化价值观。艺术精湛需要具备三个要素,即"人物、故事和细节",充满独特个性的人物是文艺创作的核心和灵魂,直接决定作品的得失成败。故事是决定文艺创作成败的关键因素,不够好的故事是不可能吸引人看下去的;细节比故事更难找,更能反映真实生活。制作精良,就是要精益求精而绝不能胡编乱造,要"讲究"而绝不能"将就"。[①]他的解读可以被称为"十论":正确认识文艺创作的现状;正确认识文艺创作的有利条件;正确认识文艺精品的评价标准;坚持文艺创作的正确方向;坚持文艺创作以人民为中心;正确处理社会效益与经济效益的关系;正确处理弘扬中华优秀传统文化与借鉴世界优秀文化的关系;加强文艺人才队伍建设;加强文艺评论;加强党对文艺工作的领导等。

中国人民大学文学院教授李昕揆认为,"思想精深"指向文艺作品的"思想标准","艺术精湛"关涉文艺作品的"审美标准","制作精良"则指向评价文艺作品的"质量标准"。评价一部文艺作品优秀与否,关键就看其是否实现了思想标准、审美标准和质量标准的统一。具体而言,可以通过表1-1进行了解。

[①] 朱虹.用文艺精品反映和塑造伟大时代——学习习近平总书记在文艺工作座谈会上重要讲话的体会[N].光明日报,2015-3-1.

表 1-1

精品之"精"	所涉标准	具体标准	标准含义
思想精深	思想标准	倾向性	善。思想倾向性和价值导向性上是向上、向善的
		真实性	真。在可信度上是内容真实、态度真诚的
		情感性	情。在情感性上是将充沛的情感融注于作品之中,反映人民的真情实感,能够让人民从中体会到人间真情的
艺术精湛	审美标准	审美评价	按照美的规律来创造
		形象评价	真实地再现了典型环境中的典型人物
制作精良	质量标准	符合规格	符合文艺产品行业标准和制作规范。宏观层面,如果文化文艺产品具有"国际标准",就要符合"国际标准";中观层面,制作的广播影视剧作、出版的文艺书籍等文化文艺产品,要符合我国颁布的广播电影电视行业、新闻出版行业等的系列行业标准;在微观层面,要符合基本的生产规范和制作工艺流程
		受众需求	满足受众需求,并最终符合市场和社会需求

除此以外,其他学者也对这三个标准进行了各自的阐释。

中共黑龙江省委党校教授杨智慧等人将"艺术精湛"划分为四个层次:全球思维、中国气派、拓荒勇气、匠人态度。

全球思维 开展文学艺术创作的过程中,能够用全球思维的视角考虑问题,一方面打造与世界其他国家的对话平台,另一方面把国外文学艺术成功的表现手段引进来,成为社会主义文艺精品创作的有力武器。

中国气派 要有深厚的民族底气。一是坚守中华民族优秀文学艺术传统,汲取古代文学艺术有益基因;二是坚持从民间汲取生活营养和艺术营养;三是坚持到各个民族中间采风的传统;四是坚持到各个地方汲取营养。

拓荒勇气 文艺精品要以开拓为标志。一是添加新的文学艺术形象;二是创立新的文学艺术流派,即思想倾向、审美观念、艺术趣味、创作风格相近或相似的一些艺术家所形成的艺术派别；三是创造文学艺术表现方法，即作家、艺术家进行文学艺术创作时所遵循的基本原则和方法；四是开创审美新境界，把创作者和受众看成一体。

匠人态度 热爱生活、敬畏创造，把文学艺术看得如同生命一样重要。一是不忘初心，二是铸剑耐心，三是活化艺术。

他们将"制作精良"也划分为四个层次：精雕细刻、浑然一体、点睛破壁、梦笔生花。

精雕细刻 对艺术精益求精，一丝不苟。一是实景优先；二是剪辑严细；三是道具讲究。

浑然一体 经过后期剪辑合成的作品，必须做到首尾连贯，浑然天成。一是瞻前顾后；二是谨防露怯。

点睛破壁 就是后期制作中有神来之笔，能一下子提升作品档次。一是慧眼神功；二是面壁破壁。

梦笔生花 就是制作技艺炉火纯青，如手中握有生花妙笔一般，虽然用时不多，但剪裁得法，处置恰当。一是参悟生活；二是锤炼技艺。①

中国社会科学院文学研究所研究员丁国旗将习近平总书记文艺精品创作的评价标准总结为六个维度，即内在的时代、人民、精神维度和外在的原创、审美、化育维度。②丁国旗的总结阐释较为全面准确，成为抚州新时代文艺精品评价标准的可参考依据之一。

第二节　用情用力讲好中国故事

讲好中国故事是新时代文艺的重要使命。文艺工作者在中国特色社会主义建设新时代的重要职责就是要讲好中国故事、传播好中国声音、阐发好中国精神、展现好中国风貌。文艺工作者通过他们的作品，让外国民众有机会增进对中国的了解、深化对中国的认识。讲好中国故事，是对创作者提出的基本要求，

---

① 杨智慧，张伯男，衣巍巍. 论习近平对文艺精品创作质量标准的思想贡献［J］. 边疆经济与文化，2017，12.

② 丁国旗. 习近平文艺"精品"标准的六个维度浅论［J］. 中国当代文学研究，2020-6.

也是对文艺创作和作品提出的要求,是文艺作品成为文艺精品的最基本条件。

一、文艺创作心系民族复兴伟业

习近平总书记指出:"社会主义核心价值观是当代中国精神的集中体现,是凝聚中国力量的思想道德基础。广大文艺工作者要把培育和弘扬社会主义核心价值观作为根本任务,坚定不移用中国人独特的思想、情感、审美去创作属于这个时代、又有鲜明中国风格的优秀作品。"① 对于广大文艺工作者而言,培育和弘扬社会主义核心价值观一方面提振民族凝聚力,实现文艺培根铸魂的化育作用,培育文化自信的需要;另一方面塑造提升新时代我国文化竞争力和文化形象,使西方社会了解中华文化和中华精神,实现中华民族伟大复兴中国梦的需要。②

(一)培育和弘扬社会主义核心价值观

第一,文艺是培育和弘扬社会主义核心价值观的有效载体。文艺通过感人的故事情节、人物形象的塑造,将思想价值等精神层面的东西与故事发展、人物命运有机结合,在潜移默化中使读者欣赏作品的同时接受作品所传递的社会主义核心价值观内容,这种"内化"而不是"灌输"的方式,易于为人所接受。这就要求文艺创作者要不断提高自己的创作水平,尊重艺术规律,创作优秀作品,使对社会主义核心价值观的弘扬不流于空洞的说教。正如习近平总书记所指出的:"艺术的最高境界就是让人动心,让人们的灵魂经受洗礼,让人们发现自然的美、生活的美、心灵的美。"③ 通过丰富的文艺形式、艺术形象,告诉人们什么是有价值的,什么是无意义的,什么是真善美,什么是假恶丑,这是优秀的、高质量的文艺作品的优势所在,也是使命所在。④

第二,社会主义核心价值观是文艺作品的灵魂。社会主义核心价值观从国家之德、社会之德、人之德三个层次为新时代民族精神塑造提供了方向。社

---

① 习近平在中国文联十大、中国作协九大开幕式上的讲话[N].人民日报,2016-12-1.
② 丁国旗.新时代习近平对文艺工作者的新要求[J].社会科学辑刊,2021,4.
③ 习近平在文艺工作座谈会上的讲话[N].人民日报,2015-10-15.
④ 同②。

会主义核心价值观的培育和弘扬,已经成为新时代中国特色社会主义繁荣发展、实现民族伟大复兴国家战略的重要内容之一,是新时代广大文艺工作者的根本任务。广大文艺工作者要弘扬社会主义核心价值观,正逢其时。

(二)在历史积淀中阐释新时代话语

中国优秀传统文化,尤其是其中丰厚的历史文化积淀,一直是我们文艺创作的重要灵感来源,讲新时代的故事不能弃之不用,要洞悉历史、扎根传统,坚守中华文化立场,体现中华文化精神。在此基础上,文艺创作者要立足新时代,扎根现实,用极具时代特征的文艺作品来表现鲜活的时代精神。文艺作品要面向未来,对传统历史的回顾和当下现实的审视,最终都是为了未来的愿景和对理想的前瞻和思考。

当今世界正处于百年未有之大变局,当今中国综合国力发展之快、对世界影响之大同样百年未有。中国正处于大踏步前进并在前进的过程中不断为世界文化文明做出重要贡献的伟大时代,忠实地记录这个时代、深刻地反映这个时代、艺术地表现这个时代,把改革创新、以人为本、和平发展、社会和谐、与时俱进等一系列时代精神描摹出来,让中国和世界人民都感受到、领悟到并从心底由衷地认同我们的时代,是文艺创作者艺术生命的呈现、人生价值的体现,更是时代赋予我们难得的艺术创新创造的机遇。正如习近平总书记寄语广大文艺工作者,要"坚定文化自信,把握时代脉搏,聆听时代声音","承担记录新时代、书写新时代、讴歌新时代的使命,勇于回答时代课题,从当代中国的伟大创造中发现创作的主题、捕捉创新的灵感,深刻反映我们这个时代的历史巨变,描绘我们这个时代的精神图谱,为时代画像、为时代立传、为时代明德"①。因此,文艺创作既要有生活的宽度,也要有历史的深度,更要有艺术把握生活的高度。这是文艺工作者作为"时代风气的先觉者、先行者、先倡者"②的具体体现。"扎根人民、扎根生活"的召唤重新为文艺创作者回归人民、回归生活提供了新的契机。毛泽东同志当年曾批评上海"亭子间写作",当下,文艺界中追逐金钱、个人主义、历史虚无主义、远离人民生活的问题仍然存

---

① 习近平:坚定文化自信把握时代脉搏聆听时代声音 坚持以精品奉献人民用明德引领风尚[N].人民日报,2019-3-5.
② 习近平在文艺工作座谈会上的讲话[N].人民日报,2015-10-15.

在。"书房"写作、"宾馆"写作、"景区"写作曾经是许多作家的创作"真经",抒发一己之小悲欢构成一些作家写作的全部情感,这些都是成问题的。因此,"扎根人民、扎根生活"的提出是针砭文艺创作存在的各种问题的一剂良药。它既是一种能力和本领,又是一种修养;既是创作者向人民学习、接受人民再教育、提升创作能力的必然过程,也是出精品、创经典、繁荣发展社会主义文艺文化的必然之路;是时代的需要,也是个人"德艺双馨"的修为途径。[①]

(三)扎根人民、扎根生活

"扎根人民、扎根生活"是 2014 年习近平总书记在文艺工作座谈会上的讲话中论述创作方法时提出来的。"扎根生活、扎根人民"这一创作方法,是在深刻理解文艺源于人民、服务人民,以及文艺要弘扬社会主义核心价值观、要出精品等前提下提出来的。只有在这些前提下理解,才是有新意、合乎时代要求的最根本、最关键、最牢靠的创作办法。

第一,"扎根人民、扎根生活"是马克思主义现实主义创作的基本要求。毛泽东同志在《延安文艺座谈会上的讲话》中就提出"人民生活是一切文学艺术的取之不尽、用之不竭的唯一的源泉"[②]。在这一原则指引下,广大文艺工作者奔赴抗战和生活第一线,同人民群众始终保持鱼水相依的亲密关系,创作出了《白毛女》《山乡巨变》等脍炙人口的作品,出现了赵树理、柳青等一批与人民心心相连、受人民欢迎的优秀作家。在中国特色社会主义进入新时代这一重要历史时期,习近平总书记又一次强调了"人民是创作的源头活水"[③]这一思想。对于文艺工作者而言,一是要求大家要把身子真正扎下去,而不能以"采风""下乡"取代;二是要处理好文艺与人民、与生活、与时代的统一关系。这里的"扎根人民、扎根生活"还有其更深层次的含义。"扎根人民"反映的是文艺工作者与人民的关系,所强调的是文艺工作者与人民血肉相连的情感纽系;而"扎根生活"体现的是文艺与现实的关系,强调文艺工作者要关注现实,把自己的命运与时代发展紧紧相连。这就在关注人民的前提之下,将更宽

---

① 丁国旗.新时代习近平对文艺工作者的新要求[J].社会科学辑刊,2021,4.
② 毛泽东选集:第 3 卷[M].北京:人民出版社,1991:855-860.
③ 习近平:坚定文化自信把握时代脉搏聆听时代声音 坚持以精品奉献人民用明德引领风尚[N].人民日报,2019-3-5.

广的视角投注到整个社会的生活场景以及社会发展的历史命运之中。①

第二,提炼生活是艺术创作的基本能力。一定程度上讲,作品质量的高低好坏是由创作者的艺术提炼功夫决定的。提炼生活,首先要真正读懂生活、吃透生活、消化生活,不断提高对生活的理解能力。只有扎根人民,扎根生活,阅读生活,读懂生活,文化文艺工作者才能"跳出'身边的小小的悲欢',走进实践深处,观照人民生活,表达人民心声,用心用情用功抒写人民、描绘人民、歌唱人民"②。在提炼生活过程中还会遇到诸如创作素材选取、创作原则运用、艺术构思方法、人物形象塑造等问题,艺术地应对这些问题,是创作者提炼生活能力的一种表现。习近平总书记还强调过文艺创作"应该用现实主义精神和浪漫主义情怀观照现实生活,用光明驱散黑暗,用美善战胜丑恶,让人们看到美好、看到希望、看到梦想就在前方"③。因为这既是现实生活多元多面呈现本身的基本要求,也是社会主义文艺创作的必然追求,更是马克思主义文艺创作观的基本传统和特征。"现实主义精神"让我们扎根人民,深入现实,"浪漫主义情怀"让我们立足现实,提炼生活,弘扬真善美,传播正能量。④

二、坚守人民立场讲好中国故事

坚持"以人民为中心的创作导向"是习近平总书记对文艺工作提出的总原则、总方针,它关系着文艺创作为了谁、要写谁、如何写以及文艺作品最终由谁来鉴赏、谁来评判等一系列重要的理论命题。"文学艺术创造、哲学社会科学研究首先要搞清楚为谁创作、为谁立言的问题,这是一个根本问题。"⑤这个根本问题是一切文艺创作的前提——所有文艺工作者都需要有意识或者无意识加入这一行列。为人民写作并不是新时代的原创。马克思就讲过,一切精神文化产品只是而且应该是人民日常思想和感情的表达,"人民历来就是作家

---

① 丁国旗. 新时代习近平对文艺工作者的新要求[J]. 社会科学辑刊,2021,4.
② 习近平. 一个国家、一个民族不能没有灵魂[J]. 求是,2019,8.
③ 习近平在文艺工作座谈会上的讲话[N]. 人民日报,2015-10-15.
④ 同①。
⑤ 习近平:坚定文化自信把握时代脉搏聆听时代声音 坚持以精品奉献人民用明德引领风尚[N]. 人民日报,2019-3-5.

'够资格'和'不够资格'的唯一判断者"①。列宁提出,无产阶级的文学"不是为饱食终日的贵妇人服务,不是为了百无聊赖、胖得发愁的'一万个上层分子'服务,而是为千千万万劳动人民,为这些国家的精华、国家的力量、国家的未来服务"②。在1942年《在延安文艺座谈会上的讲话》中,毛泽东同志曾明确提出,当时延安文艺"问题的中心"基本上就是"为群众"和"如何为"的问题,提出文艺不是"为着剥削者压迫者的文艺"而是"为人民的"③。可以说,"为人民"构成马克思主义文艺观的永恒主题,更是新时代我国社会主义文艺的宗旨所在。④ 根据学者的总结提炼,习近平同志在有关文艺工作的系列重要论述中分为三个层次阐述过这个问题。

(一)"为人民服务"是文艺工作者的天职

习近平总书记指出:"只有牢固树立马克思主义文艺观,真正做到了以人民为中心,文艺才能发挥最大正能量。以人民为中心,就是要把满足人民精神文化需求作为文艺和文艺工作的出发点和落脚点,把人民作为文艺表现的主体,把人民作为文艺审美的鉴赏家和评判者,把为人民服务作为文艺工作者的天职。"⑤ 也就是说,人民在文艺工作中具有表现、鉴赏和评判主体的地位。"为人民服务"理念对于创作者具有决定性意义。尤其是"把为人民服务作为文艺工作者的天职"的说法,进一步明确了文艺工作者在新时代从事文艺工作的最高使命和基本职责。

把为人民服务作为文艺工作者的天职,是由文艺的性质和新时代文艺的使命任务决定的。文艺工作是培根铸魂的工作,"文艺是时代前进的号角,最能代表一个时代的风貌,最能引领一个时代的风气"⑥。在很多时候,文艺比其他任何形式都更具有震撼人心、持之以恒的力量。抗战时期,一部《黄河大合唱》让每一位中华儿女热血沸腾,激起了黄河般百折不挠、同仇敌忾的战斗意志,所谓"一曲大合唱,可顶十万毛瑟枪",这就是艺术的力量。在当下实现

---

① 马克思恩格斯全集:第1卷[M].北京:人民出版社,1956:90.
② 列宁全集:第12卷[M].北京:人民出版社,1987:97.
③ 毛泽东选集:第3卷[M].北京:人民出版社,1991:855-860.
④ 丁国旗.新时代习近平对文艺工作者的新要求[J].社会科学辑刊,2021,4.
⑤ 习近平在文艺工作座谈会上的讲话[N].人民日报,2015-10-15.
⑥ 同④。

中华民族伟大复兴中国梦的征程中,通过文艺为时代画像、为时代立传、为时代明德,把中国精神、中国价值、中国力量阐释好,宣传好,为广大人民群众提供最强大的精神激励,是所有文艺工作者最神圣的职责和使命。把为人民服务作为文艺工作者的天职,也是由文艺工作者的社会身份所决定的。文艺工作者首先是一个社会工作者。作为世界上最大的社会主义国家,对人民负责,全心全意为人民服务,应该是文艺工作者自觉践行的行为准则和工作宗旨。①

(二)诚心诚意做人民的小学生

文艺创作的所有原料都来自人民,作为生活主角的人民最有资格、最应该成为文艺作品的主角,并成为作品优劣高下最合格、最有能力的评判者。"文艺要赢得人民认可,花拳绣腿不行,投机取巧不行,沽名钓誉不行,自我炒作不行,'大花轿,人抬人'也不行。"②凡此种种,都是没有从心底认可人民、信奉人民的具体表现,是践行"以人民中心"的假动作,是内心虚空的表现。人民创造历史,也是艺术形式的创造者。被认为是中国最早的诗歌作品的《弹歌》——"断竹,续竹;飞土,逐宍",就源自人民,是一首民间歌谣,是地地道道的人民创作。中国最早的诗歌总集《诗经》中的大部分作品的真正创作者也都是来自一个个不知道姓名的劳动者,作品所描写的内容也大都是当时广大劳动人民的日常生活——劳动与爱情、战争与徭役、压迫与反抗、风俗与婚姻、祭祖与宴会等。由人民创作、描写人民生活,这是早期文艺也是后世文艺的重要特点。从诗歌到音乐、舞蹈、绘画、建筑等,莫不如此。总之,广大文艺工作者必须降下身段,诚心诚意做人民的小学生,与人民同呼吸、共命运,多向人民学习,多向人民请教,从更深的层面去认识人民的重要地位。文艺属于人民,离开人民,文艺工作者将一事无成。③

(三)热爱人民要落实在文艺创作全过程

习近平总书记说:"热爱人民不是一句口号,要有深刻的理性认识和具体的实践行动。"④这句话道出了"热爱人民"的本质内涵和外在表现。所谓"深

---

① 丁国旗.新时代习近平对文艺工作者的新要求[J].社会科学辑刊,2021,4.
② 习近平在文艺工作座谈会上的讲话[N].人民日报,2015-10-15.
③ 同①。
④ 同②。

刻的理性认识"就是要深深懂得人民是历史创造者的道理,从思想情感上认识人民,理解人民;所谓"具体的实践行动"就是要深入群众、扎根生活,把对人民的理性认识运用到实际当中。广大文艺工作者要以高度的责任心和事业心,以更加锐利的目光、更加细致的情感、更加主动的态度来观察社会、了解时代,和人民群众交朋友,不断丰富自己对生活的理解和感受,进而提炼生活,写出真正打动人心的好作品。要像习近平总书记提到的作家柳青那样,"熟知乡亲们的喜怒哀乐,中央出台一项涉及农村农民的政策,他脑子里立即就能想象出农民群众是高兴还是不高兴"①。这才是真正做到了和人民群众心连心,真正做到了身入、心入、情入,把热爱人民落实到文艺创作的全过程。②

三、倡导德艺双馨的时代精品力作

"德艺双馨"是习近平总书记在谈到文艺创作时总会提及的话题。在文艺工作座谈会讲话中,习近平总书记指出"繁荣文艺创作、推动文艺创新,必须有大批德艺双馨的文艺名家"③。在中国文联十大、作协九大开幕式讲话中,他提到"广大文艺工作者要把崇德尚艺作为一生的功课,把为人、做事、从艺统一起来,加强思想积累、知识储备、艺术训练,提高学养、涵养、修养,努力追求真才学、好德行、高品位,做到德艺双馨"④。前述"以人民为中心"、弘扬社会主义核心价值观是文艺工作者之"德","扎根人民、扎根生活"是文艺创作者之"才"与"艺"。德在于养,艺要去修,创作者要想达到"德艺双馨",就要不断地在实践中磨砺、体悟、思考,要经历一个痛苦与超越的过程。⑤

(一)戒浮戒躁是文艺创作者的本分

习近平总书记曾经提到,很多老艺术家一致认为当前我国文艺最突出的问题是"浮躁"。他还提到在文艺创作方面存在的"有数量缺质量、有'高原'缺'高峰'的现象,存在着抄袭模仿、千篇一律的问题,存在着机械化

---

① 习近平在文艺工作座谈会上的讲话[N].人民日报,2015-10-15.
② 丁国旗.新时代习近平对文艺工作者的新要求[J].社会科学辑刊,2021,4.
③ 同①。
④ 习近平在中国文联十大、中国作协九大开幕式上的讲话[N].人民日报,2016-12-1.
⑤ 同②。

生产、快餐式消费的问题","有的调侃崇高、扭曲经典、颠覆历史,丑化人民群众和英雄人物;有的是非不分、善恶不辨、以丑为美,过度渲染社会阴暗面;有的搜奇猎艳、一味媚俗、低级趣味,把作品当作追逐利益的'摇钱树',当作感官刺激的'摇头丸';有的胡编乱写、粗制滥造、牵强附会,制造了一些文化'垃圾';有的追求奢华、过度包装、炫富摆阔,形式大于内容;还有的热衷于所谓'为艺术而艺术',只写一己悲欢、杯水风波,脱离大众、脱离现实"。而造成这些的原因,一是文艺"在市场经济大潮中迷失方向""在为什么人的问题上发生偏差",另一个是"一些人觉得,为一部作品反复打磨,不能及时兑换成实用价值,或者说不能及时兑换成人民币,不值得,也不划算"。① 文艺作品最终要由创作者来完成,创作者的德艺修养决定着文艺作品的水平和质量。习近平总书记指出:"文艺是给人以价值引导、精神引领、审美启迪的,艺术家自身的思想水平、业务水平、道德水平是根本。文艺工作者要自觉坚守艺术理想,不断提高学养、涵养、修养,加强思想积累、知识储备、文化修养、艺术训练,努力做到'笼天地于形内,挫万物于笔端'。除了要有好的专业素养之外,还要有高尚的人格修为,有'铁肩担道义'的社会责任感。在发展社会主义市场经济条件下,还要处理好义利关系,认真严肃地考虑作品的社会效果,讲品位,重艺德,为历史存正气,为世人弘美德,为自身留清名,努力以高尚的职业操守、良好的社会形象、文质兼美的优秀作品赢得人民喜爱和欢迎。"②

(二)养德与修艺是文艺工作者的必修课

对于文艺工作者而言,个人修养包括德行修养与艺术素养两个方面。关于养德的问题,习近平总书记曾经说过:"道德之于个人、之于社会,都具有基础性意义,做人做事第一位的是崇德修身。这就是我们的用人标准为什么是德才兼备、以德为先,因为德是首要、是方向,一个人只有明大德、守公德、严私德,其才方能用得其所。修德,既要立意高远,又要立足平实。要立志报效祖国、服务人民,这是大德,养大德者方可成大业。"③ 习近平总书记对于德

---

① 习近平在文艺工作座谈会上的讲话[N].人民日报,2015-10-15.
② 同①。
③ 习近平:青年要自觉践行社会主义核心价值观[N].人民日报,2014-5-5.

艺双馨的呼唤与重视与其对新时代文艺工作者所肩负的历史使命和时代任务的科学认知是分不开的。正像他所说的："文化文艺工作者、哲学社会科学工作者都肩负着启迪思想、陶冶情操、温润心灵的重要职责，承担着以文化人、以文育人、以文培元的使命。大家社会影响力大，理应以高远志向、良好品德、高尚情操为社会作出表率。"①他要求"新时代的文化文艺工作者、哲学社会科学工作者明大德、立大德，就要有信仰、有情怀、有担当，树立高远的理想追求和深沉的家国情怀，把个人的艺术追求、学术理想同国家前途、民族命运紧紧结合在一起，同人民福祉紧紧结合在一起，努力做对国家、对民族、对人民有贡献的艺术家和学问家。要坚守高尚职业道德，多下苦功、多练真功，做到勤业精业。要自觉践行社会主义核心价值观，在市场经济大潮面前自尊自重、自珍自爱，讲品位、讲格调、讲责任，抵制低俗庸俗媚俗。良好职业道德体现在执着坚守上，要有'望尽天涯路'的追求，耐得住'昨夜西风凋碧树'的清冷和'独上高楼'的寂寞，最后达到'蓦然回首，那人却在，灯火阑珊处'的领悟。"②

（三）"德艺双馨"是时代的需要

"德艺双馨"一直都受到文艺管理部门和文艺工作者的重视。早在2012年和2014年，中国文联就出台了相关文件，提出了"台上台下一样，人前人后一样。做社会主义核心价值观的坚定守护者，积极践行文艺界'爱国、为民、崇德、尚艺'的核心价值观，坚决反对拜金主义、享乐主义、极端个人主义，坚决抵制'黄、赌、毒、黑'等违法乱纪行为，修身律己、磨砺品行、德艺双馨、行为世范"③等指导性规定。"爱国、为民、崇德、尚艺"都是修养的表现，已经成为广大文艺工作者的心声和共识。习近平总书记反复告诫广大作家、艺术家一定要处理好德与艺的辩证关系，要有"德艺双馨"的远大抱负，向大师看齐，对后世负责，要努力磨炼，要将对德与艺的追求体现在艺术创作中，表现在对生活的认识和体味中，对急功近利的贬斥中，体现在服务国家与人民的伟大事业中。④

---

① 习近平：坚定文化自信把握时代脉搏聆听时代声音 坚持以精品奉献人民用明德引领风尚［N］．人民日报，2019-3-5.
② 习近平．一个国家、一个民族不能没有灵魂［J］．求是，2019，8.
③ 文艺工作者践行社会主义核心价值观倡议书［N］．人民日报，2014-8-30.
④ 丁国旗．新时代习近平对文艺工作者的新要求［J］．社会科学辑刊，2021，4.

第三节　抚州新时代文艺精品的评价标准

根据习近平总书记《在文艺工作座谈会上的讲话》《在中国文联十大、中国作协九大开幕式上的讲话》《在全国政协十三届二次会议文化艺术界、社会科学界委员联组会上的讲话》等文件，可以系统、集中了解新时代文艺与创作问题的基本依据和理论基础。从该基础出发，按照文艺创作的基本规律，可以总结出抚州新时代文艺精品评价的理论标准和实践标准。在本书中，笔者将对这些标准进行整理叙述。

抚州新时代文艺精品，需要在内在的理论层面、精神层面和外在的反映层面达到以下标准：

表 1-2

层面	具体标准	含义标准
理论层面	时代性标准	反映时代：进入时代、读懂时代、理解时代
	人民性标准	以人民为中心：对人民生活的描写和对人物形象的塑造；为人民书写，为人民创作
精神层面	价值标准	马克思主义指导思想、中国特色社会主义共同理想、以爱国主义为核心的民族精神、以改革创新为核心的时代精神和社会主义荣辱观等
	独一无二性	从无到有的独创；在别人基础上的突破创新
反映层面	口碑标准	人民评价、专家评价；对应国内外奖项
	市场标准	社会效益与经济效益相统一；经济效益服从于社会效益

一、精品的理论层面评价标准

精品必须是具有时代性和人民性的。

文艺作品总是反映所产生的时代的，即便内容主题来自不同的时空。文艺是时代的产物，优秀的文艺作品总是"紧跟时代步伐、反映时代生活、凝聚时代精神、引领时代发展的"。习近平总书记要求"创作无愧于时代的优秀作品"①，这不仅是他对新时代文艺工作提出的具体要求，也是任何一个时代对文艺作品的要求和期待。文艺作品无愧于时代，需要立足于时代，反映时代。在中国文联十大、中国作协九大开幕式上，习近平总书记指出："一个时代有一个时代的文艺，一个时代有一个时代的精神。任何一个时代的经典文艺作品，都是那个时代社会生活和精神的写照，都具有那个时代的烙印和特征。任何一个时代的文艺，只有同国家和民族紧紧维系、休戚与共，才能发出振聋发聩的声音。反映时代是文艺工作者的使命。"②

对于文艺作品来说，"社会的色彩有多么斑斓，文艺作品的色彩就应该有多么斑斓；社会的情境有多么丰富，文艺作品的情境就应该有多么丰富；社会的韵味有多么淳厚，文艺作品的韵味就应该有多么淳厚。""离开火热的社会实践，在恢宏的时代主旋律之外茕茕孑立、喃喃自语，只能被时代淘汰。"③丁国旗引用吴承恩的例子说明，虽然文艺创作离不开想象与创造，但是这种想象与创造根本无法离开时代与现实为其提供的坚实根基。《西游记》虽然在艺术想象上丰富、奇特、大胆，但终究是时代的产物。也正因为作品深刻反映了社会现实以及时代发展的本质规律，才得以最终超越其特定时代而久盛不衰。④吴承恩曾在《禹鼎志·序》中写道："虽然，吾书名为志怪，盖不专明鬼，时纪人间变异，亦微有鉴戒寓焉。"⑤吴承恩自己都说，虽然书名是神怪，讲的是鬼怪故事，但还是借故事反映、讽喻当时的时代的。换句话说，作者不论写的是什么时候的故事，也只有讲述自己时代的精神，才能得心应手，写出优秀的作品。总而言之，文艺作品的时代性在于文艺作品需要反映时代。

反映时代要进入时代、读懂时代和理解时代。如习近平总书记所指示的那样，"社会是一本大书，只有真正读懂、读透了这本大书，才能创作出优秀

---

① 习近平在文艺工作座谈会上的讲话［N］．人民日报，2015-10-15．
② 习近平在中国文联十大、中国作协九大开幕式上的讲话［N］．人民日报，2016-12-1．
③ 同②。
④ 丁国旗．习近平文艺"精品"标准的六个维度浅论［J］．中国当代文学研究，2020，6．
⑤ 冯骥才．中华散文精粹：明清卷［M］．北京：作家出版社，2006：30．

作品。""伟大的作品一定是对个体、民族、国家命运最深刻把握的作品。"① 党的十八大以来，中国特色社会主义进入新时代，新时代是中国大繁荣大发展的时代，也是文艺大有可为的时代，在这波澜壮阔的伟大实践中，演绎了无数动人心弦的故事，涌现了无数可歌可泣的英雄人物，形成了气象万千的社会景象。这就要求广大文艺工作者要抓住时代特征，把握时代脉搏，进行无愧于时代的文艺创作。作家、艺术家要打造文艺精品，就应该明确文艺发展的历史方位，深入时代，把握时代，以新时代文艺创作素材的极大丰富，助推文艺精品的不断涌现。习近平总书记要求："希望大家承担记录新时代、书写新时代、讴歌新时代的使命，勇于回答时代课题，从当代中国的伟大创造中发现创作的主题、捕捉创新的灵感，深刻反映我们这个时代的历史巨变，描绘我们这个时代的精神图谱，为时代画像、为时代立传、为时代明德。"②

人民性是文艺作品的重要维度，文艺作品的创作导向应坚持"以人民为中心"。习近平总书记有关文艺的重要论述，将人民置于文艺事业及文艺工作的核心位置。历史已经反复证明，人民是历史的创造者，是历史发展和社会进步的主体力量。坚持"以人民为中心"的创作导向，为文艺作品创作明确了人民维度。"以人民为中心"的"人民"，既是一个整体，也是众多具体、个体的人。习近平总书记指出："人民不是抽象的符号，而是一个一个具体的人，有血有肉，有情感，有爱恨，有梦想，也有内心的冲突和挣扎。"③"真实的人物是千姿百态的，要用心用情了解各种各样的人物，从人民的实践和多彩的生活中汲取营养，不断进行生活和艺术的积累，不断进行美的发现和美的创造。"④

"以人民为中心"的文艺创作第一个评价层次是作品对人民生活的描写和对人物形象的塑造。习近平总书记指出："典型人物所达到的高度，就是文艺作品的高度，也是时代的艺术高度。只有创作出典型人物，文艺作品才能有吸

---

① 习近平在中国文联十大、中国作协九大开幕式上的讲话[N].人民日报，2016-12-1.
② 习近平：坚定文化自信把握时代脉搏聆听时代声音 坚持以精品奉献人民用明德引领风尚[N].人民日报，2019-3-5.
③ 习近平在文艺工作座谈会上的讲话[N].人民日报，2015-10-15.
④ 同①。

引力、感染力、生命力。"①因此"广大文艺工作者要始终把人民的冷暖和幸福放在心中,把人民的喜怒哀乐倾注在自己的笔端,讴歌奋斗人生,刻画最美人物。"习近平总书记同样重视文艺作品对人民形象、人民生活的描写,他在谈到柳青的《创业史》时,便称赞其在作品中塑造的人物栩栩如生。人物形象塑造得好不好,人民生活刻画得深不深刻,一直是文艺作品是否优秀的重要标尺。纵观古今中外的经典作品,如雨果的《巴黎圣母院》、巴尔扎克的《人间喜剧》、曹雪芹的《红楼梦》、鲁迅的《祝福》《阿Q正传》等,没有哪一部作品是在这方面存在缺失的。②今天的人民是社会主义的创造者,是社会主义核心价值观的践行者,是实现民族伟大复兴两个一百年奋斗目标的建设者,只有歌颂他们才能出精品,才能为历史存正气,为时代树风尚。

"以人民为中心"的文艺创作第二个评价层次是为人民书写,为人民创作。这是马克思主义文艺理论的基本内核,习近平总书记继承并发扬了这一精神,并很好地将其运用于文艺方面。他要求文艺工作者要始终坚持"以人民为中心"的创作导向,将服务人民作为探讨文艺问题的根本立场,这成为其文艺系列重要论述的核心理念、中心思想。习近平总书记强调:"文学艺术创造、哲学社会科学研究首先要搞清楚为谁创作、为谁立言的问题,这是一个根本问题。"③"以人民为中心,就是要把满足人民精神文化需求作为文艺和文艺工作的出发点和落脚点,把人民作为文艺表现的主体,把人民作为文艺审美的鉴赏家和评判者,把为人民服务作为文艺工作者的天职。""能不能搞出优秀作品,最根本的决定于是否能为人民抒写、为人民抒情、为人民抒怀。"④

人民的维度看似抽象,其实关注的是创作者的态度和原则问题。古今中外那些有成就的作家、艺术家,一定都是心系人民、深入人民、书写人民的,那些生命常青的文艺作品,也都充满着对人民命运的悲悯、对人民悲欢的关切,以精湛的艺术彰显出深厚的人民情怀。⑤这样的文艺创作者,需要从人民

---

① 习近平在中国文联十大、中国作协九大开幕式上的讲话[N].人民日报,2016-12-1.
② 丁国旗.习近平文艺"精品"标准的六个维度浅论[J].中国当代文学研究,2020,6.
③ 习近平:坚定文化自信把握时代脉搏聆听时代声音 坚持以精品奉献人民用明德引领风尚[N].人民日报,2019-3-5.
④ 习近平在文艺工作座谈会上的讲话[N].人民日报,2015-10-15.
⑤ 同②。

中来,到人民中去,熟悉和体验人民的生活,理解人民,歌颂人民,引起人民的共鸣。习近平总书记指出:"文艺创作方法有一百条、一千条,但最根本、最关键、最牢靠的办法是扎根人民、扎根生活。"①"关在象牙塔里不会有持久的文艺灵感和创作激情。离开人民,文艺就会变成无根的浮萍、无病的呻吟、无魂的躯壳。"②在习近平总书记看来,"文艺只有植根现实生活、紧跟时代潮流,才能发展繁荣;只有顺应人民意愿、反映人民关切,才能充满活力。"③文艺作为上层建筑和意识形态的重要内容,始终建立在人民生活的基础之上。文艺工作者要扎根人民、深入生活,是文艺发展本身的固有规律,是习近平总书记对文艺创作提出的具体要求,更是创作精品的根本出路所在。习近平总书记在文艺工作座谈会讲话中所列举的大量作品,如《弹歌》《七月》《采薇》《关雎》《天问》《敕勒歌》《木兰诗》,以及屈原、杜甫、李绅、郑板桥等人的作品,都是从人民生活中产生、深刻反映人民心声的作品。没有融入人民的决心,没有关怀人民的真情,纵有精致华丽的文艺形式,文艺作品终究都会因缺乏内容支撑而无法引起共鸣,沦为过眼云烟,难以流传。④

二、精品的精神层面评价标准

当下我国文艺有一个现象是"有高原缺高峰",其中一个原因就是部分文艺工作者片面追求经济利益,在精神层面要求放松,浮于表面与感官、视觉效果,忽视对时代生活的深入探索,缺少对社会发展规律的深刻把握,与习近平总书记指出的当下创作问题的关键——"浮躁"是分不开的,这样的文艺作品显然无法在思想内容方面达到精品所应有的深度和广度。文艺作为国家和民族的精神事业,并不是对生活现象的临摹或镜子式的直观反映,而是通过对纷繁的生活现象的本质把握,以揭示社会的发展规律,展现时代的精神风貌,具有内在的思想精神和强大的精神力量。正如习近平总书记所强调的那样,"党对

---

① 习近平在文艺工作座谈会上的讲话［N］.人民日报,2015-10-15.
② 习近平在中国文联十大、中国作协九大开幕式上的讲话［N］.人民日报,2016-12-1.
③ 同②。
④ 丁国旗.习近平文艺"精品"标准的六个维度浅论［J］.中国当代文学研究,2020,6.

文艺工作历来高度重视，这是因为，文艺事业是党和人民的重要事业，文艺战线是党和人民的重要战线"①。

精神层面的价值对文艺精品的塑造作用是不可忽视的。一个民族的复兴既需要雄厚的物质基础，也需要强大的精神支撑。自古以来，世界各国、各民族的精神气质无不受到其在各个历史发展阶段产生的文艺精品和文艺巨匠的深远影响。习近平总书记深刻认识到欧洲文艺复兴运动、我国先秦时期百家争鸣和五四新文化运动中，文艺在社会变革中的引擎作用，他指出："没有先进文化的积极引领，没有人民精神世界的极大丰富，没有民族精神力量的不断增强，一个国家、一个民族不可能屹立于世界民族之林。""举精神之旗、立精神支柱、建精神家园，都离不开文艺。当高楼大厦在我国大地上遍地林立时，中华民族精神的大厦也应该巍然耸立。"②精神层面的价值是文艺作品尤其是文艺精品的内核。在文艺作品中，故事情节和人物形象一旦失去思想的浸润和精神的统帅，便很难做到生动鲜活、发人深省。可以说，思想精神是整部文艺作品的支撑，为文艺作品发挥社会作用提供强大的力量。只做表面文章，没有深刻的精神内涵，不能真正深入人们的精神世界，不能触及人的灵魂，这种作品的存在显然是毫无意义的。③

新时代文艺精品的精神层面判断标准，可以从两个维度来解析，其一为社会主义核心价值观，其二为独一无二性。首先要注重培育和弘扬社会主义核心价值观。党的十八大提炼出 24 字的社会主义核心价值观：富强、民主、文明、和谐，自由、平等、公正、法治，爱国、敬业、诚信、友善。社会主义核心价值观主要包括马克思主义指导思想、中国特色社会主义共同理想、以爱国主义为核心的民族精神、以改革创新为核心的时代精神和社会主义荣辱观等。如习近平总书记所言："文艺的性质决定了它必须以反映时代精神为神圣使命。社会主义核心价值观是当代中国精神的集中体现，是凝聚中国力量的思想道德基础。广大文艺工作者要把培育和弘扬社会主义核心价值观作为根本任务，坚定不移用中国人独特的思想、情感、审美去创作属于这个时代、又有鲜明中

---

① 习近平在中国文联十大、中国作协九大开幕式上的讲话［N］. 人民日报，2016-12-1.
② 习近平在文艺工作座谈会上的讲话［N］. 人民日报，2015-10-15.
③ 丁国旗. 习近平文艺"精品"标准的六个维度浅论［J］. 中国当代文学研究，2020，6.

国风格的优秀作品。"①要求文艺要弘扬社会主义核心价值观,追求真善美,是习近平总书记有关文艺系列重要论述的基本立场,在他看来,"文艺在培育和弘扬社会主义核心价值观方面具有独特作用"②。

习近平总书记要求广大文艺工作者"要高扬社会主义核心价值观的旗帜,充分认识肩上的责任,把社会主义核心价值观生动活泼、活灵活现地体现在文艺创作之中,用栩栩如生的作品形象告诉人们什么是应该肯定和赞扬的,什么是必须反对和否定的,做到春风化雨、润物无声。同时,文艺界知名人士很多,社会影响力不小,大家不仅要在文艺创作上追求卓越,而且要在思想道德修养上追求卓越,更应身体力行践行社会主义核心价值观,努力做到言为士则、行为世范"③。他提出:"要把培育和弘扬社会主义核心价值观作为根本任务,坚定不移用中国人独特的思想、情感、审美去创作属于这个时代、又有鲜明中国风格的优秀作品。"④

其次注意文艺作品创作中的独一无二性。文艺创作是一种高度个性化的精神生产活动,作家艺术家的自由想象和个性创造是文艺创作的重要因素。创新和原创是文艺的生命,这是优秀文艺作品的重要标识。习近平总书记在有关文艺的系列重要论述中,多次就创新问题展开讨论,并从"原创"这一角度为精品创作提出了具体的要求,也就是独一无二性。

优秀的作品总是在某些方面有其与众不同的地方,而正是由于它的不同之处才能得到人们的喜爱,才能出类拔萃、脱颖而出。习近平总书记强调"创新是文艺的生命"⑤"原创性是好作品的标志"⑥,就是强调文艺作品成为好作品,需要有独一无二的原创特征。为了实现这个目标,习近平总书记提出了重要的要求:广大文艺工作者"要把创新精神贯穿文艺创作生产全过程,增强文艺原创能力"⑦。这是打造文艺精品不能忽视的重要方面。

---

① 习近平在文艺工作座谈会上的讲话[J].人民日报,2015-10-15.
② 同①。
③ 习近平在中国文联十大、中国作协九大开幕式上的讲话[N].人民日报,2016-12-1.
④ 同③。
⑤ 同③。
⑥ 习近平:一个国家、一个民族不能没有灵魂[EB/OL].(2019-4-15).http://jhsjk.people.cn/article/31030863.
⑦ 习近平在文艺工作座谈会上的讲话[N].人民日报,2015-10-15.

>> 第一章 新时代文艺精品评价标准 <<

对于独一无二性的界定，可以从两方面展开，一是从无到有的独创，二是在别人基础上的突破创新。从无到有的独创需要有别人从未有过的创意，做出具有开创价值和意义的创作。在别人基础上的突破创新，是对前人的突破，有推进作用和价值，这主要体现在文艺在历史发展过程某一阶段的创新革新之中。尤其是现在，文艺发展已经经过数代的创新，要想实现历史上从未有过的开创，在形式、主题上都极为困难。但这并不代表着创新不再可能，反而给创作者在前人的基础上进行各种形式的创新提供了更多的可能性。其实从习近平同志关于文艺的相关论述当中，我们不难发现，他所列举的那些古今中外的优秀作品，无一不具有原初的创造或者对之前文艺创作的某种突破。这种创造或者突破，对文艺作品而言，可以体现为人物角色的原创、情节的原创、主题开掘的原创、创作手法的原创、语言运用的原创或者从整体上表现出来的创作理念的原创等。用习近平总书记的话来说，就是"有个性"①。不过，原创的成功并不仅仅在于与别人不同，还在于它可以成为他人或者后人效仿学习的标杆，只有这样的作品才能真正"叫得响、传得开、留得住"②。当然，我们也可以从习近平总书记所提倡的"作家艺术家应该成为时代风气的先觉者、先行者、先倡者"③这句话中去进一步理解原创的内在含义。敏于时代变化，敢于开时代风气之先，是更高层面的创新与发展。从他所列举出来的古今中外优秀的文艺作品以及那些杰出的文艺大师身上，我们也能领略和窥见精品创作"独创"的真实面貌。④

创新从来都不是胡乱展开，没有边界的。习近平同志曾经提醒过，"创新贵在独辟蹊径、不拘一格，但一味标新立异、追求怪诞，不可能成为上品，而很可能流于下品。"⑤尤其是已经深入人心、代代相传的优秀传统文化，对于他们的创新更是要在大胆突破的基础上始终怀有敬畏之心。习近平总书记提出中国优秀传统文化的"创造性转化与创新性发展"，对于文艺的创新创造也是适用的。他说："文艺创作要以扎根本土、深植时代为基础，提高作品的精神

---

① 习近平在中国文联十大、中国作协九大开幕式上的讲话［N］. 人民日报，2016-12-1.
② 同①。
③ 习近平在文艺工作座谈会上的讲话［N］. 人民日报，2015-10-15.
④ 丁国旗. 习近平文艺"精品"标准的六个维度浅论［J］. 中国当代文学研究，2020，6.
⑤ 同①。

高度、文化内涵、艺术价值。"①正如习近平总书记所引用的清代赵翼《论诗》中的一句话："诗文随世运，无日不趋新。"随着时间的推移，时代也在不断地发生变化，文艺立足时代，时代的变迁自然要求文艺与时俱进，不断创新。习近平总书记对文艺独一无二原创特征的论述，揭示了文艺的发展规律，为今天文艺精品创作提出了最切实际的办法。②

三、精品的反映层面评价标准

"一部好的作品，应该是经得起人民评价、专家评价、市场检验的作品，应该是把社会效益放在首位，同时也应该是社会效益和经济效益相统一的作品。"③所谓人民评价、专家评价、市场检验、兼顾社会效益和经济效益，就是文艺精品在反映层面上的评价标准。

文艺精品的反映层面评价标准，主要强调了文艺作品需要经受人民的评价、专家的评价和市场的评价，"同社会效益相比，经济效益是第二位的，当两个效益、两种价值发生矛盾时，经济效益要服从社会效益，市场价值要服从社会价值。文艺不能当市场的奴隶，不要沾满了铜臭气。优秀的文艺作品，最好是既能在思想上、艺术上取得成功，又能在市场上受到欢迎。要坚守文艺的审美理想、保持文艺的独立价值，合理设置反映市场接受程度的发行量、收视率、点击率、票房收入等量化指标，既不能忽视和否定这些指标，又不能把这些指标绝对化，被市场牵着鼻子走"④。具体而言，要想获得很好的社会效益，文艺作品既要具有很好的审美价值，又要具有存在的社会意义。这种标准从理论上可以展开本节所述的讨论，从实践上则可以从参加相关节庆、获奖来直观衡量。

文学艺术与其他意识形态形式之间最大的差异在于审美性。文艺作品与文艺创作艺术地、审美地反映世界，既蕴含着作家、艺术家对于自然、社会

---

① 习近平：坚定文化自信把握时代脉搏聆听时代声音　坚持以精品奉献人民用明德引领风尚［N］．人民日报，2019-3-5.
② 丁国旗．习近平文艺"精品"标准的六个维度浅论［J］．中国当代文学研究，2020，6.
③ 习近平在文艺工作座谈会上的讲话［N］．人民日报，2015-10-15.
④ 同③。

及人类自身的积极探索，也饱含着对于美的形式的不断追求。文艺的审美维度主要包括文艺作品的艺术性、观赏性、愉悦性等，具体指作品自身的艺术感染力、给读者带来的审美愉悦体验等。无论是对时代的引领，还是对社会的启迪，文艺都需要凭借其强大的审美能力发挥作用。可以说，审美性是文艺的本质属性之一，是文艺作品尤其是文艺精品所应具备的基本品格。① 习近平总书记说，"精品之所以'精'，就在于其思想精深、艺术精湛、制作精良。"② 习近平总书记在文艺系列重要论述中，许多地方都谈到了文艺的"艺术性"问题，并将艺术标准作为评判文艺作品的重要标准之一。具体来说，"艺术性"是由作家、艺术家在对作品的整体构架、情节的安排、人物形象的塑造、语言的运用等各方面综合把握的基础上呈现出来的，它体现出作家、艺术家在艺术表现或艺术处理方面的能力和水平，具有极强的个性特征。习近平总书记要求文艺界要"以充沛的激情、生动的笔触、优美的旋律、感人的形象创作生产出人民喜闻乐见的优秀作品"③，便是在艺术性、审美性上对文艺创作所提出的具体要求。另外，从批评角度来看，艺术表现力的高低一定程度上决定着作品是否优秀也决定着创作者的水平的高低。好的作品一定是具有艺术表现力的作品，好的作家也一定是在艺术上取得巨大成就的人。通常我们谈作品都是从两个方面来谈，一个是作品的思想内容，另一个就是作品的艺术成就。文艺作品的标识性特征就是其审美性，而艺术性又是判定作品审美价值高低的主要指标，因此，任何优秀的作品都是将艺术性放在极其重要位置的作品。④

文艺的观赏性和愉悦性是建立在高超的艺术水平之上的，只有艺术成就高的作品，才能给读者带来艺术享受和审美愉悦。结合我国当代文艺创作实际，习近平总书记提出了优秀作品要做到"思想性、艺术性、观赏性有机统一"⑤的要求。这里的"观赏性"更多地是从观众的视觉体验感受而提出的。"观赏性"的提出与当下我国电影、电视以及戏剧、舞蹈、歌唱、相声等舞台

---

① 丁国旗.习近平文艺"精品"标准的六个维度浅论［J］.中国当代文学研究，2020，6.
② 习近平在文艺工作座谈会上的讲话［N］.人民日报，2015-10-15.
③ 同②。
④ 同①。
⑤ 同②。

视觉艺术的发达和兴盛直接相关,与新媒体时代艺术形式及传播方式越来越多样化、新兴艺术不断出现直接相关,与生活的快节奏以及人民群众更加重视艺术的直觉审美体验直接相关。对艺术的审美体验的重视,对于当下文艺创作而言,不是艺术创作的倒退,而是艺术创作的进步,只有把观赏性提升到一定的高度,我们才会更加重视并切实践行文艺服务人民大众的基本功能。因此,观赏性构成评判文艺作品的重要维度。需要指出的是,这里的观赏性是广义的,即便是对视觉性不强的小说等文字作品而言,观赏性也是存在的。小说能不能吸引读者,作者的语言魅力、故事情节的设计、典型人物的塑造等,一定程度上都可以体现其是否"可观"。将观赏性与思想性、艺术性相提并论,就有其特殊的意义和独特的价值。因而"观赏性"构成文艺作品审美维度的重要因素之一,构成精品创作的重要内容。①

文艺之所以对人的精神世界和审美能力能够产生重要影响,是因为具有现实中的社会价值和社会意义。这种社会意义是以化人、育人的社会功能来实现的。虽然其化育方式是间接的、潜移默化的,但与直接的说教相比,它能够破除人们心中的壁垒,更加容易为人们所接受,其化育优势是非常明显的,所发挥的功效也是不容小觑的。习近平总书记将文艺视为培根铸魂的工程,将文艺工作者视为灵魂的工程师,为精品的创造提出了更高的要求。②

习近平总书记在文艺工作座谈会上提出,优秀作品应该"有正能量、有感染力,能够温润心灵、启迪心智,传得开、留得下,为人民群众所喜爱"③。这就是说,"文艺是铸造灵魂的工程,承担着以文化人、以文育人的职责。应该用独到的思想启迪、润物无声的艺术熏陶启迪人的心灵,传递向善向上的价值观"④。文艺的性质决定了它具有的化育作用。"艺术的最高境界就是让人动心,让人们的灵魂经受洗礼,让人们发现自然的美、生活的美、心灵的美。"⑤

习近平总书记还以自己年轻时的阅读体验为例证明这一点,他说道:"我

---

① 丁国旗.习近平文艺"精品"标准的六个维度浅论[J].中国当代文学研究,2020,6.
② 同①.
③ 习近平在文艺工作座谈会上的讲话[N].人民日报,2015-10-15.
④ 习近平在中国文联十大、中国作协九大开幕式上的讲话[N].人民日报,2016-12-1.
⑤ 同③.

年轻时读了不少文学作品，涉猎了当时能找到的各种书籍，不仅其中许多精彩章节、隽永文字至今记忆犹新，而且从中悟出了不少生活真谛。"① 事实证明，无论作家艺术家是否有意通过文艺化育世人，文艺作品都比任何其他的教化更具感人、动人的力量，这无疑也给广大文艺创作者提出了更高的要求。文艺工作者一定要在创作质量上多下功夫，要"用独到的思想启迪、润物无声的艺术熏陶启迪人的心灵，传递向善向上的价值观"，要"用有筋骨、有道德、有温度的作品，鼓舞人们在黑暗面前不气馁、在困难面前不低头，用理性之光、正义之光、善良之光照亮生活"②，"应该用现实主义精神和浪漫主义情怀观照现实生活，用光明驱散黑暗，用美善战胜丑恶，让人们看到美好、看到希望、看到梦想就在前方"③。在新时代，充分发挥文艺的化育作用，凝神聚气，振奋人心，是摆在每一个文艺工作者面前的艰巨任务。④

文艺作品不仅化育受众的个体，还会对一个国家和民族的繁荣强盛产生深远的影响。习近平总书记指出："古往今来，世界各民族无一例外受到其在各个历史发展阶段上产生的文艺精品和文艺巨匠的深刻影响"⑤，"实现'两个一百年'奋斗目标、实现中华民族伟大复兴的中国梦是长期而艰巨的伟大事业。伟大事业需要伟大精神。实现这个伟大事业，文艺的作用不可替代，文艺工作者大有可为。广大文艺工作者要从这样的高度认识文艺的地位和作用，认识自己所担负的历史使命和责任。"⑥习近平总书记进一步将"化育"作为文艺工作者的"使命"提了出来，他认为，"文化文艺工作者、哲学社会科学工作者都肩负着启迪思想、陶冶情操、温润心灵的重要职责，承担着以文化人、以文育人、以文培元的使命"⑦。自古以来，无论君王先贤还是官宦百姓无不对文艺的化育功能重视有加。元末剧作家高明在《琵琶记》开场词《水调歌头》中提出"不关风化体，纵好也徒然"，直截了当地点出了化育功能对于文艺作品

---

① 习近平在文艺工作座谈会上的讲话［N］.人民日报，2015-10-15.
② 习近平在中国文联十大、中国作协九大开幕式上的讲话［N］.人民日报，2016-12-1.
③ 同①。
④ 丁国旗.习近平文艺"精品"标准的六个维度浅论［J］.中国当代文学研究，2020，6.
⑤ 同②。
⑥ 同①。
⑦ 习近平：坚定文化自信把握时代脉搏聆听时代声音 坚持以精品奉献人民用明德引领风尚［N］.人民日报，2019-3-5.

的重要性。孔子提出诗可以"兴、观、群、怨",韩愈倡导"文以载道",梁启超提出小说要发挥"熏浸刺提"的作用,鲁迅致力于以文艺改造国民性,等等,都是试图通过文艺去影响人民、改变社会。好的文艺作品可以通过深刻的思想内容,潜移默化地规约人们的行为举止,提升人们的精神境界,影响国家和社会的发展。化育维度是精品文艺必备的重要维度,也是衡量作品质量高低的度量衡。①

实践证明,古今中外文艺"精品"之所以成为精品,都是因为作品符合了上述三个层面的标准,能够走出民族、地域与国家的局限,最终成为一种世界文艺,成为世界人民共同拥有的精神财富,成为真正的"不会过时的"经典之作。关于经典创作问题,习近平总书记在其系列讲话中也有一些重要的论述,对经典作品的呼唤贯穿在其系列文艺讲话中。当然他并没有刻意区分精品与经典的不同,或者在他这里二者本来就没有根本性的区别,因为精品必然能成为经典,而经典也必然就是精品。

在中国文联十大、中国作协九大开幕式上,习近平总书记指出:"经典之所以能够成为经典,其中必然含有隽永的美、永恒的情、浩荡的气。经典通过主题内蕴、人物塑造、情感建构、意境营造、语言修辞等,容纳了深刻流动的心灵世界和鲜活丰满的本真生命,包含了历史、文化、人性的内涵,具有思想的穿透力、审美的洞察力、形式的创造力,因此才能成为不会过时的作品。"②这段关于"经典"的论述与他对"精品"的理解是一致的,本文所提到"精品"的几个要素都已包含其中。因此,笔者认为这段话既是对文艺精品或者说文艺经典内涵的高度总结,也指明了打造文艺精品或成就文艺经典的根本途径:受惠于各时代"文艺精品和文艺巨匠"的影响,创造出属于那个时代的文艺精品,汇入"文艺历史的星河"之中,最终成为经典流传。这就是世界各国各民族的文艺精品、经典的生成之路,也是习近平总书记文艺精品创作思想的真谛所在。③

总而言之,文艺精品可以从理论层面、精神层面、反映层面设立标准来

---

① 丁国旗.习近平文艺"精品"标准的六个维度浅论[J].中国当代文学研究,2020,6.
② 习近平在中国文联十大、中国作协九大开幕式上的讲话[N].人民日报,2016-12-1.
③ 同①。

评估和衡量。从直观可衡量的获奖、参展数据来看，抚州文艺创作迄今已有了一定的成果，但与抚州历史上璀璨杰出的文艺经典及其国际影响力不成比例。对于抚州市文艺精品创作来看，是有很大的提升空间的。

本节从以上三个层面展开对习近平总书记文艺"精品"观进行了归纳和总结。这三个层面及其各自的内涵都是有机统一、相互支撑的，为文艺"精品"创作指明了方向。

第二章 抚州地方特色文化挖掘与解读（上）

第一节 建立抚州优秀文化素材库

党的十九大报告提出，"推动中华优秀传统文化创造性转化、创新性发展"，"要坚持为人民服务、为社会主义服务，坚持百花齐放、百家争鸣，坚持创造性转化、创新性发展，不断铸就中华文化新辉煌"。[①]"创造性转化、创新性发展"的"两创"，为新时期我国文化建设事业的发展指明了方向，更为地方文化发展提供了导航。实现优秀传统文化的"两创"，既包括以优秀传统文化资源为素材，直接进行多种形式的文艺精品创作，也包括在优秀传统文化资源基础上进行创意开发，生成各种文创商品、节庆活动、旅游线路、展览展示等。而将文化资源梳理明晰、描述准确、易于获得，就成为实现"两创"的关键一环。课题组研究认为，建立优秀文化素材库，是推动中华文明"两创"的重要基础。抚州具有的丰厚文化资源，为这一重大工程的实施提供了一个优秀实施样板的可能性。抚州可以成为这一工程建设的先行者，参与相关标准与规则的制定，并形成相关经验推广到其他地方。

一、文化素材库建设是实现抚州优秀传统文化"两创"的新型基础设施

2020年5月，中宣部文改办下发了《关于做好国家文化大数据体系建设

---

① 习近平. 决胜全面建成小康社会 夺取新时代中国特色社会主义伟大胜利——在中国共产党第十九次全国代表大会上的报告 [N]. 人民日报，2017-10-28.

工作的通知》（以下简称《通知》），明确提出推进文化与科技深度融合，依托现有工作基础，标注中华民族文化基因，把非物质文化遗产记录成果中蕴含的优秀传统文化精神标识提炼出来，建设物理分散、逻辑集中、政企互通、事企互联、数据共享、安全可信的文化大数据服务及应用体系，面向全社会开放，将中华文化元素和标识融入内容创作生产、创意设计以及城乡规划建设、生态文明建设、制造强国、网络强国和数字中国建设，为在新技术条件下推动中华优秀传统文化创造性转化、创新性发展，继承革命文化，发展社会主义先进文化打好基础。

在《通知》中，明确安排了8项主要任务：中国文化遗产标本库建设、中华民族文化基因库建设、中华文化素材库建设、文化体验园建设、文化体验馆建设、国家文化专网建设、国家文化大数据云平台建设、数字化文化生产线建设等。其中，中华文化素材库建设在《通知》中的相关描述为：以文化遗产数字化成果为对象，集成运用各种新技术，将已标注和关联的文化数据进行解构，萃取中华文化元素和标识，分门别类标签化，为内容创作生产、创意设计以及城乡规划建设、生态文明建设、制造强国、网络强国和数字中国建设提供素材。

（一）"文化素材"的定义和特征

"文化素材"并不是新词，原意是实际生活中未经总结提炼的形象，文学、艺术的原始材料。在文艺创作领域，"素材"一直是一个基础概念。自20世纪末数字技术与互联网的兴起以来，这一概念被延伸赋予了新的使用范畴，即数字化的图片、照片、矢量图、视频和音乐等材料，供新的设计和创作使用。随着相关技术和市场的逐渐成熟发展，"文化素材"理应被重新定义，上述定义属于"文化素材"的"前数字时代"定义。

进入"数字时代"，"文化素材"进一步获得了严格的数字人文内涵，被界定为被解构为更小单元的、承载特定文化意义的基本信息模块，这种模块可以是文字、图像、声音等不同形式。对这些信息模块所承载的文化元素的复印和应用，就形成了新的文化创意和创造。简言之，数字时代的文化素材是携带文化意义的基本信息单元。与此前的数字形式"素材"不同之处在于，文化素材重新恢复了相关基本单元的文化含义。文化素材从刚刚进入数字和网络时代仅仅局限于形式的要素单元，丰富为可以综合服务于创造性转化及创新性发展的基本信息模块。

在这一背景下，文化素材库的建设从一种习以为常的抽象存在变成了可以通过科学方式抢救、整理、统计、转化应用的具体操作，从一项倡议和指导原则变成了一种可行性探讨建议。文化素材数据库建立的文化工程学意义在于：用数字化技术对当地文化资源（如物质文化遗产、非物质文化遗产、风物传说、历史人物事件和风景名胜等）符号进行样本采集、符号元素提取、文化解读，并在此基础上对基本文化符号进行语义联配和知识图谱建构。

文化素材库在这个意义上就不单纯是过去经常见到的"文化资源整理"类型的机械累积容器，更像是一个挖掘并生成文化资源知识的框架体系。这一体系由资源群和技术群组成，核心的资源群3类，分别是数据、信息、地方性知识；核心技术群6个，分别是表征、量化、解构、解读、检索、重构。见下图：

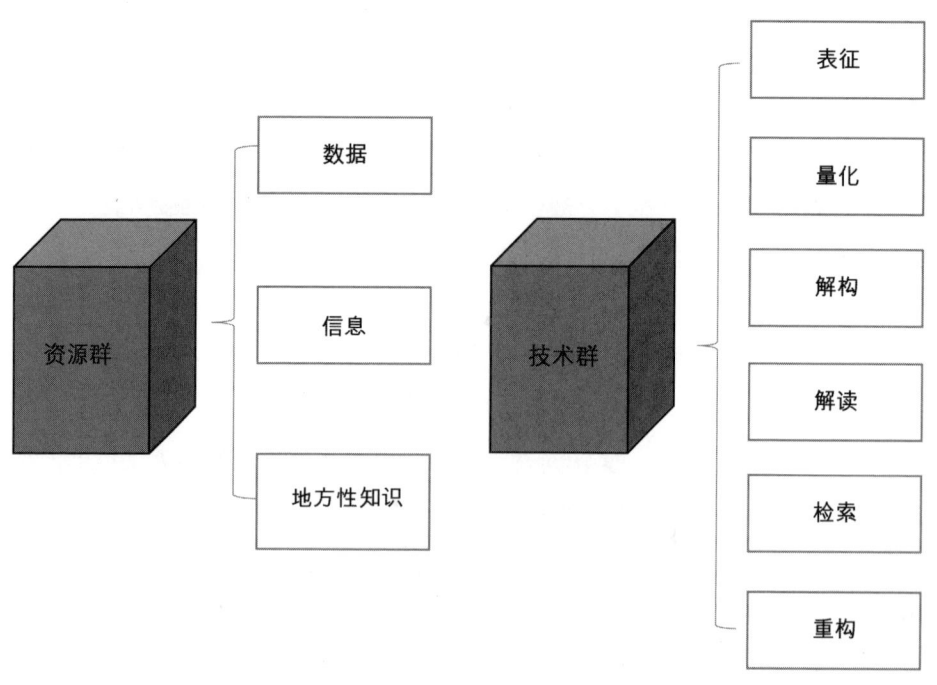

文化素材库框架体系（作者自绘）

(二)"文化素材库"是对"文化资源整理"跨越范式地升级

广义上的文化资源指的是人们在文化生产和活动中产生和涉及的各种资源的总和。过去的"文化资源整理",是将各种原始资源汇总在一起,进行分类和呈现的。其优势是能够对当地文化资源情况进行全面掌握,劣势是非专业人士没有能力直接处理原始资源,进行再次创作和转化时,容易脱离语境生编硬造,或者拘泥于原有形式,无法真正创作顺应时代和媒介特征的新作品。

文化素材库从数据、信息与地方性知识三个维度拆解了抽象的文化资源理念。网络时代现有的"素材"已经在实践中实现了第一个层面——数据的拆解。在计算机领域,数据(data)是事实或者观察的结果,对客观事物的逻辑归纳,用于表示客观事物的未经加工的原始素材。数据既可以是连续的声音、图像等模拟数据,也可以是离散的符号、文字等数字数据。文化素材库的第二个层面是信息,指的是数据的内涵,是数据意义的表达。但作为文化素材库,仅拥有数据和"是什么"是远远不够的,还需要地方性知识。"地方性知识"最初诞生于人类学领域,有比较狭窄的应用语境,随后在科学实践哲学中大放异彩,"地方"的含义从人类学的地域性所指变为哲学规范意义上的限定,指的是在知识生成和辩护中所形成的特定情境(context or status),如特定文化、价值观、利益和由此造成的立场和视域等①。文化特殊性就体现在资源的地方性知识中,这是文化素材库与传统意义上"数据库"概念最大的区别。

我们可以以"二十四节气"为例来说明文化素材所包含的数据、信息和地方性知识三个维度。"二十四节气"2017年被列入联合国教科文组织《人类非物质文化遗产代表名录》,全称为"二十四节气——中国人通过观察太阳周年运动而形成的时间知识体系及其实践"。在数据上,二十四节气只是24个符号,申遗成功之后众多绘有二十四节气的日历卡等平面设计均来源于此。在信息层面,二十四节气除了对农业季节的细分,还包含了中国人不晚于《淮南子·天文训》成书以来古代天文学、历学和农业文明发展的历程和经验,包含了中国古人的世界观和宇宙观。在地方性知识层面是指随着农耕文明经年累积的社会生活变迁,二十四节气"已经成为民众社会生活的重要节点与时间坐

---

① 吴彤.两种"地方性知识"——兼评吉尔兹和劳斯的观点[J].自然辩证法研究,2007,11.

标,被赋予了丰富多彩的民俗内涵,产生了与民众衣食住行各方面紧密相关的特色习俗,深深融入人们生活之中"①。在文化素材库建设中,只有把这些与二十四节气符号有关的方方面面都包含进"二十四节气"的素材描述,才能成为有别于计算机领域"数据库"的"文化素材库",在进行创造性转化与创新性发展中才能尽量避免文化资源内核的失真和走样。

(三)"文化素材库"是数字时代新型基础设施的一部分

文化素材与文化基因具有相似的特性。生物学意义上的基因具有选择、变异、复制、重组、遗传等特性,在时间、空间、环境等因素的共同作用下,产生了生物的多样性。文化创造亦如是,通过表征、量化、解构、解读、检索、重构等6种核心技术,可以助力优秀传统文化成为服务于"两创"的文化素材库,也有助于不同领域的研究者和传承者更好地利用文化素材进行创造和创新。

2018年12月,中央经济工作会议首次提出"加强人工智能、工业互联网、物联网等新型基础设施建设"。2020年4月,国家发改委解释了"新型基础设施"的概念和内涵,即"以新发展理念为引领,以技术创新为驱动,以信息网络为基础,面向高质量发展需要,提供数字转型、智能升级、融合创新等服务的技术设施体系"②。"新基建"主要包括了信息基础设施、融合基础设施和创新基础设施。"基础设施"也与"文化素材库"一样,是一个具有了新时代内涵的概念。相比传统基建,科技创新驱动、数字化和信息网络三大要素是新基建的特色。显然,文化素材库的建立,在实现优秀传统文化的创造性转化和创新性发展方面是重要的新型基础设施。

在厘清上述关键词后,发现抚州文化素材库建设与过去的文化资源整理有显著不同。抚州文化素材库建设的主体是以当地文化机构为文化资源提供方、以数字技术实验室为文化符号提取的技术支持方、以人文学者为文化符号的解读方的文化科技协同创新团体。唯有依托这个文化科技协同创新团体,才能用数字化手段提取、分类、使用抚州当地文化资源建设新型基础设施。这一

---

① 张清俐.保护传承二十四节气文化[J].中国社会科学报,2017-2-10.
② 国家发改委首次明确新基建范围 将从四方面促进新基建[EB/OL].(2020-4-20).
https://www.chinanews.com/cj/2020/04-20/9162373.shtml.

基础设施不仅适用于抚州,还强调要遵循统一标准,链接全省乃至全国的数据,成为"供给端""云服务平台"中的重要一环,推动抚州特色文化走出抚州、走出江西、走出国门,提升我国文化科技融合产品的国际竞争力。

二、建设抚州优秀文化素材库有利于解决抚州文化发展的一系列紧迫问题

"十三五"规划以来,抚州文化发展硕果累累。抚州作为全国历史文化名城的目标基本实现,文化走出去成效显著,汤显祖戏剧节成为江西文化"新名片",北京大学文化传承与创新研究院(抚州)成立。在这个过程中,呈现了抚州文化发展的文化资源丰厚、品牌突出、政府重视程度高等特点。2021年是"十四五"开局之年,抚州市制定了全市国民经济和社会发展的"十四五"规划和2035年远景目标。在文化方面,抚州市确立了建设"全国文化强市标杆城市"的发展定位,对抚州市文化品牌在全国树立标杆、文化走出去提出了较高的希冀与要求。在"十四五"规划中,文化相关领域和产业发展成为抚州市关注的重点之一。

在此背景之下,以文化素材库建设推动抚州文化资源的"创造性转化与创新性发展",是一个十分紧迫的任务。

(一)抚州丰富的古色、红色、绿色文化资源,如今正迎来转化的关键时机。在十四五规划中,抚州将启动文昌里、流坑景区创建5A级景区;创建汤显祖文化产业园、文昌里历史文化街区和黎川油画创意产业园等一批国家级文化产业示范园区、文创产业孵化基地、文化和旅游产业融合发展示范区和创新试验区;加快建设和提升一批红色旅游景区,挖掘和保护红色旅游资源,建设中央苏区纪念馆,打造集中共党史教育、爱国主义教育和军事主题教育为一体的红色教育基地;打好汤显祖和禅宗文化牌;保护和弘扬传统优秀文化,延续城市历史文脉。上述目标的实现,需要在充分挖掘抚州当地特色、古色、红色、绿色文化资源基础上,打造多种形式的文化产品。

课题组认为,抚州可以作为文化素材的资源分为六大类:

1. 经典文艺作品。包括古代的戏剧杰作"临川四梦"——《牡丹亭还魂

记》(简称《牡丹亭》)、《紫钗记》《邯郸记》《南柯记》,颜真卿《劝学》、拟岘台的相关诗文等;也包括当代的优秀作品,如《忠诚》《促织》《支部建在连上》《琵琶行》《战上海》《朱鹮》《井冈井冈》《蒋国珍》《南瓜记》《春暖花开》《人民共和国从这里走来》《月照山乡》等。

2. 优秀故事和题材。如贾德、贾道、孝义桥、孝义寺、孝义村、苏区的故事等。

3. 著名历史人物。抚州在古代历史上出过7位著名的宰相(元德昭、晏殊、王安石、曾布、何宗彦、蔡国用、陈孚恩)、14位副宰相、2600多名进士,还出过宋词大家晏殊、唐宋八大家之王安石与曾巩、宋代理学开宗李觏、心学大师陆九渊、元代理学家吴澄与元四大诗人之一的虞集、明代戏曲作家汤显祖、清代佛学居士欧阳竟无等;还出过近现代文学史家游国恩,以及侯叔献、吴与弼、陈自明、罗汝芳、李绂、李瑞清、饶毓泰、肖涤非、舒同等。还有许多名人虽然不是抚州人,却宦游于此,留下了作品,包括王羲之、谢灵运、戴叔伦、颜真卿、陆游等。

4. 著名作品角色。仅在"临川四梦"中,就有杜丽娘、柳梦梅、李益、霍小玉、卢生、崔氏、淳于梦等,还有其他作品中的人物。

5. 特色艺术表现。有抚州特色的文艺形式包括"南丰文傩戏""乐安武傩戏"等原始戏剧;"古海盐腔"等声腔;"宜黄戏"等"老二黄"唱腔;"抚州采茶""乐安花鼓"等民间歌舞灯彩小戏等。除此以外,还有抚州采茶戏等国家级非物质文化遗产,雕版印刷技艺等省级非物质文化遗产,罗盘陶俑等文物资源。

6. 特色自然文化景观。如文昌桥、玉隆万寿宫、金柅园、王羲之洗墨池、万魁塔、曹山寺、金山寺、疏山寺、乐安流坑古村、广昌驿前镇、宜黄棠阴镇、金溪竹桥古村、浒湾书铺街、黎川、南城、广昌的船形古屋、麻姑山、曾巩读书岩等。

(二)抚州优秀文化素材库建设可以极大提升相关部门与机构对文化资源的挖掘、保护和开发能力,更好地满足人民群众参与生产和消费文化产品的需求。我国正处在经济、社会与文化快速转型的时期,原有文化资源的管理、展陈,以及重保护、轻开发的落后模式,与人民群众日益高涨的参与生产和消费文化产品的需求极不匹配。地方文化资源的挖掘、整理、保护和开发面临着不同部门的业务壁垒、资源富集与难以获取的矛盾和文化资源呈现与阐释脱节等现实问题。信息茧房效应带来的地方文化专家专业解读声音难以为大众所听闻、创意人难以获得准确的文化资源内容等问题，更是无法回避。

近年来，国家加大对地方博物馆的支持力度。2008年中宣部、财政部、文化和旅游部，以及国家文物局共同颁布了《关于全国博物馆、纪念馆免费开放的通知》（中宣发〔2008〕2号），2019年推出了《关于推进博物馆改革发展的实施意见》。但课题组在多地实地调研中发现，未获得财政经费资助的地方博物馆常常无法保证开放时间，数字化程度更是严重不足。部分地方博物馆对自身的定位和使命缺乏准确的认识，把地方博物馆建设成了典型的文物展陈为主的古典艺术馆，删除了地方博物馆原本应该重点呈现的城市和区域发展历史、地方重要事件，以及当地人创造丰富文化的故事。部分博物馆缺乏科学的文化理念，尽管硬件完备，但文化资源的整理、展陈、使用却难以满足实际需要。

"文化素材库"的建设可以从根本上为上述问题提供解决方案。"文化素材库"将以"数字化""智能化""网络化"的技术，系统全面提升文化部门的技术装备水平，解决文化资源保护水平和使用率低的问题。

（三）文化素材库建设在文化资源与市场之间搭建了一个坚实的桥梁，可以让优秀传统文化直接为市场所用。"十二五"以来，在数字与网络技术迅猛发展的背景下，出现了用户生成内容（User Generated Content，UGC）的爆发式增长，与传统的专业生产内容（Professional Generated Content，PGC）相辅相成。二者相比，专业生产内容数量较少，品质较为稳定，用户生成内容在数量上逐渐成为内容生产的主体。同时也出现了非专业作者人文素养低导致产品质量不高、与优秀传统文化断档的问题。不过，二者之间的协同发展也逐渐多了起来。

以网络文学与影视产业为例，网络文学IP的影视化改编从2000年诞生以来，已有20余年历史，经历了诞生、发展、繁荣的过程，当前正在迈向高质量发展阶段，在价值引导、制作水准、传播方式等方面不断创新，并逐渐成为影视剧制作的重要生产方式。近年来，网络文学的产业生态日益丰富，产业化利用途径多样，积累了较多的具有良好版权消费习惯的文化消费用户，在激发文化创造创新活力、满足人民群众精神文化需求方面发挥了积极作用，尤其对青少年影响较大。随着网络文学和影视业的平稳快速发展，网络文学的影视化日益繁荣。脍炙人口的网络文学作品作为优质IP，被改编成思想性、艺术性、观赏性统一的影视剧作品，进一步扩大了影响，实现了较好的产业价值，成为繁荣社会主义文艺的重要力量[①]。近年来，票房和口碑双双取得好成绩的影视作品，如《蓝宇》《失恋33天》《山楂树之恋》《浮城谜事》等，都改编自网络小说。如果创作者能够基于抚州丰富文化资源符号创作网络文学和动漫作品，再改编出风格多样的影视作品和舞台剧作品甚至游戏作品，就可以创作出"新临川四梦"。

这一背景下，提供一个平台和路径，使普通用户有途径获取资源丰富、描述准确的文化素材就成为刚需。文化素材库的建设将用数字化和智能化技术，把"收藏在博物馆里的文物、陈列在广阔大地上的遗产、书写在古籍里的文字"纳入网络，向百千万专业与非专业的创作者提供创作资源，从根本上解决非专业创作者与优秀传统文化断档的问题。

（四）文化素材库可以建立我国独立的技术系统和标准群，提高我国的文化安全和文化产业发展的战略优势。新一代数字化和网络化技术源自美国，已经实现了全球应用，但在文化资源领域并未有效渗入（比如谷歌数字图书馆就未能进入欧洲），其根本原因就在于，技术架构和技术标准既涉及民族文化安全，也事关文化产业发展的战略资源。文化素材库建设的目的就是建立起独立的技术体系和标准群，利用我国庞大的文化资源优势，以海量文化数据不断推动技术迭代升级。这样就可以牢牢掌握住中华民族文化发展的安全阀，提高我国文化产业发展的长久战略优势。

三、实施抚州优秀文化素材库建设需要解决的政策问题

抚州文化素材库的建设，从本质上是实现互联网时代文化新业态。这一

[①] 支菲娜.优质网络文学IP改编影视剧潜力巨大、体现担当［EB/OL］.（2021-2-17）.https://www.thepaper.cn/newsDetail_forward_11326774.

特定新业态可以描述为：

第一，实现抚州资源的全国创意。通过文化素材库建设，让过去仅仅掌握在地方媒体和地方学者视野中的抚州文化资源，成为全国创作者可用的资源，成为"忠实"于资源本身的线上可靠的创作素材来源，以实现抚州与全国在文化与创意上的大循环。

第二，实现抚州文化线上创意线下落地。通过文化素材库所激发及孵化的创意转化，将成熟的线上创意落地成为真实的文化产品，反哺抚州，带动抚州文旅发展、地方建设和品牌塑造，实现抚州文化创意线上与线下的大循环。

文化素材库建设是技术要求高、实施周期长、资金耗费大、涉及部门多的巨型系统工程，既要勇于创新实验，也要有政策支持和财政引导，以保持可持续的发展。抚州文化素材库实施建设，还肩负了为全国文化素材库建设提供样本和标杆的责任。

为了保障抚州优秀文化素材库建设的顺利实施，课题组提出以下政策建议：

第一，以体制创新激发文物机构参与文创产品开发的内生动力，即推出相应的政策，进一步加大文化资源文物机构的机制体制创新的力度，为文化素材库建设营造宽松的政策环境，鼓励有条件的企业大胆创新，先行先试参与文创产品开发。要参考国际上的成功案例，建立适应我国发展实际和新技术要求的公共文化体制机制模式。比如成立跨部门管理的协调小组，以最大可能调动足够多的不同类型文化资源，专门制定相关的知识产权等规则。

第二，建立数字技术研发方、文化内容解读方、文化资源提供方共同的文化素材库建设协同创新平台。基于这一平台，建立广泛的技术合作机制、产业合作机制及金融合作机制，消除文化机构、大学和研究机构、市场化运作机构等各类市场主体合作开发文化资源创意产品的障碍。在创意生产的过程中，综合考虑用户自创内容和专业生产内容二者之间的关系，使平台能够兼顾两种生产主体，各有侧重地开发出不同的文化产品。

第三，推动跨部门的政策性整合创新，保证政策的支持与引导。在文化素材库实际建设过程中，涉及文化、科技等多个相关部门，必须实行政策整合创新才能有效推动。这既需要上下联动,也需要跨部门合作。比如,尽管抚州文化素材库是基于一个城市和地区的文化资源建立的,但涉及的标准是带有国家性的。而一项国家标准的出台,需要从上到下不同部门共同参与,这样才不至于扯皮反复;建设文化素材库需要整合多部门的资金。以文化科技专项资金为例,相关资金分散在科技(服务科技)、工信(文化装备制造)、文化旅游(文化科技)、国家文物(文物科技)等相关部门,只有整合资金,才能真正支持文化素材库建设。同时,如前述的多种主体共同参与也是仍然必要的。

第四,创新文化科技类重大项目的资金支持模式,保证可持续的资金供给。各级政府部门要根据文化遗产数字化项目具有长期性和持续投入的特点,确定资金使用规模和拨付年限,进行长期资金支持。此外,根据文化遗产数字化项目在建设同时就可以商业开发的特点,鼓励加大政府和社会资本合作(Public-Private-Partnership,PPP)模式的实践和推广。

第二节 抚州相关经典文艺作品资源

从著名的"临川四梦"至今,与抚州地名紧紧相连的经典文艺作品数量众多,影响范围极广。其中,许多作品已经成为中国文学和文化史上品牌性和标志性的符号。因此与抚州相关的经典文艺作品,不仅具有文学意义,本身也成为重要的 IP 资源,可以进行反复的重现与再创作。事实上,以《牡丹亭》为 IP 的创作在国内外不胜枚举。仅抚州当地,近年来就创作过实景剧《寻梦牡丹亭》、盱河高腔·乡音版《临川四梦》、盱河高腔·乡音版《牡丹亭》、音乐剧《汤显祖》、钢琴协奏曲《牡丹亭·游园惊梦》等优秀作品。后续还可以通过研究,分析这些文艺作品的影响力和存续力,从中选择合适的作品、题材、片段进行各种再创作。

下面梳理了抚州古今文化流传下来的作品(见表2-1)。

表 2-1

序号	时代	核心 IP	IP 性质	相关作品
1	古代	临川四梦	文学经典	(1)《牡丹亭还魂记》（汤显祖） (2)《紫钗记》（汤显祖） (3)《邯郸记》（汤显祖） (4)《南柯记》（汤显祖）
2	当代		文学经典	(1) 实景剧《寻梦牡丹亭》 (2) 盱河高腔·乡音版《临川四梦》 (3) 盱河高腔·乡音版《牡丹亭》 (4) 音乐剧《汤显祖》 (5) 钢琴协奏曲《牡丹亭·游园惊梦》
3	古代	拟岘台	景点	(1)《拟岘台记》（曾巩） (2) 拟岘台诗（陆游)：《登拟岘台》《拟岘台观雪》《雨后独登拟岘台》《冒雨登拟岘台观江涨》等 (3)《为裴使君赋拟岘台》（王安石）
4	古代	麻姑山	景点	(1)《有唐抚州南城县麻姑山仙坛记》（颜真卿） (2)《和苏著作麻姑十咏》：《鲁公碑》《七星杉》《炼丹井》《玳瑁石》《秦人峰》《流杯池》《碧莲池》《虎跑泉》《丹霞洞》《葛仙坛》（李觏）
5	古代	墨池	景点	《墨池记》（曾巩）
6	古代	疏山	景点	(1)《次韵太朴良友对何仙舟读书山中见怀之作》(虞集) (2)《疏山》（曾巩） (3)《过疏山题一览亭，梁溪公所书也二首》(胡寅) (4)《疏山》（曾纡） (5)《疏山》（李浩） (6)《疏山》（赵时焕） (7)《疏山》（曾季狸） (8)《疏山》（艾申） (9)《疏山》（黎近华）
7	古代	金柅园	景点	《金柅园》（晏殊）

续表

序号	时代	核心IP	IP性质	相关作品
8	古代	文昌桥	景点	（1）《七夕文昌桥口占》（汤显祖） （2）《文昌桥遇饶仑》（汤显祖）
9	古代	谢逸	作者	（1）《蝶恋花》 （2）《踏莎行》 （3）《菩萨蛮》 （4）《千秋岁》
10	古代	谢薖	作者	（1）《夏山游南湖》 （2）《鹊仙桥》 （3）《如梦令》 （4）《醉蓬莱·中秋有怀无逸兄并示何之忱诸友》 （5）《江神子》 （6）《减字木兰花》
11	古代	饶节	作者	（1）《偶成》 （2）《眠石》 （3）《晚起》 （4）《山居杂颂》
12	古代	汪革	作者	（1）《寄谢无逸》 （2）《岁暮书堂》 （3）《和吕居仁春日》 （4）《贤女浦·其一》 （5）《贤女浦·其二》 （6）《代荥阳公作张先生哀词》
13	当代	傩戏	非物质文化遗产	（1）非物质文化遗产研创舞剧《傩·情》 （2）电影《大傩·董春女》
14	当代	英模事迹	英模	盱河高腔·现代戏《忠诚》
15	当代	红色题材	红色/非物质文化遗产	（1）实景剧《寻梦牡丹亭》 （2）宜黄戏《麻织情韵》 （3）抚州采茶小戏《曙光》 （4）独舞《那一抹红》 （5）红色电影《浴血广昌》
16	当代	其他	其他	小品《青丝白发情悠悠》

一、临川四梦

《牡丹亭还魂记》（简称《牡丹亭》）是明朝戏曲家汤显祖的经典传奇，问世于明万历四十五年（1617年）。剧中叙述了杜丽娘与柳梦梅的深厚情感：杜丽娘因情所困身亡，其灵魂为寻找柳梦梅而徘徊于人间，最终二人两情相悦，杜丽娘得以重生。《牡丹亭》文学风格雍容华贵，是中国戏曲的瑰宝，与《西厢记》《窦娥冤》和《长生殿》同为中国四大古典戏剧。

《紫钗记》是汤显祖基于蒋防的传奇小说《霍小玉传》改编的，其前作为《李十郎紫箫记》。该剧深入描绘了李益与霍小玉的爱情经历：在李益获得状元后，由于拒绝与权臣卢太尉的联姻，遭其陷害并与霍小玉生离死别。但在侠客黄衫客的助力下，两人情感得以复合。

《邯郸记》描述了八仙之一吕洞宾的奇遇：他选择卢生为扫花使者，赠予其一个特殊瓷枕，使卢生经历了一场官场梦境。卢生在梦中经历了种种磨难，但醒来时发现一切都是瞬间，从而与吕洞宾共同踏上新的旅程。

《南柯记》改编自李公佐的《南柯太守传》。该剧讲述了淳于棼的奇幻经历：在一次醉梦中，他成为大槐安国的重要官员，尽管政绩斐然，但最终因权力斗争而被放逐。醒后，淳于棼看破人世的浮华，从而选择了僧侣之路。

二、抚州景点相关的古代经典文艺作品

（一）拟岘台

1. 曾巩与拟岘台

尚书司门员外郎、来自山西的裴君在任抚州知州时，筑建了"拟岘台"，并邀请曾巩撰文纪实。曾巩以建台的历程和抚州的自然风貌为核心，描述了壮丽的景致，同时肯定了裴君创建"拟岘台"的努力。他巧妙地鼓励裴君廉洁从政，与百姓共享和谐，将深沉的政治议题通过应酬的文字传达。这篇文章被誉为技巧纯熟、言辞真挚的文学作品。近代学者林纾称赞其"一力奔泻如下，几于一发莫收"。

拟岘台记

尚书司门员外郎晋国裴君治抚之二年，因城之东隅作台以游，而命之曰拟岘台，谓其山溪之形，拟乎岘山也。数与其属与州之寄客者游其间，独求记于予。

初，州之东，其城因大丘，其隍因大溪，其隅因客土以出溪上，其外连山高陵，野林荒墟，远近高下，庄大闳廓，怪奇可喜之观，环抚之东南者，可坐而见也。然而雨隳潦毁，盖藏弃委于榛丛莽草之间，未有即而爱之者也。君得之而喜，增甓与土，易其破缺，去榛与草，发其亢爽，缭以横槛，覆以高甍。因而为台，以脱埃氛，绝烦嚣，出云气而临风雨。然后溪之平沙漫流，微风远响，与夫波浪汹涌，破山拔木之奔放，至于高桅劲橹，沙禽水兽，下上而浮沉者，皆出乎履舄之下，山之苍颜秀壁，巅崖拔出，挟光景而薄星辰。至于平冈长陆，虎豹踞而龙蛇走，与夫荒蹊聚落，树阴晻暧，游人行旅，隐见而断续者，皆出乎衽席之内。若夫云烟开敛，日光出没，四时朝暮，雨旸明晦，变化不同，则虽览之不厌，而虽有智者亦不能穷其状也。或饮者淋漓，歌者激烈，或靓观微步，旁皇徙倚，则得于耳目与得之于心者，虽所寓之乐有殊，而亦各适其适也。

抚非通道，故贵人畜贾之游不至。多良田，故水旱螟螣之灾少。其民乐于耕桑以自足，故牛马之牧于山谷者不收，五谷之积于郊野者不垣，而晏然不知桴鼓之警、发召之役也。君既因其土俗，而治以简静，故得以休其暇日，而寓其乐于此。州人士女，乐其安且治，而又得游观之美。亦将同其乐也，故予为之记。

2. 陆游与拟岘台

南宋淳熙六年（1179年）秋，爱国诗人陆游从提举福建路常平茶盐公事，十二月到抚州任所。在抚州期间，曾多次登游拟岘台吟唱，以拟岘台为主题留诗数首。

登拟岘台

层台缥缈压城闉,依杖来观浩荡春。
放尽樽前千里目,洗空衣上十年尘。
萦回水抱中和气,平远山如酝藉人。
更喜机心无复在,沙边鸥鹭亦相亲。

登拟岘台

憔悴思吴客,凄凉拟岘台。
一年秋欲到,两鬓老先催。
袅袅菱歌断,翩翩水鸟来。
倚阑哦五字,未稳莫轻回。

拟岘台观雪

垂虹亭上三更月,拟岘台前清晓雪。
我行万里跨秦吴,此地固应名二绝。
山川灭没雪作海,乱坠天花自成态。
狂歌痛饮豪不除,更忆衔枚驰出塞。
芦摧苇折号饥鸿,欲传粉墨无良工。
摩挲东绢三叹息,收入放翁诗卷中。
明朝青天行日毂,万瓦生烟失琼玉。
世间成坏本相寻,却看晴山晕眉绿。

雨后独登拟岘台

高城断处阁横空,目力虽穷兴未穷。
燕子争泥朱槛外,人家晒网绿洲中。
谁能招唤三秋月?我欲凭陵万里风。
更比岘山无湛辈,论交惟是一枝筇。

冒雨登拟岘台观江涨

雨气昏千嶂，江声撼万家。
云翻一天墨，浪蹴半空花。
喷薄侵虚阁，低昂泛断槎。
壮游思夙昔，乘醉下三巴。

3. 王安石与拟岘台

为裴使君赋拟岘台

君作新台拟岘山，羊公千载得追攀。
歌钟殷地登临处，花木移春指顾间。
城似大堤来宛宛，溪如清汉落潺潺。
时平不比征吴日，缘带尤宜向此闲。

（二）麻姑山

1. 颜真卿与麻姑山

颜真卿于其任抚州刺史之时，曾数遍徜徉于南城麻姑山之巅，那里的秀美景色与古老神话皆令他心韵悠扬、感怀良深。至大历六年（771年）之春，他重踏麻姑山，于观瞻仙坛之际，心手相应，即兴泼墨成篇，得《有唐抚州南城县麻姑山仙坛记》一文。此文九百余字，笔法刚毅流畅，结构恢宏大气，被后人誉赞为"天下第一楷书"。

有唐抚州南城县麻姑山仙坛记

麻姑者，葛稚川《神仙传》云："王远，字方平，欲东之括苍山，过吴蔡经家，教其尸解，如蛇蝉也。经去十余年，忽还，语家言：'七月七日，王君当来过。'到期日，方平乘羽车，驾五龙，各异色，旌旗导从，威仪赫奕，如大将也。既至，坐须臾，引见经父兄。因遣人与麻姑相闻，亦莫知麻姑是何神也。言：'王方平敬报，久不行民间，今来在此，想麻姑能暂来。'"有顷，信还。但闻其语，不见所使人。曰："麻姑再拜，不见忽已五百余年。尊卑有序，修敬无阶。思念久烦，信承在彼，登山颠倒。而先被记，当按行蓬莱，今便暂往，如是便还，还即亲观，愿不即去。如此两时间，麻姑来，来时不先闻人马声。既至，从官当半于方平也。麻姑至，蔡经亦举家见之。是好女子，年十八九许，顶中作髻，余发垂之至要。其衣有文章，而非锦绮，光彩耀日，不可名字，皆世所无有也。得见方平，方平为起立。坐定，各进行厨。金盘玉杯，无限美膳，多是诸华，而香气达于内外。擗麟脯行之。麻姑自言："接侍以来，见东海三为桑田。向间蓬莱水，乃浅于往者，会时略半也，岂将复还为陆陵乎？"方平笑曰："圣人皆言，海中行复扬尘也。"麻姑欲见蔡经母及妇。经弟妇新产数十日，麻姑望见之，已知，曰："噫！且止勿前。"即求少许米，便以掷之，坠地即成丹沙。方平笑曰："姑故年少。吾了不喜复作此曹狡狯变化也。"麻姑手似鸟爪，蔡经心中念言："背痒时，得此爪以把背，乃佳也。"方平已知经心中念言。即使人牵经，鞭之曰："麻姑者，神人，汝何忽谓其爪可以把背耶？"见鞭著经背，亦不见有人持鞭者。方平告经曰："吾鞭不可妄得也。"

大历三年，真卿刺抚州。按《图经》，南城县有麻姑山，顶有古坛，相传云，麻姑于此得道。坛东南有池，中有红莲，近忽变碧，今又白矣。池北下坛，傍有杉松，松皆偃盖，时闻步虚钟磬之音。东南有瀑布，淙下三百余尺。东北有石崇观，高石中犹有螺蚌壳，或以为桑田所变。西北有麻源，谢灵运诗题《入华子冈是麻源第三谷》，恐其处也。源口有神，祈雨辄应。开元中，道士邓紫阳于此习道。蒙召入大同殿，修功德廿七年，忽见虎驾龙车，二人执节于庭中，顾谓其友竹务猷曰："此迎我也，可为吾奏，愿欲归葬本山。仍请立庙于坛侧。"玄宗从之。天宝五载，投龙于瀑布石池中，有黄龙见。玄宗感焉，乃命增修仙宇、真仪、侍从、云鹤之类。

於戏！自麻姑发迹于兹岭，南真遗坛于龟源，花姑表异于井山。今女道士黎琼仙，年八十而容色益少；曾妙行梦琼仙而餐花绝粒；紫阳侄男曰德诚，继修香火；弟子谭仙岩，法箓尊严；而史玄洞，左通玄、邹郁华，皆清虚服道，非夫地气殊异，江山炳灵，则曷由纂懿流光，若斯之盛者矣。真卿幸承余烈，敢刻金石而志之，时六年夏四月也。

2. 李觏与麻姑山

和苏著作麻姑十咏·鲁公碑

他人工字书，美好若妇女。犄嗟颜太师，赳赳丈夫武。
麻姑有遗碑，岁月亦已古。硬笔可破石，镌者疑虚语。
惊龙索雷斗，口唾天下雨。怒虎突围出，不畏千强弩。
有海珠易求，有山玉易取。唯恐此碑坏，此书难再睹。
安得同宝镇，收藏在天府。自非大祭时，莫教凡眼觑。

和苏著作麻姑十咏·七星杉

五行与万类，有象皆在天。如何彼杉树，反更侔星躔。
子思古昔意，欲媚兹山巅。草木尚有斗，人物谁非仙。
栽培自何代，衰老今多年。大旱不减翠，涉春无益鲜。
生当好世界，过尽闲云烟。房心欲布政，柱石安可捐？

和苏著作麻姑十咏·炼丹井

丹灶久已毁，井泉空独存。此地非常地，今人非昔人。
我愿刀圭药，轻举朝明宸。一言洗天日，万物归阳春。
群仙谁嫉妒，使我身漂沦。俯视废井水，欲饮碍荆榛。
徘徊片云下，泣涕沾衣巾。少壮几何时，且醉樽中醇。

和苏著作麻姑十咏·玳瑁石

前有县大夫，取此石为器。嚚然夸谓予，材与工俱美。
如何尔乡人，器用曾莫备。无乃居荒陬，俗鄙不喜事？
答云此石坚，攻磨动时岁。官用钱出民，民用钱出己。
出民官不知，喜事诚可贵。出己乃伤财，谁能不惜费。
大夫闻此言，如有所忿戾。今君倡是诗，敢以报嘉惠。

和苏著作麻姑十咏·秦人峰

秦法虽甚苛，秦吏若犹拙。山林不数里，俾尔逃得脱。
予观后世事，政役火烈烈。苟非为鬼神，何计避羁绁。
圣皇今在御，百事咸均节。常披诏书意，苦念生财竭。
谁能将顺者，所望在贤哲。无使峰中人，笑我民屠裂。

和苏著作麻姑十咏·流杯池

幽居久不乐，心死如湿灰。闻言山有池，仙客曾流杯。
披衫向西坐，欲望无崇台。何当命游宴，尽聚不羁才。
顾恐狭隘地，未足开吾怀。仰手劚河汉，决向天南来。
移舟复转岳，壅遏成环回。横持北斗柄，量尽酒星醅。
箕踞接下流，一歃空千罍。八风助吟倡，万怪供嘲谐。
醉来散发卧，蝇声视霆雷。冷笑势利子，茫茫尘土堆。

和苏著作麻姑十咏·碧莲池

碧莲何岁开？我时不得见。于今到池上，只有红莲绽。
红莲非丑恶，物以多为贱。阿蛮加解舞，不见真妃面。

和苏著作麻姑十咏·虎跑泉

虎跑本何为，彼将对以臆。有如大丈夫，卓尔抱刚直。
盗泉既不饮，谮人亦不食。山中小禽兽，何足劳捉搦。
勇气无所泄，爪地成遗迹。地神嘉乃诚，水源如开辟。
寻常窃六畜，夜傍人墙壁。是与豺狼同，闻此宜惭色。

和苏著作麻姑十咏·丹霞洞

山西十数里，乃是丹霞洞。直上穷云霓，中宽入罂甕。
红尘生不识，明月手可捧。人家千里庭，泉源六月冻。
风雨气势恶，草木精神竦。灵物少形见，仙官何职贡。
俗缘易厌倦，世事足愁痛。寄语松上鹤，他年期一控。

和苏著作麻姑十咏·葛仙坛

仙翁犹在时，坛上何设施？仙翁一去后，梦草空离离。
下士固大笑，言者多不知。嗟嗟天壤内，共是枯鱼池。

(三) 墨池

墨池坐落于江西省抚州市临川区，传言此地曾是东晋书法巨匠王羲之涤砚之所。曾巩敬仰王羲之之才名，于庆历八年（1048 年）秋季，远赴临川，寻访墨池古迹。时任州学教授王盛邀请其为"晋王右军墨池"撰文纪实，故曾巩依据王羲之生平趣闻，成文《墨池记》。文中虽从王羲之墨池古迹引入，但并未过多追究"墨池"之真伪，反而聚焦于王羲之本人，明示其成就乃是后天勤勉所致，进而昭示勤学之要义。

墨池记

临川之城东，有地隐然而高，以临于溪，曰新城。新城之上，有池洼然而方以长，曰王羲之之墨池者，荀伯子《临川记》云也。羲之尝慕张芝，临池学书，池水尽黑，此为其故迹，岂信然邪？

方羲之之不可强以仕，而尝极东方，出沧海，以娱其意于山水之间；岂其徜徉肆恣，而又尝自休于此邪？羲之之书晚乃善，则其所能，盖亦以精力自致者，非天成也。然后世未有能及者，岂其学不如彼邪？则学固岂可以少哉，况欲深造道德者邪？

墨池之上，今为州学舍。教授王君盛恐其不章也，书"晋王右军墨池"之六字于楹间以揭之。又告于巩曰："愿有记。"推王君之心，岂爱人之善，虽一能不以废，而因以及乎其迹邪？其亦欲推其事以勉其学者邪？夫人之有一能而使后人尚之如此，况仁人庄士之遗风余思被于来世者何如哉！

庆历八年九月十二日，曾巩记。

(四) 疏山

疏山位于抚州市金溪县，"疏"又作"疎"，原为唐代隐士何仙舟隐栖读书处，被称为书山。山中有疏山寺。

次韵太朴良友对何仙舟读书山中见怀之作

虞集

得谢荷休泽，逍遥在岩阿。结庐庇风雨，樊圃挚藤萝。
塞坐古人书，日夕犹咏歌。追念少壮日，玩愒亦已多。
兢兢事补塞，奈此迟暮何。美人百里内，邈若隔山河。
兴怀贻好音，缊藉三春花。报言慎芳岁，卷石崇巍峨。

疏山

曾巩

素楹丹槛势凌空，一亩萧然四望通。
幽事每寻佳客共，高情还与古人同。
满山钟磬苍烟下，绕壑松篁晚照中。
会了功名须到此，长依荷菱向秋风。

过疏山题一览亭，梁溪公所书也二首 其一

胡寅

手遮西日到疏山，忽得昏鸦敛翅间。
未暇拈香参佛祖，且须幞被扣禅关。
月林散影参差静，风磬传音窈渺闲。
拟买一廛通水竹，杖藜他日寄疏顽。

疏山

曾纡

江海相望二十年，依前肮脏倚门边。
家风敢谓庞居士，句法空悲孟浩然。
想见风流继莲社，应传图画入斜川。
病夫诗思犹艰窘，正似潮回上水船。

疏山
李浩
忙中安得此身闲，杖策西风自往还。
今日已偿云水债，篮舆带雨下疏山。

疏山
赵时焕
两到临川愧罔功，只凭心事对苍穹
江乡又喜今年熟，一笑归田作好冬。
重访招提恰六年，松风萝月故依然。
世间万事都休问，燕坐看山是好禅。

疏山
曾季狸
来往疏山四十年，主人与客两华颠。
此心不改澄河见，往事休论过鸟然。
无复仙舟遗迹在，空余矮叔一灯传。
危亭独上穷登眺，古木苍藤绕暮烟。

疏山
艾申
夹道苍松六月寒，尘埃只隔白云间。
重游恰是十年后，往事空惊一梦间。
杰阁漫夸新卜筑，危亭不似旧跻攀。
凭谁说与矮师叔，投老求分一半山。

疏山
黎近华
杖藜徐步兴何长，宛宛岚光接水光。

蝉噪荒林桐叶老，风回半野稻花香。
却过萧寺寻僧话，又入松轩卧晚凉。
雨后徽云山更好，与君行李未须忙。

（五）金柅园

金柅园位于江西省抚州市，前身是州（府）衙后花园。

金柅园
晏殊
临川楼上柅园中，十五年前此会同。
一曲清歌满樽酒，人生何处不相逢。

（六）文昌桥

文昌桥位于江西省抚州市临川区，桥跨抚河两岸，始建于乾道元年（1165年），是抚河上的第一座桥梁，有800多年历史。

七夕文昌桥口占
汤显祖
共言乌鹊解填桥，解度天河织女桥。
织锦机中闻叹息，穿针接上倚逍遥。
新欢正上初弦月，旧路还惊截道飙。
并语人间多情子，今宵才是可怜宵。

文昌桥遇饶仑
汤显祖
独上飞梁俯白沙，逢君吐属自清华。
生烟翠气纡寒日，染月红云作暮霞。
夹岸莎鸡鸣自促，翻林荻雁影迥斜。
游儵未厌临秋水，余论时能借五车。

三、抚州当代优秀文艺作品

(一)"临川四梦"相关原创作品

1. 实景剧《寻梦牡丹亭》

《寻梦牡丹亭》再现了汤显祖代表作《牡丹亭》中的情境。演出篇幅为《游园惊梦》《魂游寻梦》《三生圆梦》三折,演绎了杜丽娘与柳梦梅生死梦幻的爱情故事。在舞台上,《寻梦牡丹亭》结合全息数字影像技术及巨型圆环装置投影等多种现代声光电技艺,忠实再现了《牡丹亭》中如诗如画的建筑景观。

2. 盱河高腔·乡音版《临川四梦》

由抚州市创排并由上海戏剧学院的曹路生执笔、上海越剧院的童薇薇导演的盱河高腔·乡音版《临川四梦》,首次尝试将汤显祖的四大经典剧目融合为一,并巧妙地将汤显祖本人置入剧情,由他导引"四梦",展现其对于"情"与"梦"的追求。为呈现其古韵,演唱中保持了原作的语言,音韵上恪守古朴的盱河高腔;舞美方面,融合了明代家具与当代空间设计,音乐采用了古典与现代交响的结合,服饰上则呈现现代感十足的明代风格。现代化的灯光技术为之增添了一抹如梦似幻的色彩。

3. 盱河高腔·乡音版《牡丹亭》

该剧演出分九个场次(序《闺塾》、一《惊梦》、二《寻梦》、三《诊祟》、四《闹殇》、五《拾画》、六《冥判》、七《幽媾》、尾《回生》),以雅俗共赏、风格独特为艺术基调,深入融合西洋乐器和传统戏曲民乐,既不失传统音韵,又有现代审美多元角度的呈现。剧中人物以鲜明的个性和形象特点,实现表演性、动作性和赏味性相统一。值得一提的是,该剧将汤显祖原著中的两个小人物有意识地重新塑造,增强了地域性、唯一性和舞台调剂效果。尤其是剧中加入了大量抚州本地的傩戏文化元素,大大提高了可看性,实现了雅俗共赏。

4. 音乐剧《汤显祖》

该剧是抚州市委、市政府依托上海音乐学院的专业力量,联合打造的原创音乐剧。该剧由上海音乐学院党委书记、院长林在勇作词,作曲家、上海音乐学院教授徐坚强担任作曲,青年剧作家陆驾云担任编剧。该剧在音乐制作上，大量运用汤显祖同时代的傩戏、宜黄戏等音乐元素。剧本采用了"戏中戏"的多重结构，把今人如何解读汤显祖也巧妙地融入了剧情。该剧按时间线索精选汤显祖一生重要段落，将其代表作"临川四梦"（《紫钗记》《牡丹亭》《南柯记》《邯郸记》）一一穿起，重现了汤显祖矢志报国为民、孤洁不阿的悲情人生。

5. 钢琴协奏曲《牡丹亭·游园惊梦》

钢琴协奏曲《牡丹亭·游园惊梦》由抚州市与英国华裔青年钢琴演奏家、作曲家杨远帆联合创作，用动人的音乐语言讲述古代爱情故事，受到了观众的一致好评。

（二）传统民间文化主题作品

1. 非物质文化遗产研创舞剧《傩·情》

该舞剧由抚州市南丰县石邮村傩班与北京舞蹈学院青年舞团联袂演出。在剧中，由舞者们扮演的各路神仙戴着夸张的面具纷纷起舞，寄托着美好的寓意："开山神"除旧迎新，"大鹏雷神"保佑五谷丰登，"傩公傩婆"致敬生命和谐，"魁星神"主宰文运兴衰，"和合神"寓意同心同德……南丰傩舞通过原始动作和敬拜神灵仪式，用最饱满的精神状态呈现出原汁原味的传统傩舞，向人们讲述远古人类生活习俗和文明礼仪。北京舞蹈学院师生对传统傩舞进行了舞台化、舞蹈化的再造，用想象力和创造力演绎出他们理解的傩文化，形成了传统与现代的完美结合，表达了追求美，追求文化自信、民族自信的文化核心。

2. 电影《大傩·董春女》

该影片由抚州市乐安县文旅发展投资有限公司、北京唐亚影业有限责任公司联合出品。影片讲述了成长于20世纪一二十年代的"大傩祭礼"传承人董春女，在新思潮的影响下，突破封建思想的束缚，放弃大傩的身份，嫁给本地青年元德昌后又被军匪强占为妻，母亲被宗族沉江淹死，董氏大宗祠被烧，最后为寻初心，出家为尼的故事。虽命运跌宕起伏，受尽苦难，但董春女仍然守护着有3000多年历史传承的"大傩祭礼"，使得"大傩祭礼"这一民族文化瑰宝得以在新社会获得新生。当爱情与责任注定相悖，当理想与现实在冲突中撕裂时，董春女人生的跌宕和选择，突显的是中国文化的力量。该影片曾入围第 42 届蒙特利尔电影节世界电影焦点单元，获第 8 届西班牙马洛卡国际电影节主竞赛单元评委会大奖和最佳故事片、最佳男女主角提名，获 2019 北京国际绿色电影周绿色传承影片大奖。

（三）红色文化主题作品

1. 盱河高腔·现代戏《忠诚》

该剧根据武警江西总队抚州支队一级警士长李进明的英模事迹创作而成，讲述了李进明入伍 26 年来始终保持一名共产党员的政治本色，忠实践行当代革命军人核心价值观，用自己的实际行动书写着一名战士对党、对部队的无限忠诚。该剧借助多媒体等现代科技手段，营造剧情氛围，融入舞剧、音乐剧元素，充分展示了盱河高腔这一传统剧种蕴含的现代魅力。

2. 宜黄戏《麻织情韵》

该剧是抚州市宜黄县自创剧目，曾获江西省玉茗花艺术节音乐创作奖。该戏主要讲述了，在 1939 年抗日战争如火如荼的背景下，宜黄县棠阴镇的麻织学校克服战乱影响挂牌开学，招收了众多学员。一位心灵手巧的 16 岁女孩心仪夏布织造技艺，很想进校学习，已丧妻的父亲担心女儿安危，千方百计阻拦。最终，女孩的聪慧和灵巧深深地打动了欧阳校长，加上女孩对学习夏布织造十分执着，爱女心切的父亲终于妥协，女孩心愿达成。

3. 抚州采茶小戏《曙光》

抚州采茶小戏《曙光》获第七届江西艺术节·第十一届玉茗花戏剧节小戏类优秀剧目奖。

4. 独舞《那一抹红》

独舞《那一抹红》由抚州市文化艺术发展中心创排，在第七届江西艺术节·第十届江西舞蹈艺术节获得一等奖。该舞以红色革命文化为主题，演绎了红军女战士在狱中历经敌人严刑拷打，依然向往自由、向往真理，表现了革命战士坚强不屈的精神和坚忍不拔的毅力。

5. 红色电影《浴血广昌》

《浴血广昌》是首部弘扬抚州红色文化的电影。该片是由解放军文化艺术中心电影电视制作部（原八一电影制片厂）与抚州市文化旅游投资发展有限责任公司、广昌县文化旅游投资发展有限公司联合摄制的重大革命历史题材电影。电影讲述的是第二次国内革命战争时期发生在原中央苏区北大门广昌的红军浴血奋战故事。影片以发生在1934年江西广昌的"广昌战役""高虎脑战役"为背景,描写了在第五次"反围剿"的关键时刻,中央红军在广昌组织了一次规模空前的战役,这是红军历史上一次典型的阵地战和消耗战,红军指战员以其简陋的武器装备,同装备精良、拥有飞机大炮的国民党军在阵地上进行殊死战斗,并取得了阶段性胜利,为中央红军主力和苏维埃政府的战略转移赢得了宝贵时间,为中央红军此后的成长壮大奠定了坚实基础。同时,该影片用艺术手法再现了当年流传在苏区的一个真实故事,着重表现兄弟情、战友情、母子情以及苏区人民对党和红军的支持和热爱,讴歌了革命先烈为了信仰,不怕牺牲、革命理想高于天的豪迈气概。

(四)社会主义核心价值观主题作品

1. 小品《青丝白发情悠悠》

该小品由抚州市群艺馆、临川区第一文化馆主创,获首届江西省戏剧小品大赛二等奖。该小品以惜别40多年的几位上海知青大爷返回当年插队落户的村庄探访为主线,其中有位老大爷要寻找初恋村姑"小芳",当村民特意安排三位老太太站在老大爷面前时,他却无法认出当年那个有着"一双美丽的大眼睛,辫子粗又长"的姑娘了。该小品关注当代生活,以人为本,风格质朴,健康向上,有较好的思想性、艺术性和观赏性。

(注:本节文本内容根据各台演出现有的介绍文本编辑。)

第三节 抚州的优秀故事和题材

(一)王祥卧冰与孝义桥

《二十四孝图》中,有一幅《王祥卧冰》,这个典故说的是晋代有个名叫王祥的青年,幼年失母,后母朱氏待之不厚。一日,后母欲尝鲜鱼,而寒冬已至,湖面结冰。王祥为满足其心愿,解衣躺于冰上。奇迹发生,冰破,双鲤跃出,王祥欣然献于母。

诗云:

>　继母人间有，王祥天下无。

　　至今河水上，一片卧冰模。

　　后来，王祥因孝行与卓越贡献受到晋武帝的嘉奖，被授予太保之职，封号公爵，并获得免予朝见之特权。晋朝结束，王祥享年94岁，其孝名代代相传。后世为纪念其孝悌之举，于此地建寺与桥，均命名为"孝义"，并建立孝桥镇。如今，旧寺不存，孝义桥虽历经沧桑，但宣统元年（1909）曾经被修复，故得以留存。

　　现时，孝义桥坐落于江西省抚州市临川区孝桥镇，桥边即有王祥故居。此桥由麻石构建，单孔拱形，全长28.8米，宽5.2米，高4.5米。桥旁曾有石柱与雕梁，上刻各种生物图案。桥通东西，两侧楼宇鳞次栉比，行人如织，溪水碧透，桥畔绿树成荫，环境宜人。远观其景，犹如"新月浮云，彩虹卧波"般的画卷。池旁原有记载王祥孝举的石碑一块。

（二）抚州苏区

　　受"五四"新文化运动的启示，1924年，抚州的青年学子创立"读书会"，以推广马克思主义。经北伐军中的共产党员培训，1926年11月，抚州一批热心青年正式加入中国共产党，标志着抚州第一个党组织——中共临川支部的成立。从此，中共在抚州迅速壮大。到1927年四一二反革命政变前夕，抚州党组织已有1个特别支部和26个党支部，拥有650名党员。在党的指引下，抚州的工农运动如火如荼，工会组织的罢工活动要求工资提高与工作环境改善，而农会在农村广泛开展了减租减息的运动。

　　1927年9月，白色恐怖肆虐之时，中共临川县委成立并迅速壮大。短短4个月内，3个区委在上顿渡、唱凯、南城相继成立，党员人数增至200余人。此外，东乡、金溪、崇仁等县也相继恢复或新建党支部。尽管党的组织曾多次遭受打击，但它们总是迅速复兴，并升格为中共临川中心县委。到了1930年7月，中共临川中心县委及其下属组织，在反动当局的镇压下被迫暂停活动。随后，在临川、金溪、东乡、南城和崇仁等地的革命斗争遭遇困境时，乐安、宜黄、南丰、广昌等县的革命之火再次燃起，连续建立了4个中心县委。反围剿斗争连连获胜，红色区域范围逐渐扩大。到第四次反"围剿"结束时，乐安、宜黄、南丰、广昌苏区已深入稳固，并进一步扩展至黎川、资溪、金溪、崇仁、南城等地，共建立29个各级党组织、14个县苏维埃政权、6个军事组织和3个群团组织。这标志着抚州苏区的革命已呈现出全面蓬勃的势头。

在中国革命的历史进程中，抚州苏区人民为红军的胜利付出了巨大的努力和牺牲。受其支持，1932年12月30日，红一方面军一、三、五军团及闽赣边地区红军，在黎川进行了规模盛大的阅兵誓师大会，为抵御对中央苏区的第四次围剿做准备。

为全力支援红军，黎川县苏维埃政府发动民众捐粮捐物，并组织了2000多名民工参与前线的物资支援。在第五次反"围剿"斗争中，抚州地区经历了25次大规模战役和无数小规模战斗。为牵制敌军，宜黄、乐安、崇仁三县的地方武装2000多人，在中心县委书记李富怀的领导下，展开了游击战。尽管在战斗中遭遇重创，他们仍坚持至中央红军成功转移。

抚州人民对红军的支援不仅体现在斗争中，还表现在大量的后勤物资援助上。据记载，乐安、宜黄、崇仁三县就有2670多人报名参加红军，乐安的一乡还被授予"扩红模范"称号。苏区人民还提供了大量的粮食和物资，如6300多双布鞋。

第五次反"围剿"失利后，苏区遭受了国民党反动派的残酷镇压。他们烧毁民房，抢夺民财，大量苏区干部和群众被杀。黎川、乐安、宜黄等地均受到了严重的打击。尤为悲惨的是，乐安县苏维埃副主席曾启栋一家三口被屠杀，乐安招偕乡苏维埃主席潭老三更是被残忍杀害。

国民党反动派的压迫并未摧垮苏区人民的革命信念。他们继续秘密建立武装，展开游击战争。在五次反"围剿"斗争中，抚州苏区的儿女坚守阵地，为革命事业献出了自己的生命。据统计，抚州地区牺牲的革命烈士有9269人。

（注：本节文字根据已有资料整理。）

第四节　抚州著名的历史人物

抚州出生、居住过许多著名历史人物，涉及政界、文艺、人文社会科学、自然科学、军事等，他们的身世、业绩和经历，都是文化资源，都有无穷挖掘的可能。

表 2-2

序号	历史人物类型	年代	姓名	身份
1	历史名士	五代	元德昭	今江西省抚州市黎川县荷源乡人,五代吴越丞相
2	历史名士/才子名人	北宋	晏殊	今江西省抚州市人,北宋政治家、文学家。晏殊以词闻名于文坛,尤擅小令,风格婉约含蓄,与其第七子晏几道被称为"大晏"和"小晏",又与欧阳修并称"晏欧"
3	历史名士/才子名人	北宋	王安石	今江西省抚州市人,北宋著名思想家、政治家、文学家、改革家,"唐宋八大家"之一
4	历史名士	北宋	曾布	江西省抚州市南丰县人,太常博士曾易占之子,中书舍人曾巩之弟,北宋中期宰相
5	历史名士	明	何宗彦	今江西省抚州市金溪县琅琚镇上东漕人,万历、泰昌、天启三朝元老,是德高望重的勤谏宰相,爵从一品少师兼太子太师,官吏部尚书,职建极殿大学士
6	历史名士	明	蔡国用	今江西省抚州市人,崇祯宰相,武英殿大学士
7	历史名士	清	陈孚恩	今江西省抚州市黎川县人,学者陈希曾之子,清代著名书法家,刑部尚书
8	历史名士	北宋	陈彭年	今江西省抚州市南城县人,北宋大臣、文学家、音韵学家
9	历史名士	北宋	元绛	祖籍今江西省抚州市黎川县,今浙江杭州人,北宋大臣、文学家
10	历史名士	北宋	邓润甫	今江西省抚州市黎川县人,北宋大臣
11	历史名士	北宋	王安礼	今江西省抚州市人,王安石同母四弟,北宋政治家、诗人。世称王安礼、王安国、王雱为"临川三王"
12	历史名士	北宋	吴居厚	今江西省抚州市进贤县人,北宋政治家。官至尚书右丞
13	历史名士	南宋	包恢	今江西省抚州市南城县人,刑部尚书。以廉吏,政绩显著著称,同时他也是文学批评家

续表

序号	历史人物类型	年代	姓名	身份
14	历史名士	南宋	陈宗礼	今江西省抚州市南丰县人,历任殿中侍御史兼直讲、礼部尚书、枢密院参知政事
15	历史名士	南宋	曾渊子	今江西省抚州市人,诗人,官至户部尚书、同知枢密院事
16	历史名士	元末明初	危素	今江西省抚州市金溪县人,唐朝抚州刺史危全讽的后代,元末明初历史学家、文学家,官至参知政事
17	历史名士	明	何文渊	今江西省抚州市广昌县盱江镇人,明朝官员,官至吏部尚书
18	历史名士	明	董裕	今江西省抚州市乐安县招携港田村人,人称"再世包公",官至资善大夫、刑部尚书
19	历史名士	清	陈用光	今江西省抚州市黎川县人,清代官员、学者,授编修,官至礼部左侍郎,提督福建、浙江学政
20	历史名士	清	李宗瀚	今江西省抚州市人,官至工部侍郎。清中期著名书法家、文学家
21	历史名士	清	陈希增	今江西省抚州市黎川县人,官工部侍郎。清代书法家
22	历史名士	北宋	乐史	今江西省抚州市宜黄县人,抚州第一个进士,文学家、地理学家
23	历史名士/才子名人	北宋	曾巩	今江西省抚州市南丰县人,北宋文学家、史学家、政治家。曾巩文学成就突出,其文"古雅、平正、冲和",位列"唐宋八大家",世称"南丰先生"
24	历史名士	北宋	侯叔献	今江西省抚州市人,著名宋朝大臣、水利专家
25	历史名士	南宋	董德元	今江西省抚州市乐安县流坑人,南宋恩榜状元
26	历史名士	南宋	罗点	今江西省抚州市崇仁县石庄乡高溪村人,官至代理兵部尚书

续表

序号	历史人物类型	年代	姓名	身份
27	历史名士	南宋	张渊微	今江西省抚州市广昌县人,抚州籍第一位状元,官至吏部侍郎
28	历史名士/才子名人	南宋	陆九渊	今江西省抚州市金溪县人,南宋大臣、哲学家,"陆王心学"的代表人物。讲学于象山书院,人称"象山先生""陆象山"
29	历史名士/才子名人	元	虞集	今江西省抚州市崇仁县人。元朝官员、学者、诗人,南宋左丞相虞允文五世孙
30	历史名士	明	吴伯宗	今江西省抚州市东乡区红光垦殖场新田分场人。天文学家。官至武英殿大学士
31	历史名士	明	张生	今江西省抚州市南城株良镇城上村人,明代著名学者、大臣,人称"尚书状元"
32	历史名士	明	揭重熙	今江西省抚州市临川区湖南乡揭家坊人。南明著名大臣,明末诗人
33	历史名士	明	谭纶	今江西省抚州市宜黄县谭坊人,明朝抗倭名将,杰出的军事家、戏曲家,与戚继光、俞大猷、李成梁齐名,又与戚继光并称"谭戚"
34	历史名士	明	吴道南	今江西省抚州市崇仁二都石庄乡石庄村人。官至礼部尚书,明代诗人
35	历史名士	明	揭暄	今江西省抚州市广昌县盱江镇后塘人。明末清初著名的军事理论家、天文学家、哲学家和数学家
36	历史名士	清	黄爵滋	今江西省抚州市宜黄县人,清朝政治家、思想家、文学家
37	历史名士	清	李绂	今江西省抚州市市临川区荣山镇人。清代著名政治家、理学家、诗文家
38	才子名人	唐	本寂	今福建省莆田市人,唐代禅僧,长期定居并终老于抚州。曹洞宗第二祖。又称"耽章"

续表

序号	历史人物类型	年代	姓名	身份
39	才子名人	北宋	李觏	今江西省抚州市南城县人，滕王李元婴的后裔，北宋时期重要的哲学家、思想家、教育家、改革家
40	才子名人	北宋	晏几道	祖籍今江西省抚州市，晏殊第七子，北宋著名词人，与其父晏殊合称"二晏"
41	才子名人	北宋	饶节	今江西省抚州市临川区人，宋代诗僧，江西诗派重要诗人。与谢逸、汪革、谢薖并称为"江西诗派临川四才子"，陆游称其为当时诗僧第一
42	才子名人	北宋	谢逸	今江西省抚州市人。北宋文学家，江西诗派二十五法嗣之一。与其从弟谢薖并称"临川二谢"。与饶节、汪革、谢薖并称为"江西诗派临川四才子"。曾写过300首咏蝶诗，人称"谢蝴蝶"
43	才子名人	北宋	汪革	今江西省抚州市人，北宋诗人。宋哲宗绍圣四年（1097年）进士。汪革与饶节、谢逸、谢薖并称为"江西诗派临川四才子"
44	才子名人	北宋	谢薖	今江西省抚州市临川区东馆镇人。北宋著名诗人，江西诗派二十五法嗣之一。谢逸从弟，与兄齐名，同学于吕希哲，并称"临川二谢"。与饶节、汪革、谢逸并称为"江西诗派临川四才子"
45	才子名人	北宋	魏玩	北宋宰相曾布之妻，从夫籍（今江西省抚州市南丰县），北宋女词人。出身世家，诗论家魏泰之姊。因夫贵初封瀛国夫人，后封鲁国夫人，人称魏夫人
46	才子名人	南宋	陈自明	今江西省抚州市人。三世业医，曾任建康府明医书院医谕
47	才子名人	元	吴澄	今江西省抚州市乐安县鳌溪镇咸口村人。元朝大儒，杰出的理学家、经学家、教育家

续表

序号	历史人物类型	年代	姓名	身份
48	才子名人	明	吴与弼	今江西省抚州市崇仁县东来乡人,是崇仁学派的创立者。明代学者、诗人,著名理学家、教育家
49	才子名人	明	邓茂七	今江西省抚州市南城县人,明代中叶农民起义军首领
50	才子名人	明	罗汝芳	今江西省抚州市南城县天井源乡罗坊村人,明中后期著名哲学家、教育家、文学家、诗人,泰州学派的代表人物,被誉为明末清初黄宗羲等启蒙思想家的先驱
51	才子名人	明	陈际泰	今江西省抚州市鹏田陈坊村人。明末古文家,"临川四大才子"之一
52	才子名人	明	汤显祖	今江西省抚州市人,中国明代戏曲家、文学家
53	才子名人	明	罗万藻	今江西省抚州市临川区腾桥人。明末古文家。"临川四大才子"之一,时称"江西四家"
54	才子名人	明	章世纯	明临川箭港(今属江西省丰城市)人。明末古文家,"临川四大才子"之一
55	才子名人	明	艾南英	抚州府临川东乡(今江西省抚州市东乡区)人。明朝末年散文家、文学评论家
56	书法家	东晋	王羲之	琅邪临沂(今山东省临沂市)人。东晋大臣、书法家,丹阳尹王旷的儿子,太尉郗鉴的女婿,有"书圣"之称。曾置宅于临川郡城东高坡,名曰"新城"(今抚州市临川区文昌学校内)
57	诗人	东晋	谢灵运	祖籍陈郡阳夏(今河南省太康县),世居会稽(今浙江省绍兴市),曾任临川内史
58	书法家	唐	颜真卿	京兆万年(今陕西省西安市)人。唐代著名的书法家、文学家、大臣,曾任抚州刺史

续表

序号	历史人物类型	年代	姓名	身份
59	诗人	南宋	陆游	越州山阴（今浙江省绍兴市）人，南宋伟大的爱国诗人，提举江南西路常平茶盐公事而来到抚州，为期一年
60	军政人才	近现代	朱仙舫	江西省临川县长乐乡百源朱村（今属进贤县长山晏乡）人。中国第一代纺织工业管理专家、实业家，江西民族纺织工业的奠基人，中国纺织学会的发起人。中华人民共和国成立后，朱仙舫担任纺织工业部计划司司长、中南军政委员会委员
61	军政人才	近现代	周建屏	今江西省抚州市金溪县人，中国工农红军和八路军高级指挥员，晋察冀军区四分区司令员，赣东北根据地和中国工农红军第十军的创始人之一
62	军政人才	近现代	赵醒侬	今江西省抚州市南丰县人。早期江西地方党、团组织的主要创始人。与袁玉冰、方志敏合称为大革命时期的"江西三杰"
63	军政人才	近现代	傅烈	今江西省抚州市临川区上顿渡人。四川省委第一任书记。革命烈士
64	军政人才	近现代	黄火星	今江西省抚州市乐安县龚坊镇姚家村人，曾任中华人民共和国最高人民检察院副检察长兼解放军军事检察院检察长兼中央军委总直属队政治部主任
65	军政人才	近现代	李井泉	今江西省抚州市临川区人，中共第八届中央委员、中央政治局委员，中共第十、十一届中央委员，中共中央顾问委员会常务委员，第三、四、五届全国人大常委会副委员长
66	文化名人	近现代	李瑞清	江西省临川县温圳杨溪村（今属进贤县温圳）人。清末民初诗人、教育家、书画家、文物鉴赏家

续表

序号	历史人物类型	年代	姓名	身份
67	文化名人	近现代	欧阳竟无	今江西省抚州市宜黄县人，近代著名佛学居士
68	文化名人	近现代	游国恩	今江西省抚州市临川区湖南乡洪塘游家村人。著名楚辞研究专家、文学史家。北京大学一级教授
69	文化名人	近现代	舒同	今江西省抚州市东乡区人。书法大师。曾任中共山东省委第一书记，陕西省委书记，中国人民解放军事科学院副院长，中国书法家协会第一任主席，中共中央顾问委员会委员
70	文化名人	近现代	萧涤非	今江西省抚州市临川区人，古典文学领域著名学者
71	文化名人	近现代	盛中国	祖籍江西省抚州市临川区，中国小提琴演奏家。
72	著名院士	近现代	饶毓泰	今江西省抚州市临川区钟岭人，中国现代物理学家、教育家，第一届中央研究院院士，第一批中国科学院院士。被誉为"中国物理学界泰斗"，南开大学物理系的创建人、理学院的奠基人之一
73	著名院士	近现代	程孝刚	江西省抚州市宜黄县人。铁道机械工程专家，技术教育家，中国科学院技术科学部委员（院士）
74	著名院士	近现代	余瑞璜	江西省抚州市宜黄县人，物理学家、凝聚态物理学家，中国科学院学部委员
75	著名院士	近现代	邓从豪	生于江西省抚州市临川区，中国科学院院士，理论化学家，曾任山东大学教授、校长
76	著名院士	近现代	吴式枢	出生于北京，祖籍江西省抚州市宜黄县，物理学家，中国科学院资深院士

续表

序号	历史人物类型	年代	姓名	身份
77	著名院士	近现代	艾兴	江西省抚州市东乡区人，切削加工和刀具材料专家、教育家，中国切削加工研究领域的开拓者之一，中国工程院院士
78	著名院士	近现代	邱定蕃	出生于中国香港，江西省抚州市广昌县人，有色金属冶金、化工冶金专家，"矿浆电解新技术"开拓者

第三章　抚州地方特色文化挖掘与解读（下）

第一节　抚州经典作品中的著名人物

一、杜丽娘

明代的话本小说《杜丽娘慕色还魂记》中的主角杜丽娘，为人们所熟悉。这部作品为汤显祖的经典剧作《牡丹亭》奠定了基本情节。事实上，许多在《牡丹亭》中的段落，如"惊梦""寻梦""闹殇"，都与话本小说有密切联系，其中的宾白部分还保留了话本的原句。

杜丽娘在古典戏曲中是一个独特的少女形象。身为南安太守杜宝的女儿，她应当成为那典型的三从四德的女子。但在婢女春香的引导下，她选择了走出绣房，踏入花园，大自然的魅力唤醒了她的青春活力和对真爱的向往，随后她在梦中与柳梦梅在牡丹亭畔有了幽会。然而，受制于封建礼教，她在现实中不能与自己心爱的人在一起，并悲伤地去世。她对真情的坚守感动了天地，使她得以重生，经历了许多困难后，她与柳梦梅终于团聚。杜丽娘的人物所展现的深情，传递出"生者可以死，死可以生"的情感深度。

二、柳梦梅

柳梦梅是《牡丹亭》中的男主人公，出身于书香门第，为人风雅、痴情，才情出众。他在南京读书时，途经扬州，偶然进入了杜宅的废弃花园——牡丹亭。在那里，他偶然发现了杜丽娘的画像，深深地被这幅画像吸引，从而爱上了杜丽娘。

不久，柳梦梅得知杜丽娘因为婚事而英年早逝的消息，深感悲痛。但在一次梦中，他与杜丽娘有了一次亲密的邂逅。之后，柳梦梅决定放弃前程，誓要重振杜家荣光，以此来纪念和弥补对已故的杜丽娘的遗憾。

经过一系列的曲折情节，柳梦梅的真挚感情最终感动了天地，使得杜丽娘得以还魂。两人经过一系列的考验后，最终得以团聚，完成了这段跨越生死的美好爱情。

柳梦梅的形象展现了一个才子的风采，他的痴情、坚韧和决断为《牡丹亭》的情感深度和艺术魅力增添了不少分数。他与杜丽娘的爱情故事也成了中国古典文学中最为人们所津津乐道的经典之一。

三、李益

《紫钗记》是明代文学家汤显祖的四大名剧之一。在这部作品中，李益是男主角，他与霍小玉的爱情经历构成了剧情的主线。李益的形象展现了一个古代文人的高尚情操和对爱情的坚贞不渝。

李益是个年轻的才子，风度翩翩，聪明睿智。他出生于一个富有的家庭，但对世俗的繁华并不感兴趣，更加珍视真诚的感情和人性的纯真。在一次旅行中，他偶然来到了青楼，与霍小玉相识。两人一见钟情，李益更是被霍小玉的纯真善良所打动，决定要救她出苦海。

为了与霍小玉在一起，李益不惜冒险，付出了很大的代价。在他们的感情中，紫钗成为重要信物。但由于种种误会，两人之间产生了隔阂。李益为了澄清误会，历经重重困难，最终与霍小玉重归于好。

四、霍小玉

霍小玉是《紫钗记》的女主角，性格淳朴善良，貌美又才情横溢。剧中，霍小玉因家道中落，被迫卖身为妓。但她始终坚守自己的节操，不愿意沦为他人的玩物，只盼望有一天能够重获自由，恢复尊贵的身份。

在霍小玉与李益的一次偶遇中，两人一见钟情，霍小玉更是将自己的生死托付给了李景隆，希望他能够救自己脱离苦海。她送给李景隆一个紫钗作为两人的定情信物。但后来，由于种种误会，两人发生了矛盾，小玉更是误以为李景隆背叛了自己，因此一度陷入了深深的绝望。霍小玉历经种种考验，最终与李景隆冲破重重阻碍，走到了一起。紫钗成为两人之间爱情的见证。

霍小玉的形象展现了一个女性在困境中坚韧不拔的品格，她对爱情的忠贞不渝，使得《紫钗记》成为中国古典文学中的一部感人至深的作品。

五、卢生

《邯郸记》作者是明代文学家汤显祖，其主人公卢生原是唐代沈既济所著《枕中记》中的角色。故事描述卢生在邯郸的一家客栈里午睡，梦中他经历了一生的荣华富贵，但醒来后发现仅仅过去了短短的片刻，连旁边的小米饭都尚未煮熟。这一情节衍生出了"黄粱梦"或"邯郸梦"的说法。元代的马致远根据原故事创作了《邯郸道省悟黄粱梦》，而清代的蒲松龄则撰写了《续黄粱》。

在《邯郸记》的情节中，卢生因未能取得功名而心情沮丧。某日，他骑马赴京参加科举，但依然没有成功。在途经邯郸的一个客栈中，他躺下并迅速进入梦乡。在梦中，他迎娶了贤淑的妻子，考取了进士，先后担任陕州牧、京兆尹，并最终被封为燕国公，同时还兼任户部尚书、御史大夫和中书令等高官。他的五个子女也都名扬四海，与名门望族结为亲家。但当卢生醒来时，一切都消失了，只留下那句流传千古的成语"一枕黄粱"。

六、淳于棼

淳于棼是唐代李公佐所著传奇小说《南柯太守传》的主角，他在梦中前往"大槐安国"，娶得公主，成为南柯郡的太守，经历了宦海沉浮，最终醒来发现只是一场梦。

汤显祖的戏剧《南柯记》是基于《南柯太守传》创作的。故事讲述了淳于棼由于功名不遂，沉醉于酒中，进入梦境，被引入由蚂蚁族所建的"大槐安国"。在那里,他被册封为驸马,任命为南柯郡太守,政绩斐然,深受百姓喜爱。但在公主去世后,他因陷入权臣的诡计,失去权力,被逐回人间。醒后,他意识到了一切不过是南柯一梦,最终决定割舍红尘,皈依佛门。此剧揭示了当时朝廷的腐朽和文人的阿谀奉承,因此被视为讽刺作品;同时由于淳于棼最终皈依佛教,《南柯记》也被誉为"佛也"。

淳于棼这一角色在中国戏剧史中显得与众不同。他具备才华、梦想、功名和爱情,但同时也有人的贪欲,面对诱惑难以自持,无论在人间还是在梦境中的蚂蚁国,他都遭到了排斥。这样的形象展现了一个充满现实主义色彩的人物。

(注:本节文字根据已有资料整理。)

第二节 抚州特色文化表现形式

抚州拥有十分丰富的特色文化表现形式,有南丰跳傩、乐安傩舞、古海盐腔、宜黄戏、抚州采茶戏、乐安花鼓戏等独特的戏曲艺术形式,还有极为丰富的非物质文化遗产,仅国家级非遗就有7项,在地级市中排在全省前列。本节整理了抚州6种戏曲艺术表现方式,以及国家级、省级非物质文化遗产和国家级、省级文物古迹。

一、戏曲艺术形式

1. 南丰跳傩

南丰跳傩起源于西汉初年,其盛行时期为南宋末至元初。宋末元初的文人隐士刘镗曾撰写《观傩》诗,其中写道:"鼓声渊渊管声脆,鬼神变化供剧戏。"生动地描述了南丰傩戏的风貌。明清时期,南丰跳傩不再仅仅局限于"索室驱疫"这一祭祀活动,而是开始融合戏剧与武术元素。

如今,江西省抚州市南丰县的石邮村仍然保留着丰富的傩文化。这里有超过130个傩班,2300多个傩面具,和近百种傩舞剧目,堪称"民间傩舞艺术之乡"。南丰傩舞充满艺术感,涵盖了完整的"起傩""演傩""搜傩"和"圆傩"四大祭祀环节,展现了它的神秘、古朴和粗犷之美。"搜傩"是最核心的部分，由"开山""判官"和"大鬼"这三个傩神角色，执持神链进入每户人家，目的是驱逐疫鬼或邪气。每完成一家的驱逐，都会立刻关闭其门户，确保鬼魅不再入内。此项仪式自正月十六夜开始，持续到次日清晨，直至整个村落的不祥之气被完全清除。这一传统至今仍被传承着。综观南丰傩，其风格独具魅力，古朴而又稚拙，展现了强烈的原生态特质，同时还带有文傩的独特风格。

2. 乐安傩舞

乐安傩舞的起源可以追溯到北宋末至南宋初年。经过时代的沉淀和发展，如今乐安傩舞已经演变出三大典型流派：增田镇东湖村的"滚傩神"，由古代村民为祈求神灵保佑和平安的祭祀仪式逐渐发展而成；古村流坑的"戏傩"，每年正月都会集中进行表演，而在其他喜庆的日子，会选择性地在各家献艺。其主要的表演节目包括《钟馗扫台》《天官赐福》《走报》和《和尚装香》；鳌溪镇的罗山傩舞，有八对艺人戴着代表古代名将或神话人物的面具。随着锣鼓的激昂节奏，他们依据所扮演的角色，或是手持刀剑翩翩起舞，或是军戎相见展开激烈的对决。这种赛舞竞技的场面热闹非凡。与南丰跳傩相比，乐安傩舞更以其武技为特色，展现了一种鲜明的武傩风格。

3. 古海盐腔

海盐腔，一种传统戏曲声腔，因其在明代成化年间于浙江海盐形成而得名。它与余姚腔、弋阳腔、昆山腔齐名，被誉为明代南戏四大声腔。根据陆容的《菽园杂记》描述，成化年间海盐县已经有被称为"戏文子弟"的演员，显示了海盐腔在当地的兴起。随着时间的推移，到嘉靖、隆庆年间，这种声腔已在嘉兴、湖州、温州、南京、台州、苏州、松江等多地流传，甚至远至江西宜黄和北京。但到了清康熙时期，海盐腔逐渐失去了声势。

1980年起，江西省召集了一群声腔研究专家，对众多现存的曲牌进行了深入的研究。他们在抚州市广昌县的"盱河戏"中发现了某些曲牌与海盐民间音乐"骚子歌"的音调存在相似性。这一发现初步证明，"盱河戏"中仍保留有"海盐腔"的音乐曲牌。而在抚州广昌县甘竹镇上演的"孟戏"中，也留有"海盐腔"的余音。此后，众多艺术家相继前往抚州采风，使之前逐渐被湮没的"海盐腔"再次为人们所熟知。

4. 宜黄戏

宜黄戏,也被称为"宜黄班""大戏""土戏"或"老二黄",是一种传统戏曲声腔。它源自明末清初在宜黄地区形成的宜黄腔,并因此得名。宜黄戏已被列入第一批国家级非物质文化遗产代表性项目的传统戏剧类项目。

宜黄腔的起源可追溯到西秦腔。明末清初,西秦腔在南方逐渐融入当地文化,其声腔经历了一系列的变化。在江西,出现了唢呐伴奏的二凡和笛子伴奏的吹腔。当这种声腔传入宜黄,人们放弃唢呐和笛子,转而选择胡琴为伴奏。同时,人们将黄梅采茶的"还魂腔"改编为"反调",从而形成了以胡琴为伴奏的宜黄腔,其基调为"二凡"。

宜黄腔的音乐特色丰富,包括"二凡"(也称为二黄)、"凡字"(即反调)、"唢呐二凡"(用大唢呐吹奏的二凡)、"西皮""拨子""吹腔""浙调""南北词"等腔调。其演唱特点为:旦行使用小嗓,小生则真假嗓相结合,其他角色使用大嗓。演唱时注重吐字清晰,音与字相配。传统唱腔中经常使用衬字,并在行腔中采用倚音、波音和下滑音等润腔技巧。其语言基于中州韵,但丑角通常使用宜黄方言。乐队由胡琴、二胡、月琴、三弦组成,合称为"十一根弦"。角色行当基于弋阳腔的"九角头",增加了末、二旦和四花,总共有"十二行"。宜黄戏的脸谱简洁,仅用黑、红、白三色。其传统剧目包括从明代西秦腔传承下来的《五雷阵》《清官册》《闹沙河》《四国齐》等。

5. 抚州采茶戏

抚州采茶戏是江西临川地区传统戏曲文化的一个重要分支,采用抚州赣语进行说唱。它在清初起源于宜黄、临川、崇仁、乐安四县交界地带,又被称为"三脚班"或"半班"。在那段时期,抚州诸县经历了连续的灾荒,导致大量民众流离失所。为了生存,一些难民开始以卖艺为生,他们结合了当地流行的民歌小调与灯采的表演形式,最终逐渐从灯采中独立出来,形成了"三脚班"。这一形式逐渐演变为独特的单台戏和单台调。值得注意的是,该地区早已流传的宜黄戏为抚州"三脚班"的形成与发展提供了宝贵的参照。

抚州采茶戏的唱腔充满了浓厚的地方特色,大部分取材于江西省的民歌小调。传统上,它采用专曲专用的曲牌体腔调,但在后续的发展与创新中,形成了众多的板腔体唱腔。其词格一般构成为上下对偶的五字句、七字句或十字句乐段，旋律简洁明快，与地方语言音调紧密结合，其音乐风格给人以吟诵和叙述之感。抚州采茶戏严格以抚州话为标准语言，无论男女角色，在演唱时都要求发音清晰、运腔圆润。整体来看，其唱腔可以划分为戏曲正调、戏曲杂调和民歌小调三大类。

6. 乐安花鼓戏

乐安花鼓戏是乐安县的地方戏。在明末，受到安徽宣城花鼓、小港龙灯以及宜黄戏的影响，乐安花鼓戏逐步形成，展现出其独特风格。最初，其表演仅为独角戏，也称为扭单台，演员一边打花鼓一边唱"十字调"。随后，它发展为对子戏，主要表现夫妻间的情节，有一生一旦角色，并引入了锣鼓腔。到了晚清时期，折子戏开始流行，丑角也加入了演出。而到了清末，发展出了整本戏的表演形式。

乐安花鼓戏的唱腔以锣鼓腔和花鼓灯歌为主，融入了弹腔、西皮、二黄、南北词、川调和扬州调等多种音乐元素。在表演上，它注重生活化、朴素、纯真，不拘泥于固定的程式化动作。其道白简单通俗、生动，大量采用方言和土语，为观众带来亲切感。演出时的乐队包括高胡、唢呐、大锣、小锣、钹、小镲、板鼓、尺和木鱼等乐器。

至今，乐安花鼓戏已拥有五十余出大小剧目，这些剧目有的直接反映了民间的生活习俗，如《南山耕田》《一束根栽禾》和《浪子铲豆》等；有的演绎了一些传统的故事，如《梁祝》《绵羊记》和《青龙山》等。此外，它还移植了部分宜黄戏的剧目，例如《平贵回窑》。

二、非物质文化遗产

截至 2022 年，抚州市共有非物质文化遗产 133 项，如下表（官网公布）。其中国家级 7 项，省级 42 项，市级 84 项。本节重点介绍国家级、省级非物质文化遗产。

表 3-1 抚州市非物质文化遗产名录

序号	项目级别	项目名称	申报地区	项目类别
1	国家级	南丰跳傩	南丰县	传统舞蹈
2		乐安傩舞	乐安县	传统舞蹈
3		广昌孟戏	广昌县	传统戏剧
4		宜黄戏	宜黄县	传统戏剧
5		抚州采茶戏	临川区	传统戏剧
6		宜黄禾杠舞	宜黄县	传统舞蹈
7		黎川舞白狮	黎川县	传统舞蹈
8	省级	麻姑仙女传说《沧海桑田》	南城县	民间文学
9		南丰蜜橘栽培技艺	南丰县	传统技艺
10		崇仁跳八仙	崇仁县	传统舞蹈
11		乡射遗乐	乐安县	传统音乐
12		手摇狮	金溪县	传统舞蹈
13		罗汉灯	东乡区	传统舞蹈
14		马步灯	金溪县	传统舞蹈
15		手摇九节龙	资溪县	传统舞蹈
16		南丰傩面具雕刻	南丰县	传统美术
17		金溪雕版印刷手工技艺	金溪县	传统技艺
18		广昌白莲生产技艺与习俗	广昌县	传统技艺
19		金溪藕丝糖传统手工技艺	金溪县	传统技艺
20		南丰泥炉制作工艺	南丰县	传统技艺
21		建昌帮药业	南城县	传统医药
22		装故事	乐安县	民俗
23		临川火老虎灯	临川区	传统舞蹈
24		东乡车马灯	东乡区	传统舞蹈
25		崇仁相山板凳龙	崇仁县	传统舞蹈

续表

序号	项目级别	项目名称	申报地区	项目类别
26	省级	临川篾编技艺	临川区	传统技艺
27		金溪浒湾油面生产工艺	金溪县	传统技艺
28		南丰妆迎	南丰县	民俗
29		乐安罗陂庙会	乐安县	民俗
30		资溪畲族祭祀仪式	资溪县	民俗
31		资溪畲族山歌	资溪县	传统音乐
32		宜黄神岗傩舞	宜黄县	传统舞蹈
33		崇仁扭扭龙	崇仁县	传统舞蹈
34		东乡跳马灯	东乡区	传统舞蹈
35		金溪矮脚龙	金溪县	传统舞蹈
36		广昌塘坊木偶戏	广昌县	传统戏剧
37		抚州话文	临川区	曲艺
38		乐安蛋雕	乐安县	传统美术
39		南城麻姑酒酿造技艺	南城县	传统技艺
40		乐安打船歌习俗	乐安县	民俗
41		金溪疏口蚌壳灯	金溪县	传统舞蹈
42		东乡蛇灯	东乡区	传统舞蹈
43		资溪猴狮舞	资溪县	传统舞蹈
44		崇仁尧岗傩戏	崇仁县	传统舞蹈
45		乐安花鼓戏	乐安县	传统戏剧
46		资溪竹烙画	资溪县	传统美术
47		棠阴夏布织造技艺	宜黄县	传统技艺
48		临川金银錾刻	临川区	传统技艺
49		赤水莲神太子庙会	广昌县	民俗
50	市级	胡乔伪的故事	南丰县	民间文学

续表

序号	项目级别	项目名称	申报地区	项目类别
51	市级	浒湾书铺街灯谜	金溪县	民间文学
52		金溪徐神仙传说	金溪县	民间文学
53		临川红色故事	临川区	民间文学
54		舒同故事	东乡区	民间文学
55		广昌苏区故事	广昌县	民间文学
56		金溪青蛙神传说	金溪县	民间文学
57		周建屏的故事	金溪县	民间文学
58		宜黄苏区民谣	宜黄县	民间文学
59		南丰苏区故事	南丰县	民间文学
60		乐安民歌	乐安县	传统音乐
61		乐安大华山道教音乐	乐安县	传统音乐
62		黎川苏区歌谣	黎川县	传统音乐
63		乐安苏区歌谣	乐安县	传统音乐
64		资溪苏区民歌	资溪县	传统音乐
65		黎川舞王狮	黎川县	传统舞蹈
66		广昌乱弹	广昌县	传统戏剧
67		南丰马仔戏	南丰县	传统戏剧
68		宜黄扬花	宜黄县	曲艺
69		南丰香钹	南丰县	曲艺
70		东乡杨氏太极拳	东乡区	传统体育、游艺与杂技
71		资溪畲族武术	资溪县	传统体育、游艺与杂技
72		乐安袁氏木雕	乐安县	传统美术
73		抚州于氏神佛木雕	市直	传统美术
74		抚州木质浮雕	临川区	传统美术
75		乐安竹衣工艺	乐安县	传统美术

续表

序号	项目级别	项目名称	申报地区	项目类别
76	市级	临川剪纸	临川区	传统美术
77		南城麻姑米粉制作技艺	南城县	传统技艺
78		黎川灌芯糖制作技艺	黎川县	传统技艺
79		金溪大米微书腊石镶嵌工艺	金溪县	传统技艺
80		临川白浒窑陶瓷工艺	临川区	传统技艺
81		抚州水碓制作技艺	抚州市	传统技艺
82		抚州木榨油技艺	市直	传统技艺
83		临川毛笔制作技艺	市直	传统技艺
84		乐安牛田范制葫芦雕技艺	乐安县	传统技艺
85		乐安南村仕女扇制作技艺	乐安县	传统技艺
86		乐安罗陂制陶技艺	乐安县	传统技艺
87		南城云市窑陶瓷制作技艺	南城县	传统技艺
88		南城麻姑茶制作技艺	南城县	传统技艺
89		南丰豆腐皮制作技艺	南丰县	传统技艺
90		南丰白舍窑制作技艺	南丰县	传统技艺
91		南丰水粉制作技艺	南丰县	传统技艺
92		临川陶瓷金缮	临川区	传统技艺
93		东乡丝瓜络工艺	东乡区	传统技艺
94		抚州金属丝扎制技艺	临川区、宜黄县	传统技艺
95		广昌荷花鱼制作技艺	广昌县	传统技艺
96		资溪碧水禅茶制作技艺	资溪县	传统技艺
97		资溪法水贡鱼烹调技艺	资溪县	传统技艺
98		乐安果酒酿制技艺	乐安县	传统技艺
99		乐安红薯粉丝制作技艺	乐安县	传统技艺

续表

序号	项目级别	项目名称	申报地区	项目类别
100	市级	雩山酿冬酒技艺	乐安县	传统技艺
101		雩山糖豆子制作技艺	乐安县	传统技艺
102		临川结绳技艺	临川区	传统技艺
103		临川菜梗制作技艺	临川区	传统技艺
104		宜黄斗米壶酒酿造技艺	宜黄县	传统技艺
105		宜黄古琴斫制技艺	宜黄县	传统技艺
106		宜黄豆腐乳制作技艺	宜黄县	传统技艺
107		黎川圆木制作技艺	黎川县	传统技艺
108		黎川传统钟表修复技艺	黎川县	传统技艺
109		黎川木杆秤制作技艺	黎川县	传统技艺
110		黎川朱氏清汤制作技艺	黎川县	传统技艺
111		崇仁沙藏酒酿造技艺	崇仁县	传统技艺
112		崇仁熟铁锻造技艺	崇仁县	传统技艺
113		抚州刮面剃头工艺	市直	传统技艺
114		抚州锔瓷	市直	传统技艺
115		抚州合香制作技艺	市直	传统技艺
116		抚州旴江穴位药疗	临川区	传统医药
117		临川草药识别与采集	临川区	传统医药
118		危亦林医学	南丰县	传统医药
119		旴江医派	市直	传统医药
120		资溪黄精炮制技艺	资溪县	传统医药
121		乐安药膳	乐安县	传统医药
122		建昌帮香囊制作技艺	南城县	传统医药
123		南城乌鸡膏制作技艺	南城县	传统医药
124		临川康公庙会	临川区	民俗

续表

序号	项目级别	项目名称	申报地区	项目类别
125	市级	驿前莲神灯会	广昌县	民俗
126		黎川三源张王庙会	黎川县	民俗
127		南城尧坊攘神	南城县	民俗
128		资溪畲族婚俗	资溪县	民俗
129		宜黄迎亲嫁女风俗	宜黄县	民俗
130		乐安金竹冬至街习俗	乐安县	民俗
131		乐安公溪中秋烧塔习俗	乐安县	民俗
132		崇仁草龙	崇仁县	民俗
133		崇仁大碗茶习俗	崇仁县	民俗

1. 国家级非遗项目

（1）南丰跳傩

南丰被誉为江西的傩舞之乡。根据《建昌府志》和《南丰县志》的记载，南丰跳傩的起源可以追溯到汉代，当时长沙王吴芮的军队把傩文化引入了南丰。这种文化活动始于汉初并在明清时期达到鼎盛，它也被列入第一批国家级非物质文化遗产代表性项目的传统舞蹈类项目。

南丰跳傩活动主要在春节期间举行，它不仅起到驱疫纳吉的作用，还具有娱乐神明和人们的功能。这种舞蹈既继承了古老的文化元素，又融入了新时代的精神。其中包括了多种表演形式，如"跳竹马""跳傩""跳和合""跳狮子"和"跳八仙"等，内容涵盖了傩仪、傩舞和傩戏等，演员们在表演时都会佩戴各种面具。

南丰跳傩的面具种类丰富，包括了驱疫神祇、民间俗神、释道神仙、传奇英雄、精怪灵兽和世俗人物等，总计超过180种。其舞蹈节目也同样多样，从单人舞的《开山》《魁星》《纸钱》和《判官》，到双人舞的《和合》和《傩公傩婆》，再到群舞的《跳竹马》和《跳八仙》，以及戏剧节目如《封神榜》《白蛇传》和《孟姜女》等，都展现了南丰跳傩的丰富文化内涵。例如，《开山》

展现了先民与自然斗争的场景,弘扬了先民自强不息、勇敢对抗灾害的精神。《傩公傩婆》则描绘了晚年得子的欢喜,反映了农耕社会对生命和生产的重视,展现了广大农民对丰收和子孙满堂的期望。《孟姜女》则凝聚了中国历史文化的精华。正如南丰县石邮村傩神庙上的楹联所言:"近戏乎非真戏也,国傩矣乃大傩焉。"这足以反映南丰傩的独特魅力和深厚文化底蕴。

相关传承人:罗会武、甘永福等。

(2)乐安傩舞

乐安傩舞历史悠久,但其确切起源尚无文字记载。在傩班中,被尊称为"先生"的领班职位世代相传,每一代仅有一位"先生"。根据20世纪60年代留存的傩书,有200多位"先生"被记录,由此可以推测乐安傩舞的历史至少已有千年,如此深厚的文化积淀也使其被列入第一批国家级非物质文化遗产代表性项目的传统舞蹈类项目。

乐安傩舞主要分为三大流派:流坑村的玩喜、罗山村的戏头鼓和东湖村的滚傩神,其中滚傩神尤为古老。乐安滚傩神除了拥有一套完整的祭祀仪式和表演程序,其每年正月初二的起傩活动更是充满神秘色彩:首先族长至傩神庙燃香祈福,随后开始傩舞表演,总共有八个节目和十八副面具。当外出行傩时,一般选择表演特色鲜明的"鸡嘴"和"猪嘴"。这两个节目既古朴又粗犷,舞蹈中融合了多种驱邪的基本动作,如握步、踢腿蹲裆等,每一动作都意义深远。

滚傩神的面具工艺精湛,如"鸡嘴"和"猪嘴"面具都是用樟木或柳木精心雕刻而成的。特别是"鸡嘴"面具,它由三部分组成:上部的"额子"、两边的耳翼和镂空的"下嘴";而"猪嘴"则以其长圆的形状和中央的镂空设计为特色。乐安县东湖村的傩神庙始建于清乾隆八年(1743年),庙门上清晰地刻有"傩神古庙"的字样,而两侧的对联则写着"傩驱瘟疫丁盛畜旺,神佑乡里邑立村宁",充分展现了乐安傩舞的历史和文化价值。

相关传承人:杨冬香等。

(3)广昌孟戏

广昌孟戏,以专题演绎孟姜女故事著称,为广昌县特有的戏曲形式,也被列为第一批国家级非物质文化遗产代表性项目的传统戏剧类项目。

孟戏的唱腔采用曲牌体，特色是唱南北曲，又被民间称为"盱河高腔"。据史书记载，明代的万历和嘉靖年间，广昌地区引入了多种戏曲声腔，如弋阳腔、青阳腔、海盐腔、昆曲和陇东调等，它们相互影响并交融，逐渐形成了一个多元的戏曲文化氛围。到了万历年间（1573—1620年），广昌开始流行一种被称为"神戏"的表演形式，尤以甘竹镇的赤溪、舍溪、大路背地区最为盛行。每逢春节，当地都会举办孟姜女连台大戏，逐渐成为一种深入人心的风俗。这也是孟戏起源的初步形态。

目前，广昌孟戏主要由三大民间戏班传承，分别是甘竹大路背戏班、赤溪戏班和舍溪戏班。这三个戏班各自保留了独特的剧本和唱腔，但只在正月期间进行演出。其中，舍溪戏班如今已经逐渐消失。赤溪的曾家孟戏被认为是最为古老的版本，全剧包含64场，两晚完结，其中孟姜女在剧中展现出强烈的反抗精神，最终哭倒了长城并为守贞而自尽。而大路背的刘家孟戏则源于明代传奇本，始演于明万历年间，整部剧分为69场，需要三晚演出完毕。在这一版本中，孟姜女由于其丈夫在长城下不幸去世，被秦王封为一品夫人。刘家和曾家两个版本的孟戏中，标注的曲牌共有140余支，这在戏曲音乐领域引起了广大的关注。

相关传承人：李安平、曾国林、曾令书、胡源芳等。

（4）宜黄戏

宜黄腔，也被称为"宜黄班""大戏""土戏"和"老二黄"，是一种起源于明末清初的传统戏剧形式。它因在宜黄地区诞生而得其名，并被列为第一批国家级非物质文化遗产代表性项目的传统戏剧类项目。

宜黄腔的形成与西秦腔的演变密切相关。明末清初，随着西秦腔在南方的传播，声腔发生了新的变化。在江西，唢呐伴奏的二凡和笛子伴奏的吹腔逐渐兴起。当这些声腔传入宜黄后，人们使用胡琴取代了唢呐和笛子作为伴奏，并结合黄梅采茶的还魂腔，创新出一种名为反调的曲式，从而形成了宜黄腔。宜黄腔的基本曲调为二凡，并在音乐中融合了如二凡、凡字、唢呐二凡、西皮、拨子、吹腔、浙调和南北词等多种腔调。

宜黄戏的表演风格独特。在演唱方面，旦角使用小嗓，小生则混合真假嗓音，而其他角色主要采用大嗓。演唱中，宜黄戏强调字音的清晰度和与旋律的协调。在传统唱腔中，衬字的使用尤为频繁。此外，行腔中常用的润腔手法包括倚音、波音和下滑音。虽然主要使用中州韵，但丑角多采用宜黄方言。在乐队配置上，宜黄戏由胡琴、二胡、月琴和三弦组成，统称为"十一根弦"。角色上，基于弋阳腔的九角头，宜黄戏增设了末、二旦和四花，形成了"十二行"。其脸谱设计简约，只用黑、红、白三色。宜黄戏的传统剧目，如《清官册》《五雷阵》《四国齐》和《闹沙河》等，都是从明代西秦腔传承下来的。

相关传承人：邓义、邓春晖、唐光明、应用贤等。

（5）抚州采茶戏

抚州采茶戏，作为江西采茶戏的关键分支，已有400余年的历史，据《临川县志》记载，它起源于茶灯戏，历经单台戏、三角班和半班等发展阶段。在乾隆年间（1736—1796年），对湖北灾民带入的黄梅采茶戏的吸收，推动了抚州茶灯戏向"三角班"演进，这是一个由一旦、一丑和一坐堂组成的早期演出形式。到鸦片战争之后，它逐渐向"半班"发展，最终成为完善且成熟的戏曲形式。抚州采茶戏也被列为第三批国家级非物质文化遗产代表性项目的传统戏剧类项目。

在唱腔方面，抚州采茶戏采用了抚州方言为标准，并融入了大量的民间俗语和歇后语，风格幽默诙谐。其唱腔主要分为戏曲正调、戏曲杂调和民歌小调三种。由于其源自灯彩歌舞，该戏种特长于展现短衣罗裙的小人物。其表演手法既再现了生活，也超越了生活，特别是小生和小丑的扇子功、小丑的矮子步和小旦的手巾功，这些都是从日常生活中提炼出的表演技巧，不仅具有浓厚的民间艺术气息，还具有独特的表演特点。

抚州采茶戏的传统剧目可以分为三类：单台戏，通常只有一旦或一丑进行表演；小戏，主要反映劳动人民的生活和爱情；整本戏，基于坊间印刷的戏文曲本或对外部戏剧的改编而来。

相关传承人：万安安、汤绍云、吴岚、阙青青、陈维真等。

（6）宜黄禾杠舞

宜黄禾杠舞，源于江西省宜黄县，是一种伴随着镰刀敲击禾杠的民间舞蹈。它起源自上山砍柴时的习俗，至今已有600多年的历史，被列为第四批国家级非物质文化遗产代表性项目的传统舞蹈类项目。

宜黄,一个山区县城;禾杠,即用于挑柴火或禾秆的竹竿,两头都被削得尖锐。很久以前,当地人上山砍柴时便养成了用镰刀敲打禾杠的习惯,以此吆喝同伴。最初,敲打禾杠只是简单地随着山歌的节奏进行,后来随着时间的推移,技艺逐渐丰富,人们用镰刀的各个部位发出不同的音色和节奏。禾杠的使用也从简单地拿在手中或放在肩上,发展到插在地上进行多样化的舞蹈动作。与此同时,吆喝声演变为抑扬顿挫的山歌。

其中,《卓望山上》是宜黄禾杠舞中最具代表性的一首歌曲,通常在上山或休息时演唱。它以5/8的拍子,行腔流畅,节奏稳定,一音对一字,无拖腔,伴随着禾杠的敲击,显得非常有趣。由于禾杠舞的道具简单,容易学习和表演,所以很快便在宜黄及附近区域流传开来。这种舞蹈不仅具有浓厚的民俗特色,更生动反映了当地农耕文化。

相关传承人:邓鲜花等。

(7)黎川舞白狮

黎川舞白狮出自于黎川县日峰镇的下桥村,因村落位于县城的西北方,故此地的舞狮也被称为"西方白狮"。这种独特的舞狮艺术已被纳入第四批国家级非物质文化遗产代表性项目的传统舞蹈类项目。

黎川的舞狮包含有四种狮子:白狮、黄狮、黑狮与红狮,其中白狮尤为尊贵,被誉为"狮中之王"。在所有舞狮艺术中,黎川白狮尤为独特,且相当罕见。《黎川县志》记载,早在晚清时期,黎川就已经广泛流传着舞白狮的习俗,尤其是在春节时期。狮子造型巨大,头部像筛子般大,口似盆,眼睛犹如铜铃,形象十分凶狠。当狮子在门前舞动时,据说能够驱散屋内的邪恶之气,因此被认为可以"旺屋"。

黎川舞白狮,通常需要一雌一雄两只狮子,每只狮子由两名表演者合作扮演。狮子的基本动作包括:小跑转球、滚球、打脚球、并头戏球、矮桩、对头轮转、舐毛、扑球、搔痒和双狮抢球等,这些动作流畅自然,融合了和谐与文明的意涵。舞狮队伍由20人组成,在掌龙珠人的引导下,舞狮者会摆出各种队形,并模仿狮子的各种动作,十分逼真。舞狮者的装扮十分传统:头戴白毛巾,身穿中式对襟宽边上衣和灯笼裤。

黎川舞白狮不仅继承了传统套路，还融合了南狮的精髓，并在制作上进行了改良，增加了技术含量和观赏性。这种结合了原始文化特征和新技法的舞狮，成为黎川的一大文化传统。

相关传承人：邓雅明等。

2. 省级非遗项目

（1）麻姑仙女传说《沧海桑田》

麻姑山地处江西南城县西部，距离县城建昌镇4千米。这座山的主峰海拔1176米，历经千百年，因其峻秀奇丽的自然景观和与之相伴的麻姑传说而广为人知。

关于麻姑，相传她原是南城之人，后得道升天，化身为仙女，成为中国神话中著名的女寿仙。唐代颜真卿的《南城县麻姑山仙坛记》记载，在开元二十七年（739年），麻姑山上建起了仙庙。麻姑的神话和传说丰富多彩，代代相传，逐渐形成了"麻姑文化"。不少史料中都有麻姑传说的相关记载，如东晋葛洪的《神仙传》《抱朴子》《云笈七笺》，清代的《南城县志》和《麻姑山志》等。

麻姑文化的主要内容如下。

七夕祭拜：传说农历七月初七是麻姑成仙的日子。每年这一天，便有众多的香客从各地会聚，徒步或乘船前来麻姑山。香客们会进入仙都观，虔诚地膜拜麻姑神像。此外，麻姑山上还会举办九天九夜的戏剧表演，场面盛大。

抽签问事：平日里，许多信徒都会来麻姑神像前抽签卜吉凶，询问各种事宜，如寿命、财富、事业、平安、婚姻和子嗣等。

祈禳还愿：每年伊始，香客们纷纷来到麻姑山仙都观，为前一年实现的愿望祈禳还愿，其感激之情溢于言表。

人生礼俗：麻姑文化与南城县人们的生活习俗紧密相连。例如，新娘在出嫁之日，会模仿麻姑仙女的打扮，头发盘成"麻姑髻"，手持"麻姑镜"。此外，南城的许多地名也与麻姑文化有关。

神话传说：麻姑山被誉为仙境，孕育了丰富的关于麻姑的神话传说。从她在水上行走，到掷米成丹，再到她的各种传奇经历，所有这些都使她成了吉祥和长寿的象征。

（2）南丰蜜橘栽培技艺

南丰蜜橘是由乳橘培育而来的。得益于南丰所处的亚热带季风气候、冬暖夏凉的环境、丰沛的雨量、松软的土质，南丰蜜橘在这里拥有得天独厚的生长条件。早在唐代，南丰就已经出产较为美味的朱橘；自唐宋时期开始，南丰蜜橘就被历代朝廷视为珍贵的贡品，因此也赢得了"贡橘"的美称。

千年的培育历程使得乳橘在南丰衍生出独特的性状：味道更加甜美、高糖而低酸、香气浓郁，因此被誉为"蜜橘"。这一柑橘品种既强壮又健康，一般的树高可达3.5~4.5米，冠径5~6米。成熟的树木常年产量在75~125千克，而最高纪录则是625千克，经济寿命长达70年以上。

南丰蜜橘于4月盛放花朵，到11月果实即成熟。每个果实的重量在25—50克之间，呈扁圆形，色泽呈鲜艳的橙黄，果皮薄滑，果肉柔嫩，汁多且籽少，并散发着浓郁的芳香。经过长期培育，南丰蜜橘形成了如大果系、小果系、桂花蒂系、早熟系等多个品系。

南丰蜜橘卓越的品质与传统的栽培技术紧密相连。在育苗嫁接的过程中，早期主要采用嫁接法、实生法和压果法，而现代技术已逐渐采纳春季切接法和秋季小芽胶接法，这样不仅结果数量众多，而且成活率也更高。在地点选择上，一般选朝阳、背风、水源丰富的南坡低丘。在土壤和肥料管理上，当地人将传统与现代方法相结合，施用塘泥和人畜粪尿，并结合深翻、植沟、施有机肥等手段。为了确保南丰蜜橘健康生长，在防治病虫害上，人们采取了人工捕杀和以螨治螨技术，同时适量使用农药。

此外，南丰蜜橘不仅是一种美味的水果，还是宝贵的中药材。橘皮、橘络、橘核及橘叶等均有药用价值，可以理气、健脾、化痰、通俗化痰、疏肝解郁等。更进一步，南丰蜜橘还作为高品质的加工原料被广泛应用。

相关传承人：曾海女、张东孙等。

（3）崇仁跳八仙

崇仁县巴山镇萱华村的前河、里河、詹家三村的杨、詹两大姓家族，世代承传着一种叫作"跳八仙"的传统仪式，当地人俗称为"打把戏"。值得注意的是，"八仙"中并没有包含曹国舅，而是由刘海替代。

根据地方传说，这种"跳八仙"的起源与建庙活动密切相关。其起始时间可以追溯到明代，并与当地的枧头庙有关。根据杨氏族谱的记载，枧头庙的建立是在晋代，并在唐、五代时期达到鼎盛。但在南北宋交替的战乱期间，庙宇一度被摧毁。到了元代初期，杨氏家族出资将其重建，并在庙内塑造了七爷的神像。明代洪武末年，由于庙宇内各个神明频繁"显灵"，杨、詹两姓家族决定每十年在第七、第八两年的农历正月各自主持一次"迎赛大神"的祭祀活动。对于那些新婚、新生或遭受不幸的家庭，他们会特意邀请大神前来，以祈求好运、健康和长寿。

在这两大家族的祭祀活动中，有一些细微的差异。杨家有两个跳傩班子，而詹家只有一个，因此无法轮流进行表演。此外，杨家的祭祀活动持续七天，而詹家则为八天，这是为了向八爷表示尊敬。

"跳八仙"这一仪式在当地保存得相当完整和原始。角色的传承严格遵循父子继承的原则，世代不变。所有的动作和表演都不能任意更改。为了这个传统仪式，家族成员们精心制作面具和其他道具。他们或选择樟木、杂木雕刻，或利用各种竹子制作，制作过程相当复杂。这些面具的表情幽默诙谐，表演动作简单而夸张，十分受当地百姓珍视与喜爱。

相关传承人：杨正孙等。

（4）乡射遗乐

乡射遗乐主要流传于乐安县牛田镇流坑村一带。相传其起源于明代时，在南京任刑部尚书的董裕带领族中子弟到宫廷乐队学习，并把这门技艺带回了家乡，后人代代相传至今。在流坑村，乡射遗乐的演奏乐班被称为"小吹会"。古时候，村里各房族每年都要给小吹会交纳钱粮，小吹会甚至有自己的山林和农田，可以说在村里的地位相当高。

乡射遗乐的乐器有二胡、三弦、琵琶、笛子、笙、箫、唢呐、板胡、月琴等，乐班通常有9—12人，曲牌有《浪淘沙》《风入松》《朝天子》等，从音乐风格上可归于宫廷音乐中的"朝会乐"或"朝宴乐"。

乡射遗乐通常出现在比较大的节庆和重要活动上。每年正月初二，小吹会全体人员都会穿上长袍马褂，戴上礼帽，隆重地在村中的大戏台演奏乡射遗乐，演出一直持续到正月十五。这在全县乃至全省都是罕见的。平时村里有什么大喜事，或有重要人物来访时，小吹会便全体身着统一演出服，跟随两个高脚提花大灯笼，一路演奏客人指定的曲牌，直至目的地。

乡射遗乐源自宫廷，代表着高贵，在当地只有有钱、有势、有身份的人才能请得起。并且乡射遗乐通常只在本村演奏，不出村，所以时至今日，它仍只在流坑一带流传。

相关传承人：董丕龙、董善道等。

（5）手摇狮

金溪县的手摇狮是一种独特的灯彩，经过人们的反复创新和加工，已逐渐演变为一种受到广大民众喜爱的民俗表演形式。

此种表演起源于金溪县琅琚镇的杨村一带。相传，明末清初时期，琅琚地区水源短缺，导致田地干旱，居民因争夺水源经常发生冲突。为此，当地居民普遍学习武艺，每家均制作一把特殊的木板凳，凳面上雕刻有狮子的形象，表示英勇与威猛。随着时间的推移，当地水源问题得到解决，居民之间的关系也变得和谐，这把刻有狮子形象的木板凳，逐渐成为村民练习武艺的传统工具，也演变出一种表达对土地的眷恋、祈求五谷丰收和反抗压迫的民间习俗。每当重要节日或庆祝丰收之时，村中男性便会舞动这些"狮子"，寓意吉祥和喜庆。经过长时间的演变，这种传统活动逐渐发展为现今的手摇狮灯表演。

手摇狮表演主要表现两只狮子之间的斗争，以及一位手持灯笼的长者介入调解，最终两只狮子和解的过程。表演从两狮的激烈斗争开始，接着转为单球表演，最后两狮和解并一同玩耍。整个表演过程大约半小时。大致分为四个部分：引狮下山、双狮搔痒、单球表演和双狮扑球。在表演中，操纵狮子的表演者动作优雅，其模仿狮子的动作逼真，如同真实的狮子在玩耍。然而令人遗憾的是，原先的108套动作如今只剩下十余套得以保留。

相关传承人：许文江等。

（6）罗汉灯

江西省抚州市东乡区的罗汉灯，是一种深受农民喜爱的传统灯彩活动。它将傩舞、杂耍和武术融为一体，演员伴随着打击乐的节奏，通过力与美的结合，展现出繁衍生息、祈求好运、驱除邪恶等主题。这种灯彩活动不仅充满了浓厚的生活情趣，而且表演难度高，具有很强的观赏性和艺术价值。

罗汉灯的起源可以追溯到明代，至今已经有超过500年的历史。在20世纪70年代之前，它在东乡区被广泛传承。但到了20世纪90年代，除了小璜镇的孙家圳，其他地方的表演团队均逐渐解散。每年从农历正月初一至元宵节，孙家圳的各家各户都会由罗汉头组织，选拔出30余名演员。他们会进行一系列的仪式，比如吃麻子、拜金花小娘和银花小姐、参拜祖庙，然后在旧屋或空旷地进行表演。在农闲时期，农民们也会自发组织表演和操练。

具体到表演人员构成，罗汉灯表演团队通常由24人组成，包括14名大罗汉、4名小罗汉、1名罗汉头、1名领队和4名乐队成员。整个演出分为两个部分：前半部分是由罗汉头表演的傩舞，展现罗汉在庙里的生子的过程；后半部分则是众罗汉和童子的表演，他们通过武打和超过60种高难度动作，生动地描绘出家族繁荣和罗汉在民间行善的场景。

相关传承人：孙发生等。

（7）马步灯

位于金溪县双塘镇翁塘的周家，自北宋建村以来，就世代传承着一种独特的灯彩表演艺术——马步灯。相传，从建村之初，马步灯便成为周家的传统表演项目，历史悠久，迄今已有近千年。

马步灯的表演形式独特。表演者扮演历史上的骑马征战的忠勇武将，全程通过精湛的动作技巧展现历史人物行军、布阵、打仗等情景。整个表演中，演员不唱不说，只以锣鼓、唢呐等器乐伴奏，展现出场景的情境，象征意味十足。这种欢乐而又祥和的表演，雅俗共赏，令人为之赞叹。

尽管原先曾有多套不同内容的马步灯节目，但随着时间的推移，部分节目已经失传。现存的马步灯节目主要有两套，一套是《三国演义刘关张》，另一套是《忠勇报国杨家将》。

每年的农历正月十三，周家的马步灯就开始演出，被称为"头灯"，而到了十四、十五两日则是演出的高潮。除了在本村演出，表演团队还经常应邀到外村，特别是女甥家进行表演。这样的演出常常伴随着爆竹声、果品招待，穿越各个街巷，吸引全村民众观赏，场面十分热闹。不仅如此，马步灯的打击乐部分节奏鲜明、情绪充沛，其节奏的变化及地域特色都为观众所称赞。

相关传承人：周辉祖等。

（8）手摇九节龙

手摇九节龙因其龙灯节数为九而得名，是江西省资溪县马头山镇昌坪村竹延山村小组所特有的民间文艺形式。手摇九节龙起源于公元14世纪中后期，并历经数百年沿袭至今。

由于竹延山村地处偏远山区，交通闭塞，与外界的接触较少，在这样一个生活节奏单调、与外界交流有限的环境中，当地农民基于原始的生活劳动动作，经过修饰与创新，逐渐发展演变出手摇九节龙这样一种文艺表现形式。

手摇九节龙的道具制作过程相对简单。其骨架是由竹片扎成的圆柱形篾篓，每节长度约60厘米。篾篓外罩红布，并用木棍支撑。各节之间通过粗绳穿连，整条龙的长度超过10米，每节之间的距离大约1米。在表演中，每个参演者执掌一节龙。尽管手摇九节龙的造型看似简单，但其实表演起来颇需技巧。

表演开始后，首先由一名演员表演火流星，为接下来的演出制造氛围。随后，随着明快、热烈的音乐，龙舞者开始各种技艺展示，如"搭仙桥""树牌坊""童子拜观音"等。过去，一场演出的时长甚至能超过3小时，包含的动作和技巧达数十种。然而，现在部分传统动作已经逐渐失传。

这些繁复的动作均来源于当地的自然生态、生产实践和日常生活，凸显出了古百越人的巫祝祭祀民俗遗韵，为现代学术研究提供了极高的文化价值。

相关传承人：程东升等。

（9）南丰傩面具雕刻

南丰傩面具雕刻这一古老的艺术形式，早在汉代就已经产生，到了唐宋时期，它得到了进一步的发展，并在明清时期繁荣起来，达到了巅峰。至今这一雕刻艺术仍然流传着。

这种雕刻艺术以其古朴深厚的风格、生动的造型和细腻的手法著称。在南丰地区，傩面具不仅是傩的主要特征，更是傩的象征标志。它在驱傩仪式中代表神祇，在傩舞表演中则是角色装扮的一部分。不难看出，南丰傩面具雕刻对于南丰傩艺术的传承和发展具有至关重要的意义。

雕刻傩面具有九个步骤，包括选材、取料、烘干、初坯定型、刻初坯、修光、刮灰、上漆和装饰附件。在明代之前，关于南丰傩面具雕刻艺人的资料较为缺乏。明代以后，南丰地区主要有舒家和杨家两大家族以雕刻傩面具为业。其中，杨家以武相雕刻为长，舒家则在文相雕刻方面更为出色。南丰傩面具所展现的角色形象多样，造型奇特，每一个面具的神情和冠饰都具有独特的文化内涵。其主要造型可分为神兽结合型、人物肖像型和动物人格型。

南丰傩面具不仅具有深厚的艺术研究价值，同时还是艺术收藏的珍品，对于开发南丰傩文化旅游产业，它无疑具有巨大的潜力。

相关传承人：罗春明、张宜祥等。

（10）金溪雕版印刷手工技艺

金溪浒湾的雕版印刷手工技艺发源自明代，并在清代达到了巅峰。清朝的乾隆、嘉庆、道光年间是这一传统技艺的黄金时期。这段时间，江西省所有经史子集的读本都出自浒湾。这一时期，北京、南京、南昌、长沙、安庆、芜湖等地的书商都在浒湾镇设有分号书店。通过这些销售渠道，浒湾的木刻印书被销售到全国各地，其影响范围相当广泛。在浒湾的全盛时期，这里有如大文堂、两仪堂、三让堂、文信堂、忠信堂和旧学山房等60余家著名书店堂号，涉及的刻字和印书工匠多达上千人。

金溪雕版印刷使用的是木刻板。在木材选择方面，主要使用梨树，有时也使用樟树和荷树。在纸张材料方面，普通印刷主要使用毛八纸（产自金溪黄通与峡山），特等印刷使用连四纸（产自福建），而低级印刷则选择京丹纸（铲子资溪）。印刷墨汁采用村里砍烧松树熏制而成的烟渣。在雕刻过程中，每块木板都是双面雕刻，而如果需要加入朱批和圈点，就需要另外刻制套板。在刻字的工具方面，工匠们一般使用枝凿和平凿等；在刻字技术上，他们采用"出门"与"归身"两种方法，刀刻手法有横刀和侧刀两种。

相关传承人：王加泉等。

（11）广昌白莲生产技艺与习俗

广昌的白莲种植历史达1300多年，最早的文字记载可追溯至唐代仪凤年间（676—679年）。明代的《建昌府志》中记载了一个有关广昌白莲的传说：在唐代仪凤时期，广昌的居民种植了红莲。不久，这些红莲变为白色，人们在其中发现了金色的观音像。之后，这些白莲又变成了碧绿色。清代的《广昌县志》中也描述了广昌白莲的美景，称其为"满县花枝放呈祥"。

广昌白莲的传统生产技艺经过多代的传承和发展,已具有浓厚地方特色。从选择白莲品种、莲田选址、移栽,到田间管理,再到后期的脱籽、去壳、去皮、浸泡、漂洗、通芯、烘焙、退热、包装与贮藏,每个步骤都严格精细,由经验丰富的莲农亲自传授,形成了世代相传的技艺传统。

广昌人民与莲之间的深厚情缘也在民间形成了丰富的民俗。例如,每年农历六月二十六被视为莲花的生日,当地莲农会举办盛大的莲神太子庙会,吸引许多来自赣、闽等地的参与者。英国摄影家马元浩曾经赞叹:"全国到处都有莲花,但只有广昌有莲神。"此外,驿前古镇因其丰盛的白莲产量和白莲集散市场而闻名。这里的明清古建筑群中,到处都雕刻着精美的莲花图案,吸引了大量游客。近年来,驿前被宣布为"中国莲文化发源地",并被江西省政府认定为首批历史文化名镇之一。广昌还有许多与莲花相关的民间艺术,如各式的莲花灯彩等,都展现了这里独特的地域文化。

相关传承人:巫庆耀、赖必进等。

(12)金溪藕丝糖传统手工技艺

金溪藕丝糖是一种深受人们喜爱的传统糖果,其外观如细嫩的白色藕丝,内部则是以芝麻、桂花和橘饼等制成的馅料。尽管每个藕丝糖仅有鸽蛋大小,不足10克,但其味道甜而不腻,口感脆香又酥软,入口后能即刻在口中融化,留下一种绵长的余味。金溪藕丝糖每斤约有60余个,它们往往被放入食品级塑料袋,再装入精美的纸盒中。

金溪藕丝糖的生产历史悠久。据一名老中医介绍,它主要由饴糖制成,具有古方"大小建中汤"的效用,并加入了桂花、金钱橘饼、芝麻和豆粉等成分。因此,藕丝糖不仅口感甘甜温和,还具有多种药用功效,如补中益气、理脾益肺、生津润燥、化痰止咳和促进消化等。对于脾肺虚寒的体质,它尤为有益。作为冬季的糕点,它被认为是营养的佳品,甜而不腻,既能补身,又不会在体内积滞。

金溪藕丝糖原本由各地家庭小作坊所生产,主要的产地有琅琚、浒湾、珊城和秀谷。在庙会和市集上,制作师傅们会现场制作并销售这些糖果,以确保新鲜。但由于它们不能长时间保存,故需要即买即食。新中国成立后,金溪的国营、集体和个体食品厂开始大规模生产藕丝糖,并改良了包装工艺,以便于运输和储存。金溪藕丝糖的年产量在60—80吨。1984年，金溪藕丝糖被评为江西省优质产品。1988年，它参加了首届中国食品博览会，并被列为特色优质产品展销。现如今，这种糖果已被销往全国各大城市，如北京、天津、上海、南京和广州等，特别是在元旦和春节期间，浙江和湖南的客商都会来金溪大量采购，人流如织。

相关传承人：彭宽光等。

（13）南丰泥炉制作工艺

南丰泥炉产于江西省抚州市南丰县，是一种传统陶器日用品。它以优质黏性泥土为主料，经过精心烧制而成。这种泥土灰白细腻，无杂质沙粒，并具有不易开裂的特性。其制成的泥炉，不仅具有光洁的表面、乳白的色泽，而且可以承受高达800℃的温度，不易产生裂痕。此外，南丰泥炉由于工艺精巧、设计科学，还具有火力旺盛且升温迅速的特点。

南丰泥炉的种类繁多，主要分为1—4号盖炉、1—3号普通煤炉、1—7号柴炉和100型、120型蜂窝煤炉。泥炉的表面常常刻有精美的花、鸟、人物和山水等装饰图案。以盖炉为例，它的结构包括炉托、炉身、炉门盖、炉面大盖和小盖五部分。这五部分都有其独特的功能和形状，使得泥炉在使用过程中密封性极好，火力易于控制。

南丰泥炉因其制作工艺精湛、造型美观、结构科学，在当地被普遍接受，并成为广大百姓日常生活中的必需品。炉底设计有通风孔，炉底与锅面距离很近，使热能利用率超过70%，实现了节能与便捷的双重效果。随着时间的发展，南丰泥炉逐渐成了一种大规模的手工艺产业。

在1987—1998年的高峰期，南丰泥炉的生产厂家扩张到十几家，覆盖了梓和、市山、莱溪、洽湾等多个地区。然而，随着人们生活水平的提高和清洁燃料如液化气、沼气的普及，泥炉的销售量逐年下滑。如今，只有四个制作点和一个县级的泥炉厂仍在生产这一传统产品。

相关传承人：官六根等。

（14）建昌帮药业

建昌帮作为我国南方的古药帮和中药炮制的代表流派，与"樟树帮"并列，共同构成了被誉为"江西帮"的中药饮片加工大家族，是全国十三大药帮之一。其发源地是南城县。建昌帮以其精湛的传统饮片炮制技艺和药材的集散交易著称,因此,药界流传有"药不到樟树不齐,药不过建昌不灵"的说法。

在中药饮片炮制技艺上,建昌帮的工具、工艺和辅料均具有鲜明的传统特色。其中,豚刀(又称建刀)和雷公刨作为最有特色的加工工具,与禹州的禹刀和樟树药帮的汉刀并列,被誉为全国三大中药加工刀。人们常说"具刀认帮",强调的是"刀法不同,建刀更有用"。此外,建昌帮在辅料的选择上也有其独特之处,如谷糠的使用,以及对煨附、姜半夏等药材的特色炮制等。

从经营模式来看,建昌帮药业有药店、药栈和药行三种形式,各具特点。药店主要经营零售,提供各种药物制剂;药栈则兼有批发与零售的功能;而药行则以大宗药材的批发为主,与各地药商进行交易。更值得一提的是,建昌帮注重徒弟的全面培养,不仅要求他们掌握手艺,还强调制药的严谨作风和待人接物的良好习惯。

建昌帮药业的经营范围相当广泛,不仅覆盖江西和福建的多数地区,还扩展至汉口、上海、广州,甚至远销香港、澳门、台湾,以及马来西亚、新加坡等国家和地区。

经过几百年的持续发展,建昌帮药业形成了自己独特的风格和特色,并在药界长期保持着繁荣与声誉,赢得了业界的尊重和认可。

相关传承人:刘香保等。

(15)装故事

乐安县湖坪乡的"装故事"是一项历史悠久的中秋民俗活动,传统而盛大,充满热情。据《湖坪汉上王氏景烈族谱》记载,这项活动起源于北宋开宝三年(970)。当时,王延年从山西太原迁至乐安湖坪,将此风俗带至当地。至明万历年间,这一活动开始成为中秋节不可或缺的盛事,至今世代传承,盛况不衰。

每年的农历八月初九至十五是"装故事"的活动时间。在此一个月前,村中王氏七房的主事人会挑选数十名年龄在1岁至5岁、身体健康、面容清秀的男女儿童。八月初九的早晨,这些儿童会被带到王氏宗祠前,按照故事情节的需要,进行精心的盛装打扮,并被固定在特制的木制故事架上。这些故事架分为两层,上层专门为女孩预留,下层则男女不限。他们的服饰与头盔都是量身定制的,以便完整地呈现各种戏剧角色。

他们所展现的故事多种多样,包括《空城计》《孔明借东风》《刘备招亲》等经典戏码。随后,一场盛大的游行拉开序幕。每个故事架前面都有十面红、黄、绿三色的彩旗引路,后面则是由十余人组成的乐队,演奏着如《南词头》《钻山龙》等经典乐曲。随着音乐的节奏,故事架上的儿童摇曳生姿,翩翩起舞。

在游行途中,观众络绎不绝。他们纷纷向故事架上抛掷糕点、水果和红包,以此表示对活动的支持和祝福。到了夜晚,整个游行队伍便燃起灯笼、火把和"窑笼",照亮前行的道路。这支长龙般的队伍在夜色中显得尤为壮观。活动会一直持续到中秋之夜,为当地民众带来欢乐与团圆。

相关传承人:王明元、王健生等。

(16)临川火老虎灯

临川火老虎灯起源于江西省抚州市临川区的腾桥镇、荣山镇、东馆乡和莲沅乡,是一种特殊且独特的民间灯彩。与众不同的形式使其在众多灯彩中显得格外醒目,令人眼前一亮。

据记载,这种灯彩由腾桥的罗姓族人、少年罗聪能所创。他受到民间灯彩火龙的启发,借鉴爆竹引信的制作技术,经过深思熟虑的设计和动作编排,创造了火老虎灯。最初,火老虎灯仅包括一大二小三只老虎。随着时间的推移,为了更好地配合表演情节,增加到了二大三小五只老虎,并受到狮舞和龙灯的影响,增添了引火棍。

在火老虎灯的表演中,演员们将由竹篾制成的火老虎灯高高举起,跟随火棍跑动、跳跃、翻滚,快速地创造出各种炫目的图案和队形。木炭粉在被点燃后与空气接触,产生清脆的声响,同时在空中形成流星火雨的效果。为了增强表演的气氛,后来人们还在表演中加入了打击乐和唢呐伴奏。经过长时间的发展和传承,火老虎灯已经成为一种需要13个人合作的完整民间舞蹈,包括引虎1人、送料1人、表演3人、伴奏5人,以及专门为虎头补充燃料的3人。

这种独具匠心的舞蹈,因场面壮观,深受当地群众的喜爱。每当春节到来,乡间的人们便会随着唢呐和打击乐的欢快旋律,手持火老虎灯,挨家挨户地表演，以此祝福乡邻，祈求新的一年五谷丰收、家畜繁殖。表演结束后，他们还会将引虎棍上的香火插在谷仓、猪栏和牛栏的门前，寓意着来年的丰收和兴旺。

相关传承人：罗海根等。

（17）东乡车马灯

江西省抚州市东乡区五桥村的车马灯是一种集舞蹈、小戏于一体的民间灯彩艺术。它以三国时期为背景，描述关羽与张飞夜晚救出刘备的两位夫人，并被刘备和赵云亲自迎接的情节。在这个故事中，众官兵载歌载舞、欢腾庆祝。通过融合跑马、舞蹈、小戏等多种表演形式，车马灯展现了古代劳动人民对美好生活的向往和人与人之间的深厚情谊。

据《五桥村饶氏宗族谱》记载，车马灯的起源可以追溯到明代，由当地贤人饶宗鲁所创，至今已有超过600年的历史。饶宗鲁在告别仕途归乡后，被明洪武帝封为"奕世名儒"，并获得"乡贤第"的荣誉。他回乡后，除了致力于文学研究，还深入民间了解民情。为了祈求风调雨顺和丰收，饶宗鲁创作了车马灯这种灯彩艺术。

车马灯的表演要求严格，需要演员之间合作默契，对演员的素质有很高要求。无论是跑灯或唱小戏，都融入了中国传统戏曲中的艺术表演形式，富有象征意义。车马灯使用的道具简单而古朴，内容健康，造型独特，动态与静态相结合，形式丰富。伴随着民间打击乐的主旋律及其他吹奏乐，车马灯表演总能为观众带来强烈的视觉和听觉冲击。每年正月，车马灯表演团队都会在五桥村及周边地区巡演，深受当地劳动人民的喜爱。

相关传承人：饶春荣等。

（18）崇仁相山板凳龙

江西省抚州市崇仁县相山镇林头村的相山板凳龙，也被称作"桥灯"，是该地的传统舞蹈。据祖谱记载，这一舞蹈早在清乾隆时期就已经流行。与其他桥灯不同，崇仁相山板凳龙的灯笼是方形的，象征着"天圆地方"。每年正月十四至十六，族长主持的打龙灯会会由各房家族成员轮流主办。

相山板凳龙每节灯宽21.5厘米，长200厘米，由2块凳面组成，每块凳面由一根宽4.4厘米、厚6厘米的方形木头制成。每个凳面上有5盏高31.5厘米、边长 21.5 厘米的方形灯笼。这些灯笼内部放置小红蜡烛供照明，外部则被长 30 厘米、宽 82 厘米的红布包裹。每节灯都有撑棍连接。龙头由两节凳面组成，长 82 厘米，直径 30 厘米，配有 16 盏方形灯。而龙尾则在一节凳面上，前三盏灯后是一个长 110 厘米、最大周长 74 厘米的龙尾。

舞板凳龙是为了庆祝元宵节而开展的民俗活动，它代表了团结和繁荣。据村中年长者江白河和方德顺回忆，他们小时候听父辈说，清朝时村中就有大型的板凳龙灯会。每户家庭都参与，活动盛大，持续三天，族谱上将其描述为"兴灯""正灯"和"圆灯"。

2000 年，林头村有 6 座祠堂被修复，借此机会，一些年长的村民提出希望能恢复传统的板凳龙灯会。当时，村民方春华家里还保存着一盏古老的板凳龙灯。因此，族长方亿高和其他几位有威望的老人们决定按照古老的样式制作新灯。2001 年，他们制作了 4 节灯，之后这个数字逐渐增加到 13 节、39 节，直到现在的 129 节。整条板凳龙灯，包括龙头和龙尾，总长已经超过 300 米。每年在正月十四晚，灯会便在村里盛大地举办，锣鼓手、旗手、放鞭炮的人等等都参与其中，舞龙的队伍，人数多达 170 人，整个场面非常壮观。灯会已成为一个展现村民团结、欢庆与传承传统的盛大场合。

相关传承人：方勇标、方亿高等。

（19）临川篾编技艺

临川篾编技艺是一种融合传统竹编技术与工艺美术的民间手工艺。这一技艺技法繁复，编织难度高。其画面主要呈现吉祥文字或图案，因此深受大众喜爱。篾编作品的载体为独特的竹编器具，编织者通过特殊的手法展现文字与图画，使其成为极其宝贵的工艺美术品。

临川篾编的画面主要包括吉祥文字，如"福""禄""寿""禧"等，和有关各种传说故事的图案，例如"桃园结义""八仙过海""老子对弈""蟠桃献寿"等。在色彩选择上，基调以竹篾的黄色为主，有时搭配红色来传达吉祥和喜庆，或使用黑色以表现古朴和庄重。临川篾编的文字设计考究，字体形状和大小均匀协调；而人物形象则细致入微，栩栩如生。

从历史资料上看，临川篾编技艺并没有详尽的文字记录。由于篾制品的保存周期有限且容易损坏，其具体起源年代难以确定。然而，清朝后期有记载，临川的李炳芳曾请人为其制作以《老子对弈图》为主题的壁画，以及带有《麒麟送子图》的竹编席子。此外，在临川湖桥村的张家洲，清代官员黄世直的宅内，还保存有篾编制成的中堂画、楹联和横幅。

关于临川篾编的创作技法，编织者在竹编经纬篾上采用"取雨点"法进行"绘制"。这种手法的命名是因为画面上稀疏露出经篾的颜色，形似雨点。传统篾编技法包括间隔四、六、八点取雨点，即通过四、六、八条经篾间隔来形成画面。篾条的粗细是至关重要的，为了准确地刻画出细节，有些篾片细如发丝，确保了作品的细节得到完美展现，显得尤为精致。

相关传承人：徐建元等。

（20）金溪浒湾油面生产技艺

油面有多种称谓，如"挂面""圆面""须面"和"寿面"。其中，抚州油面在明朝末期就已在市场流通，其中，来自金溪浒湾的油面尤为著名。因此，浒湾油面被选拔为宫廷御用食品，进而获得"贡面"的美誉。

浒湾油面包装精致，采用红漆木盒，木盒上雕有"龙凤呈祥""百年好合"和"锦绣河山"等图案，同时也描绘金色的品名、作坊字号和烹调指南。浒湾油面选材讲究，主要使用上乘面粉、茶油、精炼薯粉和食盐等。这些原料随季节变化有不同配方，经历三次发酵，再通过手工精制和微风晾干制成。它的特色在于形状均匀细腻、色泽洁白，烹煮时不易糊化，熟后口感滑润、味道爽口且清香。此外，浒湾油面还具备如健脾胃、降低血压和促进母乳分泌等多种功效，因此成为民间常选的馈赠佳品。

浒湾油面制作作坊包括森和兴、美芳斋、利芳福和何源和等。但随着公私合营制度的推行，这些作坊最终被整合为浒湾粮油加工厂。1982年，浒湾油面厂开始专门生产"龙须贡面"，并在同年获得江西省粮食局颁发的传统食品优胜奖。1984年至1985年，浒湾的龙须贡面连续2年被评为江西省商业厅的优质产品。此外，1984年至1986年，它连续3年获得抚州地区行政公署和地区粮食局的优秀产品证书和产品质量奖。1988年，浒湾油面参展中国首届食品博览会，在上海展销会获得了上海市民的高度好评，并被授予博览会优质产品称号。

相关传承人：叶永光等。

(21)南丰妆迎

南丰妆迎源自人们对军峰山"三仙"的尊崇祭祀。军峰山,被誉为"翠压五岳",是南丰地区的"镇山祖龙",并被许多方术修行者视为修炼的圣地。传说中,在晋时,王方平与郭族的兄弟曾靠屠宰为生,但后来他们放下屠刀,决定修善,拜了天教主浮邱道长门下,在军峰山中修行。经过漫长的岁月,他们终于修成真仙,被世人称誉为"三仙真君"。明代的《正德建昌府志》与清代的《南丰县志》等文献记载,自北宋宰相曾布(南丰人)向皇帝请封军峰山神为"嘉惠侯"后,南丰境内开始建立众多行宫,而妆迎这一传统活动也由此诞生。每十年,南丰百姓会举办一次妆迎大典,如果遭遇长期干旱,他们还会特地为祈雨而举行此仪式。

这一传统已流传千年,代代相承。随着时间的演变,南丰妆迎逐渐融合了众多的民间艺术、故事、风情和道义,不再单纯带有迷信色彩,而是成为富有南丰地方特色的民俗活动。在妆迎的巡游中,会有各式各样的表演,如开场的神铳、蟒锣,跟随的彩旗与乐器演奏,演员扮演各种神话中的角色,以"三仙真君"的神轿作为核心,伴随着民间音乐、鞭炮和欢呼声,场面非常宏大。文献详细记录了南丰妆迎的三次盛大活动,分别在清咸丰四年(1854年)、清光绪二十八年(1902年)和民国三十六年(1947年)。

南丰妆迎不仅仅是一种传统的民俗,更是多元宗教、艺术和音乐文化的交融,其起源与先民的自然、图腾崇拜以及巫术有着深厚的联系。南丰妆迎与南丰傩舞有相似的历史背景和初衷,旨在通过仪式来调和阴阳,确保四时平衡,祈求风调雨顺、五谷丰收和国家富强。

相关传承人:肖长生等。

(22)乐安罗陂庙会

罗陂庙会,亦称"朝神庙会",是乐安地区的一项有数百年传统的民俗活动。这一每10年举办一次的盛事,在周边地区享有盛誉。罗陂乡坐落在乐安县的西南部,与永丰县相邻,距离县城约45千米。这一地理位置使其成了"贸易市场"。当庙会举办时,罗陂乡就变得热闹非凡,邻县的商贩纷纷聚集,融合了商品交换与众人的娱乐。

罗陂庙会的历史渊源已久。根据罗陂古村的兆兴房草谱,罗陂庙会可以追溯到明代崇正年间。当时的罗陂陈氏三十一世（惟荣）家境不佳，受到道士的指导后，修建了神台，塑造了菩萨雕像，并诚心祭神。在这样的神仪活动后，家族日渐繁荣起来，从此这一传统便世代相传。

罗陂庙会规模宏大，内容丰富，往往有数千人参与。在庙会前一周，会请道士进行"招兵"和"点光"的仪式，意在祈求菩萨保佑村民。庙会正式开始后，场面极为壮观：神铳、旗帜为菩萨开路，后面跟随的是8座雕工精美的神轿、3部神器、4台"故事戏"及特色的"秋千"表演。这个秋千像一个巨大的风车，4名儿童被绑在其四方，转动中仿佛儿童在荡秋千，令人叹为观止。活动结束后，菩萨便被重新安置，各种祭品都被妥善保管，并供信徒朝拜。

罗陂庙会不仅是乐安的传统民俗，更是道教祭祀的完整体现。道士为菩萨"招兵"与"踩碗仔"等仪式，为研究者探索当地道教文化提供了不可估量的价值。此外，独特的"秋千"表演在江南地区相对罕见。与此同时，用于伴奏的音乐也是民间古老的经典，这为研究罗陂的文化和历史提供了宝贵的素材。

相关传承人：陈有生、陈大眼等。

（23）资溪畲族祭祀仪式

农历三月初三是畲族一年中最为盛大的祭祀日。此项祭祀活动由族长或在部族中享有最高声誉的法师主导。在祭祀正式开始的前一天，族人们会对回龙庙进行大扫除，整理和摆放器皿，清洁相关工具，并准备必要的祭祀供品。

当祭祀日到来，随着一声铳响，每家的成年男性手持供品和香烛前往祠堂进行致敬。而女性则不直接参与祭祀，她们会站在一旁观看。每个前来致敬的人，在进入祠堂时都要半跪蹲行进，将他们手中的供品和香烛摆放于供桌上，然后站在旁边等候。

随后，随着三声炮响和祭祀专用的锣鼓声起，祭祀活动正式开始。法师在坛上设立祭台，手中持有令刀和龙角，念诵着"八宝坛香、香烟袅袅、上通天堂、下通五方……"的咒语，开始向神明祈祷。在此期间，法师会做出一系列特定的动作，如交叉跳跃、旋转龙角和挥舞令刀，召唤五方兵马。接着，五方兵马持祖杖列队，法师开始指挥他们做出一系列的动作，如筑城墙、生火、开雪门等。接着，他会进行翻滚和走火炭的仪式，以此为村民祈求神明保佑，消灾解难，希望村民能平安长寿。祭祀的最后环节，法师念咒送走神明，并焚香纸。

祭祀结束后，每个家庭的代表会以半跪蹲的方式退出祠堂，带着他们的供品返回家中，并放在家里的祖龛上。之后，所有参与者会聚集一堂，享用盛宴，同时还会有各种庆祝活动，如庆丰舞、对山歌和武术表演，直到天亮，祭祀活动才正式结束。

相关传承人：蓝启东等。

（24）资溪畲族山歌

畲族山歌，作为畲族文化中最具代表性的元素之一，包含畲族人民在生产和生活中创造的口头文学，也是畲族传统文化的核心组成部分。这一口头传统文化已有千年的历史，并且由祖祖辈辈通过口耳相传流传至今。

虽然畲语本身没有书面文字，畲族人使用的文字是汉文，但他们常利用畲语的语法结构来手抄歌曲。在旧社会，由于畲族人没有接受文化教育的机会，山歌便成为他们主要的文化表达形式。他们经常用歌曲来表达情感、记录事情、宣扬正义、传达知识和智慧，在劳动、款待客人、婚丧喜庆等场合，都有唱山歌的传统。每个历史时期都有其特定的代表性山歌。这些歌曲可以被分为叙事歌、风俗歌、劳动歌、情歌、生活歌和杂歌等类型，其演唱形式包括独唱、对唱和齐唱，但很少伴随动作或背景音乐。

从技巧上来说，山歌的基本韵律与汉族的七言绝句相似，通常是四行、每行七个字。但也有些歌曲中的第一句由两个短句组成，如"三字头"和"五字头"合并为"六字头"。当歌曲内容跨越几十条并围绕同一主题时，被称为"连"，而超过百条的则被称为"长连"歌。歌词的押韵要求非常严格，其中第一、二、四句的尾字需同韵，并且必须是畲语的平声，而第三句则以仄声结尾。演唱时，畲族还会根据不同地区加入如"哩""罗""噜"等无实际意义或具有特定含义的词汇，以强化语调和增加韵味。

相关传承人：钟丽珍等。

（25）宜黄神岗傩舞

神岗傩舞是宜黄县神岗乡的传统民间舞蹈，主要用于祈求福祉、驱逐邪灵和疾疫。其舞蹈分为两大类别：长枪和短棍。其中，长枪的动作粗犷、幅度大，被用于驱邪；而短棍则风格文雅、动作细腻，主要用于祈祷和纳祥。

根据《宜黄县志户口田赋》的记载，在明永乐年间，由于灾疫肆虐，当地民众开始跳傩舞以祈求消灾。《宜黄县志》中提到，明代初期，为了纪念华光神，每年在其生日（农历九月二十八）这天会有两名身着华光和妖魔装扮的舞者，用舞蹈展现神祇诛妖的场景，伴随着锣鼓的声音。这一传统已经延续了超过600年。

直到今天，神岗傩舞的传统仍然被保持着。舞蹈会在每年农历正月初一开始，一直持续至正月十五。正月初一，舞蹈主要在各祠堂门前进行，舞罢，相关的面具、乐器和服饰会被放回行宫。从正月初二开始，舞蹈在各家各户中进行，在一家表演结束后，家主会放鞭炮感谢并送别傩神，随后，舞者们会前往另一家进行表演。这样的舞蹈表演会在农历正月十五结束。正月十六的上午，则在晒谷场进行公开展演，此表演被称为"拨拢"。

在舞蹈方面，长枪的舞蹈带有贺词，动作大而有力，象征着驱邪的能力；而短棍的舞蹈则没有贺词，其动作多以祈福为主，风格文雅诙谐，富有情趣。舞蹈伴奏主要由锣和鼓组成，音乐简单且有力，节奏会根据不同舞蹈和动作进行变化，特别是在舞动中，四个角落的变化寓意着彻底驱除邪灵和疾疫。总的来说，神岗傩舞主要是表现祈求消灾解难、五谷丰登、家畜壮实、生活安宁的内容。

相关传承人：黄国祖等。

（26）崇仁扭扭龙

崇仁扭扭龙，也被称作独龙，是崇仁相山镇苔洲村特有的民间祭祀灯彩，始于清代同治年间。它的独特之处在于一条大龙身上背负着两条小龙，当舞动时，这三条龙体会在空中颤抖和扭动，因此得名。

关于它的起源有一个古老的传说。传说中苔洲村有一龙潭，潭中居住着水龙，而在村外的焦炭石古洞中有一火龙。某日，一个巨大的彩珠从天降落，直接落入龙潭。这引起了水火二龙争夺彩珠的激烈战斗，结果导致大水从潭中涌出，摧毁了田地和村庄。村民们无法承受此灾，于是请来道士，祈求双龙进入大海。经过长达四十九天的法事，水龙被赶走，但火龙依然存在。为了使火龙离去，村民模仿火龙的形态，用稻草制作了一条龙，并在村里进行游走祭祀，最后在河边将其焚烧。感受到了村民的诚意，火龙终于停止了其破坏，还给村民宁静。

自那时起，每年新春，村民们都会制作扭扭龙进行祭祀，以祈求一年的平安。随着时间的推移，村中的孩子们觉得这一活动颇为有趣，开始自行制作小型的龙，这启发了大人们。他们改良了扭扭龙的设计，将两条小龙安放在大龙的头尾，同时将原来的两根木棍简化为一根，并将其固定在大龙的腹部中央。这就是现今我们所熟知的扭扭龙的形态。

原初的扭扭龙是由禾草制成的，一根木棍固定在大龙腹部用以操控，是长龙灯的附属部分。然而，随着时间的流转，扭扭龙从长龙灯中独立出来，成了一种独特的灯彩艺术形式。

相关传承人：方更新等。

（27）东乡跳马灯

东乡跳马灯，特指江西省抚州市东乡区浯溪村的传统民间灯舞，起源于明朝，至今已超过600年。据记录，跳马灯在明代永乐年间曾经十分盛行。经过数代的传承，跳马灯不仅吸收了劳动人民的智慧，还融合了众多民间艺术元素，其审美价值不断上升，艺术魅力历久弥新，成为一种具有鲜明地域特色的、受群众喜爱的灯舞。

东乡跳马灯的核心主题是祈求新年的平安与幸福，以增强春节的吉祥氛围。表演以马跳为主，辅以说唱和舞蹈，旨在展现劳动人民的情感变化，并表达他们对美好生活的期盼和对未来的美好愿景。

艺术上，东乡跳马灯将舞蹈、音乐和说唱巧妙融合，成为一种综合性舞蹈。表演内容以赤兔马、黄骠马、白龙驹和乌骓马这4匹历史上的名马为中心，深入挖掘它们的传奇故事。表演中，演员以跑马步为基础，配以各种技艺，如马童驯马、护马等动作和各种翻滚技巧，全程伴以打击乐和吹奏乐，使舞蹈与音乐的完美结合。

东乡跳马灯的演出通常在农历正月十三开始，俗称"头灯"，并在正月十四、十五达到高潮。除了春节期间，这一传统灯舞还常常在正月外、岁末迎春之际，在各村巡游演出，深受各地群众的喜爱。在农事较为清闲的时段，村民也会自行练习并表演，既能锻炼身体，又能为日常生活增添乐趣。

相关传承人：王美福等。

（28）金溪矮脚龙

金溪矮脚龙是一种发源自贵溪市与金溪县交界地带的民间彩灯舞蹈。尽管历史的流变导致这种舞蹈在贵溪逐渐消失，但在金溪县的何源镇彭家村，它得以延续，成为当地甚至整个江西省的独特舞蹈。传说，这一舞蹈有天赋神力，能呼风唤雨、驱灾祛难。因此，人们舞矮脚龙的目的主要是祈祷风调雨顺、庄稼丰收和家人平安。在人们的心中，矮脚龙占有不可替代的位置。

每年农历正月初一至十五，便是矮脚龙的表演时间。在这期间，舞龙的队伍会访问舞龙者的女婿家和女婿的村子，意在传递吉祥和幸福。为确保一切顺利，龙队会提前派车长给将要访问的家庭送"太平灯"作为通知。到达一个村庄之前，队伍还会先在"沙公"庙进行礼拜。仪式结束后，队伍会在村中的公共场所进行表演，之后再入户访问，进行更为私人的表演。

舞动矮脚龙要求整个队伍的动作高度协调，这需要严格的训练和默契的配合。舞蹈的主要指挥者被称为"掌珠者"，通常是熟练且体力充沛的舞龙高手。整个队伍的组成也经过严格的安排，从龙头的资深者到龙尾的年轻人，都有固定的位置。舞蹈的每一动作、每一套路都需要重复两次，并遵循严格的顺序和规则。

在音乐伴奏方面，矮脚龙表演使用的是鼓、锣、钹和喇叭等传统乐器。音乐有慢板和快板两种，慢板用于队伍行进和变换队形，而快板则用于正式的舞蹈表演。当没有乐器伴奏时，也可以用口哨替代伴奏。

（29）广昌塘坊木偶戏

江西省抚州市广昌县的塘坊乡有一种传统艺术——广昌塘坊木偶戏。这种艺术由四个主要部分组成：木偶、操纵演员、配音演员和乐队。其中的木偶由优质的樟木精心雕刻而成，每个木偶代表剧中的一个角色。木偶的关键部位，如头部、腰部、手臂等，都通过丝线连接，由演员操纵。这种设计使得木偶能够做出各种复杂的动作，例如击鼓、骑车和跳舞。木偶如此之生动，以至于常有人感叹："木头人，木头人，真正像个人；木偶戏，木偶戏，活像真人在演戏。"

广昌塘坊木偶戏因其独特的表现形式在民间广受欢迎，无论春夏秋冬都有演出。它的剧目内容主要是歌颂祖国、祈求安宁和祝福，其中有些特定的剧目是为特定的季节或场合准备的，如正月的"人丁戏"和入夏的"禾苗戏"。为了支持这些表演，当地群众会按人头捐款，家里有喜事时，有时还会赞助一场演出供村民免费观看。

目前，广昌塘坊木偶戏有两个剧团在活跃，其成员多为中年人，大部分演员的参与时间超过 20 年。其中，70 岁的黄祖禀是年龄最大的成员，已经加入剧团 31 年了，他主要负责木偶的操纵。剧团在不同的场合通常会选择表演不同的剧目，例如生日庆典会选择演《彭祖加寿》，而新婚或子女入学则有其他特定的剧目。

相关传承人：谢延发、谢家胜、谢帮银等。

（30）抚州话文

临川地区流传着一种特有的民间曲艺——抚州话文，当地居民亲切地称之为"打嘭嘭"。这种艺术形式的起源可以追溯到明代以前。最初，它是盲人为了乞讨和算命而采用的一种手段，因此被群众称作"瞎子过街"或"花郎爬街"。抚州话文的表演形式主要是单人坐唱，内容多样，既包括简短的民间曲调，也涵盖完整的大型戏剧表演。抚州话文的伴奏主要有两种形式，其一是由艺人一边拉动二胡一边演唱，其二则是以鼓筒和竹板作为伴奏工具进行演唱。

相关传承人：刘德兴等。

（31）乐安蛋雕

乐安蛋雕，起源于明清时期的民间"彩蛋"习俗，是鳌溪镇邹氏家族传承的独特技艺。它是一种深受赞誉的民间传统美术，因选材精致、造型鲜明、雕刻手法精湛而广受称赞。乐安蛋雕可以分为三大类：人物、动物和山水。其中，人物蛋雕精准地再现了从古代帝王到现代名流的形象；动物蛋雕展现出生动活泼的造型；而山水蛋雕则巧妙地将宏伟的自然风光浓缩在小小的蛋壳之中，带给人身临其境的感觉。

传统上，在端午节或结婚生子等重要时刻，人们会互赠"红蛋"，寄寓"共同分享喜悦、心想事成"的美好意愿。为了使这种礼物更具美观度和纪念价值，逐渐有人将蛋染得五彩斑斓，并在其上绘制各种图案和祝福语。随着时间的推移，这种传统逐步发展为在蛋壳上雕刻精美图案，从而形成了现今的

"蛋雕"艺术。这种蛋壳工艺品具有很强的保存性,甚至可以保存数百年,因此在全球的工艺美术界,"蛋文化"备受青睐。例如,西方的复活节和圣诞节都会用"彩蛋"作为祝福的礼物。

乐安蛋雕不仅是一种珍贵的民间工艺,还具有很高的学术和收藏价值。自其在上海世博会等重大展览中亮相后,此技艺吸引了无数中外游客的关注,被媒体誉为"中国最美雕刻艺术之一"。

相关传承人:邹兆庆、邹俊瑶等。

(32)南城麻姑酒酿造技艺

麻姑酒是一种深受赞誉的江西传统酒,被誉为江西八大名酒之一。这种酒的酿造历史悠久,据史料记载,已超过两千年。麻姑酒的酿造始于汉代,唐宋时期逐渐兴盛,到了明清时期,达到鼎盛状态,麻姑酒的盛名让它在周边数十个县(区)的酒市场占据主导地位长达200多年。这种长时间的市场主导地位,使其在酒文化中留下了深刻的印记和广泛的品牌影响。麻姑酒不仅体现了我们祖先的智慧,更具有文化价值。

明代医学家李时珍在其著名的《本草纲目》中提到:"江西麻姑酒,以泉得名,而曲有群药。"麻姑酒在清代光绪年间已开始出口南洋各国,并在1951年的南洋国际赛酒会上获得银奖。此外,它还荣获了中国首届黄酒节的一等奖和首届中国食品博览会的金牌,被中国食品协会誉为名牌产品。

从工艺上来说,麻姑酒是一种甜黄酒,原料选用的是麻姑山的银珠糯米,并采用了当地的泉水。此外,它还融入了麻姑山芙蓉峰的20多种中药,如首乌、灵芝等。经过3年以上的陈酿,酒液的颜色从琥珀色过渡到棕红色,气味香浓,味道甘甜,口感柔和,度数适宜。传说这种酒是由麻姑仙女为修炼所酿造的,并曾在蟠桃会上献给王母,这使得众神仙醉了百日,因此有"麻姑献寿"的说法。由于其卓越的品质,历代的皇家都将其视为珍藏,被誉为"寿酒"。麻姑酒不仅美味,还具有诸如舒筋活血、增强骨骼、祛风壮骨等效果。唐代著名书法家颜真卿甚至为其撰写诗篇,称其具有治疗效果并可延年益寿。如今,"麻姑酒"商标上的三个字出自著名书法家舒同之手。

相关传承人:罗俊勇等。

(33) 乐安打船歌习俗

乐安打船歌是一项历史悠久的民俗活动,起源于乐安县西南部的牛田、万崇等乡镇,特别与水南村有关。水南村史资料显示,这一习俗由该村的张氏始祖世延公在唐开元年间传入,已流传至今超过1300多年。

由于乐安地区群山环绕,陆路交通并不方便,因此,牛田河(亦称乌江或恩江)便成为这个地区的主要交通脉络,人们依赖此河交流与运输。历史上,无论是每年"交皇粮",还是靠撑船出外谋生,都与一个个家庭息息相关。为了确保船队出行顺利、安全,当地群众会在船队起航前进行一系列的祭祀活动。村民们先在村内的祠堂与庙宇中祭拜,之后再抬起"吴仙真人""土地神""五皇太子"等七尊神像,巡游村中的主要路段。沿途,每家每户都会参与礼拜,场面十分震撼。巡游结束后,神像会被安放回原本的位置。随后的晚上,村里的人们会聚集一起,合唱打船歌。

此歌共有167句七言歌词,内容主要是祈求神灵的庇佑与国家繁荣稳定。歌曲的旋律中融入了船工的呼号,声音深沉而悠长,配乐以鼓和锣为主要乐器,伴有胡琴、笛子、月琴与唢呐等,形成了一种独特的音乐风格。

每年农历正月十三至十六,这样的歌声会响彻三个夜晚。第四天凌晨,村民们会聚集到村口,欢送启程的船队。为了表示祝福,当地的道士会绘制一幅宏伟的"船型图",图上绘有各种神鸟与符号,最终将其焚烧,这一仪式被称为"化舟"。在此基础上,村民们还会准备酒、茶和粥,作为对船工们的祝福。在这样的祝福声中,船工们带着满满的动力启程,而村民们则燃放鞭炮,挥手道别,"打船歌"活动随之圆满结束。

相关传承人:张冬生等。

(34) 金溪疏口蚌壳灯

金溪县的疏口蚌壳灯是一种深受人们喜爱的民间灯彩,主要在琅琚镇的疏口村流传并逐渐辐射到整个金溪县。每年正月初一至十五,当地人不仅在本村展示这一灯彩,还常到亲朋好友家中进行展示。这一传统起源于一个明代的美丽传说:据说,一位家境贫寒的渔翁得到了一位由千年蚌壳精化身的仗义女子的帮助。渔翁将此经历分享给了村里的邻居,村民们从此将蚌壳视为吉祥的象征,进而将这一故事编排成舞蹈加以纪念。关于蚌壳灯,《金溪县志》有着详细的记载。

蚌壳灯表演呈现了一个完整的故事，重现了渔翁与蚌壳精的奇遇。表演中，有4位年轻女子站在竹制道具中，扮演蚌壳精。伴随着锣鼓的节奏，她们做出交叉平移、探腿、夹渔翁和伏地旋子等动作。在优美的舞姿中，她们控制蚌壳时而张开、时而闭合、时而移动、时而休息，展现出各种迷人的姿态。与此同时，一位男性扮演渔翁，他头上戴着草帽，腰间系着鱼篓，手中持有渔网，生动地呈现出观察蚌壳、涉水、整理渔网和撒网等各种动作。

相关传承人：余忠义等。

（35）东乡蛇灯

东乡蛇灯作为一种民间传统灯彩，在20世纪90年代前在东乡盛行，但现在主要集中于孝岗镇的界头村。根据《吴氏宗谱》的记载，这种蛇灯起源于元末明初，已有逾600年的历史，界头村的蛇灯传承已达38代。关于其起源，有两种流传的说法：一种是基于"巨蟒精呵护蛇仔坑"的民间传说；另一种则是描述巨蟒在修炼过程中途经界头村，看到村民因旱灾受苦，便挺身而出的故事。

该灯彩的表演主题旨在重现巨蟒保护村庄的故事。它通过高难度的表演技艺，体现了劳动人民坚韧不拔的精神，同时歌颂了巨蟒为了人们的福祉而自愿牺牲的高尚品质。一个标准的东乡蛇灯表演队伍由14至18人组成，整合了如"顺钻花"等八种独特的动作，全场展演约20分钟。在农忙季节之外，村民们会进行表演练习，并在正月期间外出演出，为广大农民送上新年的祝福。此外，东乡蛇灯因其独特魅力，多次受邀参与省、市、县的灯彩展演和其他文艺活动，其影响力不仅在东乡区，还波及整个省份。

相关传承人：吴仁太、吴永根等。

（36）资溪猴狮舞

资溪猴狮舞是一种在资溪县乌石镇横山村广为流传的民间舞蹈。每年正月初一至十五，舞者们走街串巷，挨家挨户为村民表演。这一舞蹈的起源可以追溯到三国时期，其在南北朝开始广为人知。据横山村村民、猴狮舞组织者黄国勇（生于1942年）表示，自横山村建立之初，村民们便在正月间跳这种猴狮舞。关于其起源，还有一种说法是猴狮舞是随着印度佛教传入中国的，并被视为西域狮舞的一个分支。

这一舞蹈被认为是横山先祖对智慧和力量的赞美。舞者们的猴面具和狮子造型都是用毛竹编织并根据戏曲脸谱绘制的。配乐主要由锣鼓组成,重在打出韵律,而非旋律。表演仪式和流程十分严谨:正月初一,各个角色首先要到神庙及村里的福主公神前祭拜和请神,然后再前往各家进行表演。在元宵节,村民们还有一个传统的"杀狮"仪式,需将舞者所扮演的狮子牵至村边的水口。

目前,资溪猴狮舞共有10个传统剧目,包括"猴子晒衣""猴子抛球""杀猪"等,每一套都有2到3小时的表演时间,其中的动作都是独特的,不会重复。表演的内容因东家的身份和祈福主题而异,例如,屠夫家庭会选择"杀猪"这一主题,文化底蕴深厚的家庭则可能选择"举学",而新婚夫妇则可能选择"闹新房"或"新娘望月"。资溪猴狮舞的舞蹈动作夸张,融入了大量的武术元素,内容生动,氛围热闹。独特的是,整场表演中,"猴子"作为指挥,"狮子"则完全听从其指挥,仿佛"猴"为将、"狮"为兵。此外,狮子的扮演者根据年龄有所区分,少年儿童扮演小狮子,而成年人则负责大狮子的角色,使得表演形态各异,生动有趣。

相关传承人:高木水等。

(37)崇仁尧岗傩戏

崇仁县相山镇尧岗村的崇仁尧岗傩戏是一种古老的民间舞蹈,自清末流传至今,现已成为该地区的主要民俗活动。每年的正月初一至十五,村民们通过这种舞蹈为自己祈福,祈求消灾。整个活动有着严格的仪式流程。正月初一上午,八名弟子首先会前往宗庙,由师父念唤口诀,请求六位大仙降临。只有在清洗了大仙的面具之后,弟子们才可以穿戴完整的服饰,开始表演。初一的时候,他们会在尧岗村内逐户表演;而从正月初二到十四,他们会走访周边的村落进行演出。直至正月十五,他们再次回到本村表演,并在当晚举行仪式,感谢并送走六位大仙。

尧岗傩戏的表演者共有8人,其中6人各自扮演社公(轩辕帝)、社婆、钟馗、判官、关公和小鬼。另外两位分别负责挑运所需的物品和收纳村民的供奉。在他们逐户表演时,需要村民用鞭炮为其迎送。大多数情况下,他们主要为村民祈福驱灾。但如果村民有特别请求，在大厅中进行表演，他们会上演"面里公"的完整故事。这一故事分为三个部分：逮小鬼（或称"战钟馗"）、小鬼偷刀和闹花灯（又称"噻判官"），描述了小鬼如何偷取钟馗的法器、试图袭击关公，以及社公和判官在花灯庆典中度过欢乐时光等情节，表现了多种人物性格和人物间的冲突，为村民带来了丰富的视听享受。

相关传承人：陈国贵等。

（38）乐安花鼓戏

乐安花鼓戏是乐安县内一种广泛流传的地方剧种，起源于谷岗乡的小港村。在明末，受到安徽宣城的花鼓、小港的龙灯和临县的宜黄戏等多种戏曲元素的影响，乐安花鼓戏逐渐演变并形成了独特的风格。

在其初期，乐安花鼓戏仅有扭单台，即单角色独唱，演员一边敲打花鼓一边演唱"十字调"。随后，这种表演形式发展为两人对唱的对子戏，主要描绘夫妻之间的互动，开始加入了锣鼓腔，这时仍然只有男、女两种角色。到了晚清，折子戏开始出现，戏曲中加入了丑角，并在清末推出了完整的戏剧演出。

乐安花鼓戏的唱腔主要以锣鼓腔和花鼓灯歌为主，并结合了弹腔、西皮、二黄、南北词、川调、扬州调等多种曲调。其表演风格朴实、真挚，没有固定的套路，而是强调生活化和自然性，大量使用了通俗易懂的方言和土语。伴奏乐器包括高胡、唢呐、大锣、小锣、钹、小镲、板鼓、尺、木鱼等。

目前，乐安花鼓戏已有五十余个大小剧目，它们直观地描绘了民间的生活和习俗，例如《南山耕田》《一束根栽禾》《浪子铲豆》《柳英晒鞋》《苏八戒赌》等。除此之外，也有一些经典的传统故事，如《梁祝》《绵羊记》《青龙山》和《割肉救母》。此外，还移植了部分宜黄戏的剧目，如《平贵回窑》。

相关传承人：陈贵华等。

（39）资溪竹烙画

资溪竹烙画，一种起源于资溪县的传统美术手法，将传统技艺与中国画融为一体，其作品能在200年内色泽不变、形态不变形。这种烙画，又被称为"火笔画"或"烫画"，采用烙铁在物体上烫痕的方法进行绘制，是稀有且珍贵的画种。

据历史记载，烙画的起源可追溯到西汉时期，但曾经有一段时间这种技艺被遗忘。在光绪三年（1877年），这种技艺被一位名为"赵星"的民间艺术家重新挖掘并整理，之后被引入了资溪县。

烙画的绘制过程不使用任何颜料，而是基于碳化原理，主要依靠烫出的烙痕进行作画，并辅以温度控制和套彩技法，可以应用于竹木、宣纸、丝绢等多种材料。古代的艺术家，由于技术设备的局限，主要采用"油灯烙"和"火炭烙"进行作画。而现代的烙画技师则采用"电烙"技术，将电烙铁作为主要的绘画工具。资溪竹烙画不仅具有高度的观赏价值，而且因其独特性及历史背景，也被认为具有很高的收藏价值，是现代家居中的一种珍稀装饰品。

相关传承人：李乃江等。

（40）棠阴夏布织造技艺

宜黄县棠阴镇的棠阴夏布织造技艺是一种深厚的民间手工织布技艺。这种技艺不仅在棠阴镇被广泛传承，还在宜黄县的中港、圳口、神岗、凤冈、南源、梨溪、新丰等乡镇得到了推广。从《宜黄县志》中我们得知，清朝末期，全县的夏布年产量高达40万匹，其中棠阴地区产量尤为突出。据该地的资深手艺人叙述，棠阴夏布的流行可以追溯到唐朝，并在明清两代达到了巅峰。

细观棠阴夏布的制作流程，我们可以发现其技艺既复杂又精细。整个生产过程可以大致划分为四大工序：原麻处理、绩纱、织造和漂染。而这四大工序中的每一个都可以进一步分为多个小工序，总共涉及50多个步骤。值得注意的是，棠阴生产夏布主要采用高机来生产，万载、分宜、广丰等地区则与此不同，主要使用矮机来生产。曾有国内商家这样赞誉棠阴夏布："药不过樟树不全，夏布不到棠阴不白。"这也体现了棠阴夏布的独特性，以及其精致、细腻、光洁、滑爽和柔软的特点。

相关传承人：黎千金等。

（41）临川金银錾刻

临川金银錾刻是临川地区的一种金银加工技艺。根据临川云山镇上高村的《张氏族谱》记述，这种技艺在清朝初期已初现雏形，而在晚清和民国时期，其发展达到了巅峰。整个錾刻过程既烦琐又严谨，从选料、熔化、锤击到初胎，涵盖了九大工序，每一步都严格要求使用上乘材料，同时也对操作者的精细度和耐心有着极高的要求。这种技艺具备雕刻、美术和模具三者的融合之美。

据资深手艺人所述，临川金银錾刻技艺起初时受到了唐朝金银加工专业著作的启示，并参考了部分古代文物。随着历代手艺人的不断创新与改进，这种技艺逐渐得到完善并形成了独特的风格。其最终的作品既精美又充满古韵，无论是龙还是凤，都栩栩如生，展现了古代与近现代艺术的美妙融合。整体而言，临川金银錾刻作品展现着高雅的品位、古朴的风格和典雅的气韵。

相关传承人：张锦平等。

（42）赤水莲神太子庙会

赤水莲神太子庙会是广昌县赤水镇大禾村的一项历史悠久的民俗盛事。据传，这一传统活动已沿袭上千年。它的起源与一个古老的神话传说紧密相连：相传在隋末唐初时期，赤水西溪（即今日的大禾村）的莲农在培育白莲时，遭遇强盗，莲农为避难而逃入深山。困境之中，莲神七太子从天而降，为莲农送来药物和食品，解救了莲农，还用神法帮助他成功种植白莲。

为了感谢莲神七太子的援助，莲农选择将七太子相助的那一天，即农历的六月二十四，作为"莲花生日"。随后，他还建立了莲神太子庙。此后，每年农历六月二十四至二十六，大禾村的村民都会举行盛大的莲神太子庙会，以此来感谢莲神七太子，同时祈求祝福与丰收。

庙会活动的高潮是二十六日的祭拜仪式，包括娱神、游神和祝神等环节。这个庙会不仅是广昌地区具有鲜明地方特色的民俗文化活动，也是当地商品经济与传统文化完美融合的体现。

相关传承人：温名新、李本珍等。

三、文物古迹

截至2020年，抚州市有全国重点文物保护单位16处、省级文物保护单位88处。

表 3-2 抚州市文物保护单位名单

序号	文物保护单位	地点	级别、批次
1	流坑村古建筑群	乐安县	国家第五批
2	龙图学士和刺史传芳牌楼门	乐安县	国家第七批
3	宝山金银矿冶遗址	金溪县	国家第七批
4	浒湾书坊建筑群	金溪县	国家第八批
5	万年桥和聚星塔	南城县	国家第七批
6	大司马牌坊	宜黄县	国家第八批
7	棠阴古建筑群	宜黄县	国家第八批
8	抚州玉隆万寿宫	临川区	国家第七批
9	驿前石屋里民宅	广昌县	国家第七批
10	奎璧联辉民宅	广昌县	国家第八批
11	明益藩王墓地	南城县	国家第七批
12	谭纶墓	宜黄县	国家第七批
13	白舍窑遗址	南丰县	国家第七批
14	锅底山遗址	宜黄县	国家第八批
15	中央苏区第四次"反围剿"战役遗址	金溪县	国家第八批
16	湖坊中共闽赣省委、省革委、省军区旧址	黎川县	国家第八批
17	万魁塔	临川区	省级第五批
18	文昌桥	临川区	省级第六批
19	梦港石桥（含梦港石桥、桥亭）	临川区	省级第六批
20	河埠周家民居群（含爱莲第、川岳呈祥、平园世泽、理学名家、双溪汇秀）	临川区	省级第六批
21	荣山十字街古建筑群（含登科第、日升川至宅、儒林第、州司马、外翰第、花六庄民居）	临川区	省级第六批
22	腾桥牌坊群（含黄作牌坊、曾栋牌坊、厚源节孝坊）	临川区	省级第六批
23	王氏宗祠	东乡区	省级第四批

续表

序号	文物保护单位	地点	级别、批次
24	浯溪村古建筑群（含王廷垣官厅、奕世甲科门楼、贞孝牌坊）	东乡区	省级第六批
25	世宦祠	东乡区	省级第六批
26	驿前古建筑群（含清吸盱源民宅）	广昌县	省级第五批
27	雯峰书院	广昌县	省级第六批
28	金鳌鱼民居	广昌县	省级第六批
29	奉先思孝祠	广昌县	省级第六批
30	太平桥	南城县	省级第五批
31	临坊王氏宗祠	南城县	省级第六批
32	南城尧坊大夫第	南城县	省级第六批
33	琴城古建筑群（含大夫第、太守第、分转第、二铭轩、选青别墅、秋雨名家宅、彭家大屋、饶氏宗祠、谦豫书舍）	南丰县	省级第六批
34	石邮傩神庙	南丰县	省级第六批
35	洽湾胡氏宗祠（含胡氏宗祠、仁寿宫）	南丰县	省级第六批
36	港下关帝庙与卡亭	南丰县	省级第六批
37	南丰城墙（含崇秀门、文明门、上水关、下水关、城墙）	南丰县	省级第六批
38	相山石塔	崇仁县	省级第三批
39	石经幢	崇仁县	省级第三批
40	三川桥	崇仁县	省级第三批
41	塅家车村节孝坊	崇仁县	省级第六批
42	水南"继序其皇"坊式门楼	乐安县	省级第五批
43	科甲丛芳牌坊	乐安县	省级第六批
44	上罗邓氏祠	乐安县	省级第六批
45	蓝科进公祠	乐安县	省级第六批

第三章 抚州地方特色文化挖掘与解读（下）

续表

序号	文物保护单位	地点	级别、批次
46	仰山书院	金溪县	省级第四批
47	金溪宗祠（含贵和公祠、周家祠堂、镇川公祠、文隆公祠、步云公祠、溢祠、胡氏祠堂、傅氏祠堂、大耿麟阁世家祠堂、东源曾氏祠堂、陆坊陆氏祠堂、谷家谷氏祠堂、后林林氏祠堂）	金溪县	省级第六批
48	金溪明代牌楼门（含蒲塘名荐天朝牌楼、小耿南州高第牌楼、澳塘大夫第—文光牌楼、孔坊圣裔门楼、黄通忠义世家牌楼）	金溪县	省级第六批
49	金溪古庙群（含下宋玉泉行宫、东源嫠灵护应庙、周家隆兴古庙）	金溪县	省级第六批
50	金溪官厅群（含岐山人夫第与中宪第、游垫总宪第、东岗逊志斋官厅、洛城村王家大院、东源曾家中议世第宅与绣启南丰第、东风巷卢官厅、水门巷65号官厅）	金溪县	省级第六批
51	竹桥村古建筑群（含品字三井、总门楼、上门楼、中门楼、下门楼、苍岚山房、余氏大屋）	金溪县	省级第六批
52	浒湾古建筑群〔含恒门、四友堂（前书铺街20号）、旧学山房（前书铺街23号）、文德堂（后书铺街22号）、文奎堂（后书铺街23号）、善成堂（礼家巷15号）、世著江州民居（礼家巷10号）、京兆世家民居（礼家巷42号）、彩云栈（礼家巷41号）、天水旧家民居（江夏第25号）、通和典典当行（江夏第34号）、姑娘院（黄家井27号）、太宗旧第（黄家井33、34号）、古准提阁民居（篾器街26号）、烟馆（篾器街35号）、染布行（篾器街39号）、瞭望楼（篾器街4号与5号之间）、德珍堂（胜利路97号）、品芳栈（红星路57号）、银楼（红星路135号）、可久堂（红卫路37号）、码头仓（红卫路86与88号）、树铺家（州头上41号）、彭城世第民居（州头上57号）〕	金溪县	省级第六批

续表

序号	文物保护单位	地点	级别、批次
53	洲湖大夫第	黎川县	省级第五批
54	黎川孔庙	黎川县	省级第六批
55	资福塔	黎川县	省级第六批
56	洵口张氏家庙及照壁	黎川县	省级第六批
57	高云塔	资溪县	省级第五批
58	南坑仁和仙桥	宜黄县	省级第六批
59	迎恩塔	宜黄县	省级第六批
60	欧阳竟无宅	宜黄县	省级第六批
61	汤显祖墓	临川区	省级第一批
62	乐史墓	崇仁县	省级第三批
63	董裕墓	乐安县	省级第三批
64	陆象山墓	金溪县	省级第一批
65	妙法寺塔墓群（含普同塔、优婆夷暨比丘尼塔、质彬禅师塔、□堂禅师塔、无名塔一、惟觉禅师塔、亢脉禅师塔、卓颖禅师塔、无名塔二、桂谷禅师塔、梦回禅师塔）	黎川县	省级第六批
66	曹山寺墓塔群（含本寂禅师墓、宝积禅寺高僧塔）	宜黄县	省级第六批
67	白浒窑遗址	临川区	省级第五批
68	相山道观遗址（含相山老殿、四仙祠）	崇仁县	省级第六批
69	里窑窑址（含后龙山窑址、瓦子岭窑址、排前窑址、福水源窑址、石子坑窑址、窑家岭窑址、徐家源窑址、傅家山窑址、鸡公山窑址、张家边窑址、里窑源窑址、沈家牌窑址）	金溪县	省级第六批
70	李井泉故居	临川区	省级第六批
71	万石塘红十军指挥部旧址	东乡区	省级第六批
72	红一方面军总前委会、高虎脑战役红军指挥部旧址	广昌县	省级第六批

续表

序号	文物保护单位	地点	级别、批次
73	尖峰红一军团指挥部旧址	广昌县	省级第六批
74	罗家堡红九军团指挥部旧址（含世科第民居、罗知县别墅）	广昌县	省级第六批
75	驿前红四军指挥部旧址（含秘书袭庆民居、云衢公厅堂、迎熏民居）	广昌县	省级第六批
76	下关中革军委会议旧址	广昌县	省级第六批
77	高虎脑战斗遗址群（含高虎脑红军烈士纪念碑、戏台下厅堂红军宿营地、万年亭红三军团战斗司令部遗址及标志牌、大岭隔红军战场遗址战壕、蜡烛形红军战场遗址、红军将领陈阿金烈士墓）	广昌县	省级第六批
78	驿前大跃进壁画	广昌县	省级第六批
79	磁圭红三军团指挥部旧址	南城县	省级第六批
80	康都会议旧址〔含毛泽东旧居、红一方面军电台旧址、红一方面军总医院旧址、康都苏维埃政府旧址、红一方面军总司令部旧址（宁家大屋）〕	南丰县、黎川县、建宁县（福建）	省级第六批
81	贯巢红一方面军前委旧址（含徐家上屋、徐家老屋、徐家新屋）	南丰县	省级第六批
82	石邮红军总政治部旧址	南丰县	省级第六批
83	古竹红三军团前线指挥部旧址	南丰县	省级第六批
84	东山红一方面军指挥部旧址	崇仁县	省级第六批
85	红一方面军大湖坪整编旧址	乐安县	省级第五批
86	善和红五军团指挥部旧址（含红五军团联络处旧址、红五军团六师团师团部旧址）	乐安县	省级第六批
87	金竹毛泽东旧居	乐安县	省级第六批
88	罗陂农民协会旧址	乐安县	省级第六批
89	南山与彭家山战斗红三军团指挥部旧址	金溪县	省级第六批

续表

序号	文物保护单位	地点	级别、批次
90	大仙岭战斗红一军团前沿指挥所旧址	金溪县	省级第六批
91	日峰红七军团指挥部、政治部旧址	黎川县	省级第六批
92	洲湖闽赣省财政部旧址	黎川县	省级第六批
93	日峰张恨水旧居	黎川县	省级第六批
94	黎川商会旧址（含黎川商会旧址、龙岗会馆）	黎川县	省级第六批
95	资溪事件革命烈士墓（含资溪事件革命烈士墓、纪念碑、纪念塔）	资溪县	省级第六批
96	下张党支部旧址	资溪县	省级第六批
97	嵩市红一、三军团指挥部旧址	资溪县	省级第六批
98	高阜红七军团指挥部旧址	资溪县	省级第六批
99	东陂红一方面军总部旧址	宜黄县	省级第六批
100	棠阴红一军团指挥部旧址（含红一军团指挥部旧址、三让遗风宅、吴家大院）	宜黄县	省级第六批
101	中港红五军团指挥部旧址（含州司马宅、曾家老屋、曹氏宗祠）	宜黄县	省级第六批
102	潮音洞石龛窟	南城县	省级第一批
103	麻姑山石刻（含一勺之多、月泉、玉练双飞）	南城县	省级第一批
104	曾巩读书岩（含读书岩、墨池题刻、曾文定公祠、曾文定公牌坊、思贤堂、仰风亭、长廊、石榻、摩崖石刻）	南丰县	省级第六批

1. 国家级文物保护单位

（1）流坑村古建筑群

位于江西省抚州市乐安县牛田镇的流坑村古建筑群，距离乐安县城38千米，是一个历史悠久的村落。据史料记载，流坑村的建立可以追溯到五代南唐的升元年间，即937年至943年。在村内如今所保存的260多处古建筑和遗址中，清代的占据了大多数，明代的仅有 19 处。

村内的古建筑群维持着仿里坊制的设计格局，街巷空间是通过"七横一竖"的主要巷道进行划分的。流坑村的古建筑群不仅仅是一系列的古老建筑，更集合了历史文化、建筑艺术和当地的民俗风情，它展示了具有鲜明地方特色的赣派建筑风格。这些建筑不仅是流坑村的文化遗产，承载着流坑村的历史积淀，而且构成了这个历史文化名村的核心价值。

2001 年 6 月，流坑村古建筑群被列为第五批全国重点文物保护单位。

（2）龙图学士和刺史传芳牌楼门

位于江西省抚州市乐安县罗陂乡水口村的龙图学士牌楼门和刺史传芳牌楼门相邻而立，之间仅隔着一条小巷。它们坐北朝南，是彭氏家族为纪念家族中两位祖先而建的。

龙图学士牌楼门是在明洪武元年（1368 年）被建造的，在明成化九年（1473 年）经历过一次重修。它的建造是为了纪念彭氏先祖彭彦昭。作为一个明代的建筑，它充分体现了南方的木结构和木雕刻技艺，是我国南方明代建筑的一个重要代表。

与之相邻的刺史传芳牌楼门则历史更加久远，建造于元代，在清乾隆十六年（1751 年）经历了一次重修。这座牌楼门是为了纪念彭氏的另一位祖先彭玕，他曾被封为安定王。这座牌楼门特别展现了清代成熟的砖雕技艺。

2013 年 5 月，龙图学士和刺史传芳牌楼门被列为第七批全国重点文物保护单位。

（3）宝山金银矿冶遗址

位于江西省抚州市金溪县的宝山金银矿冶遗址，是一片由金窟山、铁屎墩和羊石山 3 座大山组成的地域。这些山因富含贵重金属矿被统称为"宝山"。

在金窟山，考古学家发掘了 12 个深度不一的矿洞，其中有的深不可测，有的则仅有 2 至 6 米。这些矿洞的开采方式一般是先纵向挖掘，再横向延伸。与此相比，铁屎墩的主要特点是有大量的矿渣堆积，这些矿渣覆盖面积超过 1.2 万平方米，厚度达 11 米。此外，在铁屎墩还发现了 6 处炉基，并在后山地区探测到了多个已受到破坏的矿洞，以及当时矿工使用的工具和生活用品。而在羊石山，山脚的断面上长达 400 多米的区域都可以看到火烧土和熟土层。值得一提的是，羊石山半山腰有一处磨岩石刻，上面清晰地记录了"聿兴此坑"的时间为"长庆三年"（公元 823 年）。这一记录为该遗址的时代鉴定提供了有力的证据，目前，学者们正在对此进行深入的研究，以确定该遗址是否为我国历史上最早的炼银矿遗址。

2013 年 5 月，宝山金银矿冶遗址被列为第七批全国重点文物保护单位。

（4）浒湾书坊建筑群

位于江西省抚州市金溪县浒湾镇老街区的浒湾书坊建筑群，沿着前书铺街和后书铺街两条巷道蜿蜒展开。这两条巷道的两侧，与刻书技艺紧密相关的古建筑群错落有致地排列着。

巷内，旧学山房、漱石山房等书坊的堂号标识依旧醒目。而与书坊相关的漕仓、当铺、烟馆和会馆等建筑也鳞次栉比。

该建筑群包括旧学山房、漱石山房、大夫第、许家祠堂、红杏山房刻印书作坊、付氏节孝坊、黄氏商会会馆、三十六都四图漕仓和瑞兴祥绸布行等，总共 16 栋古建筑。这些建筑的特色在于，它们基本上保留了原有的风貌，是我国现存的、因雕版印刷技术而形成的最为完整的古建筑群。

2019 年 10 月，浒湾书坊建筑群被列为第八批全国重点文物保护单位。

（5）万年桥和聚星塔

位于江西省抚州市南城县东北的武岗潭上，万年桥雄伟地横卧在盱江之上。万年桥全长 411 米，高度达 10 米，拱圈跨度 14 米，包含 23 孔与 24 墩。这座桥始建于明崇祯八年（1635 年），于清顺治四年（1647 年）完工，至今已有 368 年的历史，是江西省历史最久、规模最大的古石拱桥。

聚星塔，原名启元塔，是一座砖石结构的风水塔。它于明万历四十二年（1614 年）被建造。然而，在崇祯十一年（1638 年），塔的顶部遭受雷击导致倾塌，好在随后得到了修复。聚星塔位于盱江与黎滩河交汇处附近的山岗上，故曾在清康熙元年（1662 年）被更名为"双江塔"。到了乾隆十五年（1750 年），因多年未修，聚星塔塔身破败，为此，当时的知府姚文光发起募捐修复，并在修复后将其更名为"聚星塔"。

2014 年 7 月，万年桥和聚星塔被列为第七批全国重点文物保护单位。

（6）大司马牌坊

大司马牌坊，位于江西省抚州市宜黄县城东北 12 千米处凤冈镇桥下村王家场巷口。这座牌坊是为纪念明代抗倭名将谭纶而建的，始建于明万历二年（1574 年），是一座具有纪念性的全石榫卯建筑，建筑上的浮雕展现了精湛的雕刻工艺。

大司马牌坊不仅是研究中国历史和古代建筑艺术的宝贵实物资料，还是探索谭纶个人生平的有力资料。无论是从历史、艺术还是科学的角度，它都具有极高的价值。

2019 年 10 月，大司马牌坊被列为第八批全国重点文物保护单位。

（7）棠阴古建筑群

棠阴古建筑群，位于江西省抚州市宜黄县棠阴镇宜水河畔，距离宜黄县城 14 千米。这片古建筑群采用了赣派的建筑风格，包括祠堂、官邸、店面、门楼、牌坊、砖塔、廊桥、路亭和近 100 处民居。

棠阴古建筑群不仅保留了明清时期的建筑特色，还展现了棠阴镇的历史、经济和文化发展，以及建筑师们的审美品位，因此，中国的建筑学者称其为"明清建筑史的缩影"。它为研究我国古代建筑，特别是南方采用了砖木结构的古代建筑提供了珍贵的实物资料。

2019 年 10 月，棠阴古建筑群被列为第八批全国重点文物保护单位。

（8）抚州玉隆万寿宫

抚州玉隆万寿宫位于江西省抚州市临川区的大公东路南侧，是一座有着丰富历史背景的建筑。建筑始建于清光绪年间，经过了多个世纪的风霜雨雪，仍然屹立在这里。

该宫殿采用砖木结构，其布局为传统的三进式，即前、中、后三进。当进入该宫殿，首先映入眼帘的是前进的戏台。这种戏台在古代经常用于演出，为当地居民提供娱乐。接下来是中进的大殿，这是整个建筑群的核心部分。大殿内部被划分为左、中、右三个部分。当走进大殿的正门时，可以看到左侧是火神庙，用于供奉和祭拜火神。与此相对的右侧是文兴庵，是一个供人们祈求平安、富饶、人才繁荣的场所。后进部分为三层阁楼，也具有其独特的历史和文化价值。

2013年5月，抚州玉隆万寿宫被列为全国第七批重点文物保护单位。

（9）驿前石屋里民宅

驿前镇内保留着50余幢明清古建筑，这些建筑中的石雕、木雕和砖雕被誉为江南古文化的精华。其中，石屋里民宅尤为出色，其独特的用材和石雕工艺使其在众多古建筑中独树一帜。

驿前石屋里民宅建于清康熙五十五年，即公元1716年。这座建筑占地1075平方米，其结构为三进。驿前石屋里民宅的特别之处在于整座建筑主要由石材构建，包括石门坎、石墙、石地板和大石柱，因此得名"石屋里"。其建筑技巧展现在每块石头之间都是无缝连接的。驿前石屋里民宅内部的石雕非常精美。双门楼的正厅刻有"双凤朝阳"和"龙凤呈祥"等精致图案，能从中看出工匠高超的刀功，画面生动，有层次感。石础上雕刻着狮、象、鹿、鹤、文房四宝和花卉等图案，这些图案充分展现了徽州雕刻的独特风格，细致入微。

多年以来，国内外学术界对驿前石屋里民宅给予了高度的关注。学者们普遍认为，它对于研究明清时期的社会、思想、文化、民俗和建筑艺术都具有深远的价值。

2013年5月，驿前石屋里民宅被列为全国第七批重点文物保护单位。

（10）奎璧联辉民宅

位于江西省抚州市广昌县驿前镇下街的奎璧联辉民宅，是一座始建于清乾隆八年（1743年）的古建筑。奎璧联辉民宅坐西向东，庭院大门坐南朝北，建筑占地面积1881平方米，有大小庭院2处，天井11处，绣花楼1处，内住宅、外商铺，主体房间34间，店铺6间，是一座商住合一的民居。

2019年10月，奎璧联辉民宅被列为第八批全国重点文物保护单位。

（11）明益藩王墓地

江西省抚州市南城县洪门镇的洪门岭内坐落着历史深厚的益王家族墓群。在明万历二十九年（1601年），该地的洪门与岳口地区被正式划为益王家族的墓葬区，范围从徐田、庄上扩展至铺前，约方圆20里。根据《南城县志》的记载，这片墓群是明代皇帝朱见深的子孙——益端王朱祐槟、益庄王朱厚烨、益恭王朱厚炫、益宣王朱慈炱及他们的后代的安息之地。

这些皇家墓葬内部如同宏大的"地下宫殿"。部分墓室采用了砖石结构，而有的则采用石灰结构——覆盖以厚重的石板，之后再用石灰和糯米汁混合物进行封固。墓的前方设有神道和神道碑，且沿神道两侧分布着文武官吏、石人和石马雕像。为了保护这些代表尊贵的墓葬品，周围筑有围墙，并竖立了"益王墓葬地方，百姓不准在此葬坟放牧狩猎"的警告牌，还专门安排了看守人员。20世纪70年代，该墓群得到了发掘。在出土的文物中，除了金、玉制品，还有110件仪仗俑，为明代藩王礼制的研究提供了珍贵的实物参考。

2013年5月，明益藩王墓地被列为第七批全国重点文物保护单位。

（12）谭纶墓

江西省抚州市宜黄县二都乡帝前村的北山上藏有一处历史悠久的古墓，名为谭纶墓，建造于明万历七年（1579年）。此墓原状损毁甚重，像享堂、文官石俑等早已不存。当地政府筹集资金，进行了修复和维护，在其努力下，谭纶墓现在已是当地一处重要的旅游景点。

谭纶墓的总面积约为1000平方米，按照传统布局设有神道、牌坊和墓堆，并在坡地上设置了祭台。具体来看，墓的组成如下。

祭道，南端入口由一对守卫的石狮子和双层歇顶门楼构成，门楼上悬挂有"文武忠孝"的御制横匾。砖石祭道长约300米，门楼内部设有享堂，其中放置了谭纶的塑像。

神道，全长约100米，设置有3组石牌坊，中间的牌坊尤为宏伟。每柱顶端装饰有狮、马、鹿、象等石雕。沿途石板路旁设有5层石板台阶，每层都与谭纶的生平有关，例如石虎代表他的生肖，石马暗指他的戎马生涯等。独特的是，这里有4尊石人，而不是当时明朝的惯常的2尊，展现了皇帝对谭纶的厚爱。

墓体，长度30米，宽20米，分3层，每层高1.2米，有通往墓顶的红石阶梯。最底层是墓碑，上层则有圆形雕花照壁，中心刻有"奉天诰命"。墓顶两层的石雕，雕刻有二龙戏珠图案。

谭纶墓被誉为"江南第一古墓"。整个谭纶墓的石刻工艺令人叹为观止，无论是石人、石马、石羊还是石虎，都雕刻得细致入微，如同真的一样。新发现的"神道碑"更是石刻的杰作，此碑上共有2046个字，叙述了谭纶的一生及朝廷对他的哀悼,是对后人研究具有极高价值的史料。

2013 年 5 月,谭纶墓被列为第七批全国重点文物保护单位。

(13) 白舍窑遗址

白舍窑遗址位于江西省抚州市南丰县南白舍村西南侧红土山岗上。白舍窑为"江西五大名窑"之一,至今已有 1000 多年历史。它建造于晚唐五代,于北宋中期兴盛起来,从元代初期开始衰落。白舍窑遗址散布于瓦子山、符家山、对门排等地,绵延 2 千米,总共有 32 座古窑遗址,20 余座窑体堆积物,窑旁往往能看到瓷片、窑具、垫器、匣钵、炭灰等各种物件,甚为丰富。

2013 年 5 月,白舍窑遗址被列为第七批全国重点文物保护单位。

(14) 锅底山遗址

位于江西省抚州市宜黄县棠阴镇解放村太坪上组东北的锅底山遗址,占地约 42000 平方米。该遗址主要由四部分构成:台地、城墙、壕沟和外壕堤。其中,台地与城墙的部分为长 105 米、宽 65 米的长方形,其地势比周边农田高出约 2—5 米,总面积大约 6800 平方米,南北两侧略高,中间部分较低。锅底山遗址使人们能够重新认识江西及南方片区先秦时期的文化面貌,为研究人员深入研究中华文明早期多元一体格局、推进早期中国区域文明模式研究提供了新视角,具有重要的历史与考古意义。

2019 年 10 月,锅底山遗址被列为第八批全国重点文物保护单位。

(15) 中央苏区第四次"反围剿"战役遗址

位于江西省抚州市金溪县左坊镇后龚村和乐安县谷岗乡登仙桥村的中央苏区第四次"反围剿"战役遗址,包含红一方面军总部旧址和登仙桥大捷旧址两部分。1932 年 12 月,国民党对中央苏区启动了第四次"围剿"。为了应对,红军于 1933 年元旦在黎川县由朱德总司令率领,在金溪展开反击,总部设于后龚村。这场金溪战役,被视为反"围剿"胜利的开篇,展现了周恩来、朱德等运用毛泽东军事思想的典型代表。此战不仅连接了中央苏区与赣东北的革命根据地、加强了红军实力,而且被中央军委誉为"粉碎国民党四次'围剿'的先声"。

1933 年 2 月,周恩来和朱德引领红一方面军,遵循毛泽东的战略战术,因应实际战况,将被动转为主动。战中,他们有效调动地方红军、群众武装,与人民群众配合，骚扰敌方。通过损敌士气、利用敌方轻敌的弱点，红军集结主力，选择战场，率先打响了登仙桥至黄陂的伏击战，这是红军史上独特的大兵团伏击战范例。此次胜利进一步丰富了红军的作战经验，证明了毛泽东的战略战术思想的先进性，并展现了周恩来、朱德等革命家的杰出领导才能。

2019年10月，中央苏区第四次反"围剿"遗址被列为第八批全国重点文物保护单位名单。

（16）湖坊中共闽赣省委、省革委、省军区旧址

位于江西省抚州市黎川县湖坊的中共闽赣省委、省革委、省军区旧址，是中国革命历史上的重要遗址。1933年5月，中共闽赣省委与省革委在湖坊桥头的龚家大屋成立。仅一个月后，闽赣省军区在湖坊的吴氏家庙建立。闽赣省苏区不仅是中央苏区的核心组成部分，还是连接中央苏区与赣东北革命根据地的关键通道，被誉为"中央苏区的战略钥匙"。

在其存在的2年时间里（1933年5月至1935年5月），闽赣省苏区覆盖了福建和江西两省内的三明、南平、抚州、鹰潭等5个城市和21个县市的全部或部分，涉及约2万平方千米土地，服务了100多万人民。在土地革命时期，闽赣省苏区的广大军民为革命目标投入了巨大的热情与努力，为之付出了巨大的代价并做出了突出贡献。因此，湖坊的中共闽赣省委、省革委、省军区旧址不仅见证了革命的历史，也具有深远的纪念和保护价值。

2019年10月，湖坊中共闽赣省委、省革委、省军区旧址被列为第八批全国重点文物保护单位。

2. 省级文物保护单位

（1）万魁塔

位于江西省抚州市西北金石山上、距城区约10千米的万魁塔，是临川地区仅存的古塔，也是一处雄伟壮观的历史遗迹。该塔始建于明朝的万历年间（约1610年）。但到了清乾隆己亥年（1779年），塔顶不幸倒塌，此后塔身也多处被剥蚀损害。几十年后，万魁塔终于在道光己亥年（1839年）得到了重修，并得以保存至今并延续其历史风采。

2006年12月，万魁塔被列入第五批江西省文物保护单位。

（2）文昌桥

位于江西省抚州市临川区大公路上的文昌桥横跨抚河，是这条河流上最古老的桥梁。它的建造时间可追溯到南宋的乾道元年（1165年），至今已有800多年的历史。这座桥梁全长255.4米，宽11米，高13米。尽管它在历史上曾被重命名为"行易桥"和"解放桥"，并多次遭到战争的破坏，但它依然屹立不倒。在清嘉庆八年（1803年）至十八年（1813年）间，文昌桥经历过一次重建，这期间还有人专门编写了《抚郡文昌桥志》，这份志书在清代被其他地方作为建桥的参考模板。自中华人民共和国成立后，文昌桥经历了多次修复和扩建。2002年，政府再次进行修缮，为每个桥墩雕刻了十二生肖属相，并对大桥进行了加固。

2018年3月，文昌桥被列为第六批江西省文物保护单位。

（3）梦港石桥（含梦港石桥、桥亭）

梦港石桥位于江西省抚州市临川区嵩湖乡下聂村小组西400米处，是一座明代古桥，具有较高的研究价值。该桥长100米，宽约2米，高约4米，九墩十孔，桥面铺着7根长约8米的麻石。距桥头50米的地方还有一供人休闲的桥亭，亭中石柱上雕刻着一副对联："半壁青山茅店倚，一溪流水石桥横。"直到民国以前，梦港石桥都是人们从临川去往福建、广东等地的必经之路。

2018年3月，梦港石桥（含梦港石桥、桥亭）被列为第六批江西省文物保护单位。

（4）河埠周家民居群（含爱莲第、川岳呈祥、平园世泽、理学名家、双溪汇秀）

河埠周家民居群坐落于江西省抚州市临川区河埠乡周家村，包含爱莲第、川岳呈祥、平园世泽、理学名家、双溪汇秀等保存完好的江右民居建筑。其中爱莲第、川岳呈祥、平园世泽和理学名家4座古民居，坐北朝南，连成一排，规模宏大，依次自东向西分布。这4座建筑总面宽58米，进深48.5米，高6米，均采用了砖、木、石材料和穿斗式结构。

在明清时代，临川区的河埠乡曾是水路货运的重要通道，这里的商人们广泛开展贸易活动，许多人都去往福建、广东做丝绸和大米等生意。一些成功致富的商人认为家乡的文化相对滞后，因此兴建了一系列宏伟的府第，旨在引领崇文尚礼的风气，激励后代奋发向前，光耀家族。在这样的文化氛围的熏陶下，村里涌现了许多有文化素养的人才。随着中华人民共和国成立，周家村还培养出了一些在全国范围内知名的高级工程师，例如周邦杰和周邦国等。

2018年3月，河埠周家民居群（含爱莲第、川岳呈祥、平园世泽、理学名家、双溪汇秀）被列为第六批江西省文物保护单位。

（5）荣山十字街古建筑群（含登科第、日升川至宅、儒林第、州司马第、外翰第、花六庄民居）

江西省抚州市临川区荣山乡新街村坐落着荣山十字街古建筑群，这些建筑年代可追溯到明末清初。这片古建筑群横跨近1.5千米，由于当地吴姓家族所建的二十余幢砖木石结构住宅之间形成的古街呈纵横交叉状，因此得名"十字街"。古街的宽度仅1.5米，狭窄而幽深，两侧都是历史悠久的住宅。这些老宅墙高门阔，雕梁画栋，每一幢前都雕刻有青石制的兽面图腾和书法横匾。大部分的建筑都采用了两厅一堂、两侧附带厢房的结构。

荣山十字街古建筑群错落有致，不仅规模宏大，而且结构规整，充满变化。其雕刻尤为精美，门窗、花卉、祥禽瑞兽和人物故事等，都被栩栩如生地展现在了古建筑上，堪称明清民居雕刻的瑰宝。

其中，古宅"基接武陵"是该地的一个显著代表。它采用了三进三回的设计，门楣和牌位上分别刻有"登科第"和"天地君新师位"。宅内天井宽敞明亮，厅堂宽敞，门窗上的镂花烫金和梁椽的浮雕工艺都展现出其材料和工艺的考究。这座宅子是清朝名臣李绂的故居。

2018年3月，荣山十字街古建筑群（含登科第、日升川至宅、儒林第、州司马第、外翰第、花六庄民居）被列为第六批江西省文物保护单位。

（6）腾桥牌坊群（含黄作牌坊、曾栋牌坊、厚源节孝坊）

腾桥牌坊群包含黄作牌坊、曾栋牌坊和厚源节孝坊3座牌坊，地处江西省抚州市临川区腾桥镇。

黄作牌坊位于腾桥镇的厚源村，建造于明万历二十年（1592年），已有超过410年的历史。据《临川县志》同治版记载，黄作，字震卿，是一位明朝进士。在明万历十六年（1588年）大饥荒时，他毅然捐出千石粮食救助灾民。为此，皇帝特地嘉奖他，赐封"助国郎"，并颁旨建立黄作牌坊作为纪念。这座牌坊为亭阁式，采用麻石结构，三门四柱，每柱高 6.2 米，宽 4.3 米。三层五楼，最上层镶有"圣旨"与"钦建"匾额，并有龙纹装饰；下面层正面雕有"尚义坊"，背面则刻有"节孝"二字；再下面一层上刻有"旌表功国郎官黄作"的字样，同时还描述了黄作的生平和牌坊的创建历史。底层两侧柱上雕有 4 尊石狮，这些石狮相背而坐，形态逼真，身材雄壮。其他部分则有各式镂空图案，包括多种人物造型。整座牌坊上的图案如龙、凤、狮、虎、豹等，均为民间公认的祥瑞之物，这些雕刻反映了明代抚州的民风民俗，是雕刻艺术中的杰出作品。

曾栋牌坊，又称"进士牌坊"，位于腾桥镇的兰溪曾家村，为纪念曾家培育了多名国家精英而建于明崇祯十三年（1640 年）。它规模宏伟，由巨石制成，共有 7 层。牌坊两侧各有 3 根大石柱，前后则有高达 2 米的石狮 4 尊。牌坊首层嵌有一块巨型石匾，上面刻着"父子兄弟叔侄同朝"的字样，展现了曾家当时的辉煌。

厚源节孝坊位于腾桥镇厚源村南，始建于清道光十三年（1833 年），是为了纪念该村黄兴龙的妻子曾氏的贞节而建的。这座牌坊四柱三间，一半由红石、一半由青石构成。上端有"圣旨"牌匾，雕有"节孝"二字。其他的图案包括花鸟虫鱼等，都雕刻得非常细致，为牌坊增添了无尽光彩。牌坊还镌刻有当时京城和地方的多位官员的名字及其职务。

2018 年 3 月，腾桥牌坊群（含黄作牌坊、曾栋牌坊、厚源节孝坊）被列为第六批江西省文物保护单位。

（7）王氏宗祠

王氏宗祠位于江西省抚州市东乡区黎圩镇上池村，为北宋大文豪王安石之弟王安上的后代所建。该宗祠始建于北宋末期，但因历史上的战乱曾被多次受损，直到明朝后期第四次重建后才得以保留至今。

王氏宗祠在上池村西北口，占地 757 平方米，采用砖木石结构，坐北朝南，总体呈三进结构。宗祠正前方是一个半月形的池塘，左侧设置了一个名为"荆公井"的水井。整个建筑的地面呈阶梯状，寓意着"步步登高"，体现了原主人对后代子孙日益繁荣的期盼。宗祠内的装饰与结构均充满特色，如独特的吊楼、厢房、走廊，以及粗壮的木梁柱和繁复的石雕纹饰。此宗祠背靠后龙山，此山与兔峰和东岭共同形成壮观的背景。四壁为"斗砖"结构。门框和门梁均由精雕细琢的石材组成，正中的石板上则阴刻有"王氏宗祠"四字。

2000年7月，王氏宗祠被列为第四批江西省文物保护单位。

（8）浯溪村古建筑群（含王廷垣官厅、奕世甲科门楼、贞孝牌坊）

浯溪村古建筑群坐落于东乡区黎圩镇，距离东乡城区28.5千米。这片建筑群由明、清两代的官府、学者住所、状元路、绣花楼、贞孝坊、商人宅院、宗祠、牌楼、民居等59处建筑组成，占地1.49万余平方米。据历史记载，王安石的第四代孙子王子春于宋宁宗庆元元年（1195年）从黎圩镇上池村迁来此地创建了浯溪村，至今已有809年的历史，经过多代繁衍，目前已有44代后裔。村内文化传统深厚，自明清以来，出了1位状元、13位进士、21位举人，其中明成祖永乐年间的王汝一家四代7人都荣获甲科头衔，为此，当地知县特建了"奕世甲科"牌楼来纪念。明熹宗天启年间的王廷垣则考中状元，后来成了礼部侍郎并担任翰林院编修。整个浯溪村古建筑群布局巧妙，气势恢宏，展现了当地昔日的繁荣与辉煌，它融合了江南园林与赣派建筑风格，是中华民族古代建筑领域的瑰宝。

2018年3月，浯溪村古建筑群被列为第六批江西省文物保护单位。

（9）世宦祠

位于江西东乡区上池村的世宦祠，是一处采用了砖木石结构的典型江南宗祠。其占地366平方米，高6米，宽12.2米，深30.4米，坐北朝南，共分为三厅三开间。正大门的石匾上阴刻着"世宦祠"，两侧大门匾上分别阴刻"登科"与"及第"。宗祠的前中后三厅深度分别为7.65米、12.3米和6.9米，中间设有2个天井，具有明代特色的封火山墙。该祠保存了许多精美的砖雕、木雕和石雕，表现出用料的精良。传统上，每年正月初三，上池村的学子们会聚集于此，向伯祖王安石的遗像瞻仰朝拜，被称为"尊学校"。

2018年3月，世宦祠被列为第六批江西省文物保护单位。

（10）驿前古建筑群（含清吸盱源民宅）

驿前古建筑群坐落于江西省抚州市广昌县驿前镇，得名于宋绍兴时期的谨节驿站，为明清赣派风格建筑。此古镇在明末清初达到鼎盛，拥有多处祠堂、庙宇、酒店和商民住宅。目前保存下来的古建筑有53幢，主要分布于驿前街道东侧，其中包括赖巽家庙、赖瑛宗祠和清吸盱源等9处主要建筑，而奎璧联辉、清吸盱源和石屋里已被列为江西省级文物保护单位。

清吸盱源民宅又被称为"船形屋"，独特的造型让它宛如一艘正逆水前行的古船。此民宅原为明代云南按察使赖巽的探亲别墅，占地650平方米。其内设有大小厅堂和36间厢房，设计精巧。整座建筑使用杉、桉、桦为主材，雕工细致，展现了古朴庄重的风貌。因地理位置优越，清吸盱源民宅被后人改成了"青楼"。

2006年12月，驿前古建筑群（含清吸盱源民宅）被列入第五批江西省文物保护单位。

（11）雯峰书院

雯峰书院坐落于江西省抚州市广昌县甘竹镇龙溪村饶家堡。该书院由明代史学家和教育家饶秉鉴（号雯峰）于1470年修建，总占地面积5032平方米。建筑特色包括高墙深院、飞檐翘脊，以及56间读书号房。院内设有各有特色的大小庭院3处。该书院与周边山水相辅，展现了明代江西书院的典雅风韵。明代状元罗伦曾寓居并讲学于此，并撰写了《雯峰书院记》。

2018年3月，雯峰书院被列为第六批江西省文物保护单位。

（12）金鳌鱼民居

位于江西省抚州市广昌县驿前镇驿前村的金鳌鱼民居，是清乾隆早期的建筑。这座民居因其木刻和砖雕中的鳌鱼图案而得名。建筑总面积920.84平方米，布局独特，雕刻工艺精湛，尤其是鳌鱼穿莲图案为莲文化的研究提供了珍贵的实物依据。

2018年3月，金鳌鱼民居被列为第六批江西省文物保护单位。

（13）奉先思孝祠

奉先思孝祠位于江西省抚州市广昌县驿前镇驿前村，建于1740年。祠门上雕刻有"奉先思孝"四字，刻工精良，字迹浑厚有力。门楼的砖雕十分精细，展现了各种图案。

2018年3月，奉先思孝祠被列为第六批江西省文物保护单位。

（14）太平桥

太平桥，位于江西省抚州市南城县东门外的盱江上，原名为"万寿桥"，建于宋嘉祐五年（1060年）。太平桥在宋嘉定十三年（1220年）遭毁，但在元至元十九年（1282年）得到募建并更名为"太平桥"。明万历八年（1580年）此桥再次受损，由益藩捐献资金进行重建，并在此后得到更名，被称为"东郭虹桥"或"虹桥"。清代的康熙《南城县志》记载，太平桥原为浮桥，由宋代的郡守丰有俊改建为石桥。清顺治二年（1645年）和康熙元年（1662年），桥因火灾两次被毁损。到了清同治二年（1863年），当地居民募集资金将其修复，并改名为"留衣桥"。

太平桥不仅是交通设施，更是历史的见证。在明嘉靖、万历年间，益府的诸王对桥进行了连续的维护和修复，目的是帮助地方民众。有专家考证，太平桥与明益王藩府墓地"洪门"，还有天地会簿的"洪桥"，都有着深厚的历史联系。这些纷繁复杂的关系和背后的故事，构成了南城太平桥的百年历史之谜。

2006年12月，太平桥被列入第五批江西省文物保护单位。

（15）临坊王氏宗祠

位于江西省抚州市南城县的临坊王氏宗祠，是抚州市保存最为完整的古宗祠。该宗祠始建于明洪武十三年（1380年），占地面积580平方米。其主要特点是前方的石质门楼四柱三间五楼的结构。门楼正中悬挂着圣旨牌，竖刻"龙光"二字，下方则横刻有"王氏宗祠"四字。门楼的立柱和额坊上雕刻着双龙戏珠、仙鹤及各式花卉，展现出其细腻的雕刻工艺和浑厚的书法风格。宗祠内部由前院和正屋组成，其中前院的西、东门分别刻有"三槐名第"和"临坊世家"。另外，宗祠东侧还设有一个古戏台，保存至今仍较为完好。

2018年3月，临坊王氏宗祠被列为第六批江西省文物保护单位。

（16）南城尧坊大夫第

南城尧坊大夫第位于江西省抚州市南城县天井源乡的尧坊村段上村小组，是清代中晚期的建筑。南城尧坊大夫第是一座船形屋，由两栋大夫第组成，布局坐西朝东，纵深87米，宽56米，总占地约6667平方米。整体结构包括正厅三进一廊，两侧设有与正厅相通的偏厢。内有20多个大、小天井，更有百余间房间，被当地人称为"一百零八间屋"。各房间中，有宽敞明亮的厅堂，木雕精美的门窗，以及浮雕的梁椽。主厅内设有一个木雕神龛，而所有房间都铺有方砖。屋内还设有错落有致的廊道。宅前有一个大院，两侧各有一栋附属房。大门的对面立着一块红石旗杆石，上面刻有"光绪甲午科、举人宁文琳"，作为纪念宁氏后代宁文琳的标志。两栋大夫第的门楣上，均雕刻有生动的人物故事和花草。从屋后的西山向东俯瞰，整座古宅就像一艘船，仿佛在向南行驶。这在当地是非常罕见的。此外，尧坊村内还有其他多处古建筑，如端记大夫第、元记大夫第等，均保存良好。村内还有古樟和古井。尤其值得一提的是，南城尧坊大夫第的北侧，还有一个保存完好的书屋，曾孕育出宁宪邦、宁鸣邦、宁文琳等5位名人。此外，村里的观音堂、张王殿、沙公庙为村民提供了祭祖和举办庙会的场所。每年，尧坊村都会有游神庙会和传统戏曲三脚班等活动，保留了古老的风俗习惯。

2018年3月，南城尧坊大夫第被列为第六批江西省文物保护单位。

（17）琴城古建筑群（含大夫第、太守第、分转第、二铭轩、选青别墅、秋雨名家宅、彭家大屋、饶氏宗祠、谦豫书舍）

江西省抚州市南丰县琴城镇的琴城古建筑群，包括大夫第、太守第、分转第、二铭轩、选青别墅、秋雨名家宅、彭家大屋、饶氏宗祠、谦豫书舍等建筑。琴城镇沿河两岸风景如画，食文化独特，吸引了许多游客。镇上的曾巩纪念馆和读书岩，都是唐宋八大家之一曾巩的纪念地点，地藏、南台、寿昌等古佛寺，都让人流连忘返。此外，镇上的七层宝塔、蜜橘园和美食新村等都是当地的著名景点。

2018年3月，琴城古建筑群（含大夫第、太守第、分转第、二铭轩、选青别墅、秋雨名家宅、彭家大屋、饶氏宗祠、谦豫书舍）被列为第六批江西省文物保护单位。

（18）石邮傩神庙

江西省抚州市南丰县的石邮村西南口，藏有一座历史悠久的傩神庙。这座庙宇为青砖三开间清代建筑，展现了元代建筑风格，已逾500年。村谱中提及，傩神庙最初建于明代，但在明嘉靖四十年（1561年）遭到毁坏。后在清乾隆四十六年（1781年）得到重建，并被迁移至目前位置。遗憾的是，1985年春节期间，庙宇失火，其中的傩神神像和面具全被火焰吞噬，仅留下石刻庙门。好在村民团结，集资按旧样修复了庙宇。

庙门上刻有醒目的"傩神庙"三字，门两侧都有武将砖雕，分别执斧与握锤，下踩狮状瑞兽。檐口上方有文官砖雕，手持"平安吉庆"与"天官赐福"的联句。庙外还有人物砖雕，像在上演一出古戏。庙门旁有石刻楹联："近戏乎非真戏也，国傩矣乃大傩焉。"

庙内的神台，中央坐着傩神太子，他身着金冠龙袍，容貌俊俏。太子身后有红幔，神台两侧分置吴姓支祖太尹公像与土地神。庙内还有"傩崽"小塑像，与傩神太子一同受到敬仰。石邮村的傩神、傩崽和面具在村民心中具有重要地位，傩神被奉为主神，常年香火鼎盛。

2018年3月，石邮傩神庙被列为第六批江西省文物保护单位。

（19）洽湾胡氏宗祠（含胡氏宗祠、仁寿宫）

江西省抚州市南丰县洽湾村头坐落着雄伟的胡氏宗祠。明朝万历年间，该祠历时16年建成，耗资甚巨。其砖木结构面积近1750平方米，拥有256柱。上厅供奉历代祖宗，中厅是议事厅，装饰有进士、寿匾等，还有胡氏家训与传代字派。两侧房间存放祭器与书籍，厅前大天井里种有四百余年树龄的丹桂。宗祠旁还有仁寿宫、关帝殿、季仁祠与信祠，其雄伟规模使其赢得了"江南第一祠"之誉。

值得一提的是，胡氏宗祠内保存有一块明代的石刻圣旨碑。胡氏族人曾获得皇帝的圣旨，得到修建如此规模族祠的许可，后人便将此圣旨刻在石碑上，供后代族人世代珍藏。

2018年3月，洽湾胡氏宗祠（含胡氏宗祠、仁寿宫）被列为第六批江西省文物保护单位。

（20）港下关帝庙与卡亭

港下关帝庙与卡亭位于江西省抚州市南丰县，2018年3月，被列为第六批江西省文物保护单位。

（21）南丰城墙（含崇秀门、文明门、上水关、下水关、城墙）

南丰城墙位于江西省抚州市南丰县，其所环绕的南丰古城是江西省保存最为完好、古城肌理最为明确的明清古城。南丰古城汇聚了望仙桥、攀桂坊、盱江西路、盱江东路等4个省级历史文化街区，有深厚的历史文化背景，在2018年被公布为省级历史文化名城。南丰城墙包含1630余米的明清城墙、

161个文物保护单位和200余幢明清古建筑。这些建筑不仅保存了自唐、宋、元、明、清到民国各时期的历史文化信息，也展现了赣闽文化交融的特点。

2018年3月，南丰城墙（含崇秀门、文明门、上水关、下水关、城墙）被列为第六批江西省文物保护单位。

（22）相山石塔

相山石塔位于江西省抚州市崇仁县相山镇苔州村东北。塔身錾刻有石塔原名"普庵定光古塔"。1988年，由于风雨剥蚀，石塔上露出"皇清雍正九年"字样，因此可以确定石塔应当建造于清雍正九年（1731年）。

相山石塔高约6米，主要材料是花岗岩石石料。葫芦顶，莲花座。塔身是六棱柱形，上小下粗。塔有7层，是一层层叠起来的。除底座外，每层石塔均由二块石片结合而成，高约0.7米，每层下部分都有象征吉祥的花纹图饰，上部分则錾刻着文字，每层的6个面各一字，从上往下竖念，分别为"皇清雍正九年""普庵定光古塔""救苦地藏王佛""释迦牟尼岁佛""灵应观音王佛""南无阿弥陀佛"。文字下方，每层面另有"风调雨顺"四字。

1988年1月，相山石塔被列为第三批江西省文物保护单位。

（23）石经幢

石经幢坐落于江西省抚州市崇仁县相山镇山斜罕浒村南西宁河南岸，建于明万历二十九年（1601），又名"罕浒径幢"。它由花岗岩制成，顶部像6层塔，高5.2米，下半部分为正方形石柱，柱上刻有佛像与建造年代。

1988年1月，石经幢被列为第三批江西省文物保护单位。

（24）三川桥

三川桥位于江西省抚州市崇仁县许坊乡三川桥村，是一座保存良好的青石古桥。桥体有一单孔，整座桥约4米宽，最高处高度超过3米。桥旁边建有木廊，与当地民居相似，能很好地融入河附近其他古建筑。

2018年3月，三川桥被列为第六批江西省文物保护单位。

（25）锻家车村节孝坊

位于江西省抚州市崇仁县河上镇锻家车村东口的锻家车村节孝坊，始建于清代光绪四年（1878年）。这座牌坊保存完好，130余年来未有维修。其建筑技艺与雕刻技艺均十分出色，反映了清代末期的当地特色。牌坊旁还有一口古井，上面刻有"松江村古井"。

2018年3月，瑕家车村节孝坊被列为第六批江西省文物保护单位。

（26）水南"继序其皇"坊式门楼

坐落于江西省抚州市乐安县牛田镇水南村万寿宫内的"继序其皇"坊式门楼，是丁氏家族的十世裔孙丁诰为纪念其被封为怀远将军而兴建的。这座建筑始建于清顺治十年（1653年），规模宏大，高11米，厚0.8米，横跨20米。整个门楼采用了庑殿式结构，由四柱三间三楼组成，单檐歇山顶，5层如意斗拱层层叠起。其顶部饰有宝瓶刹。中门横额有醒目的镏金"继序其皇"四字，背后刻有"陟降自天"。4尾鲤鱼活泼地在4个方位上跳跃。青褐色小石条被精细地打磨成了"工"字形。在其左右两侧，排列有6块镂空浮雕，形成对称之美。坊后的丁家大祠堂深三进、宽三间，正厅的4根巨大圆柱展现了当年大院的气派。尽管已历经360多年的风雨，但保存状况依然良好。

2006年12月，水南"继序其皇"坊式门楼被列入第五批江西省文物保护单位。

（27）科甲丛芳牌坊

科甲丛芳牌坊位于江西省抚州市乐安县龚坊镇同富村。这是一个三间六柱五楼的牌坊，至今仍然保存完好。科甲丛芳牌坊背后的故事与同富村黄氏家族紧密相关。它是黄氏后代为纪念族中的黄昭而建造的。黄昭，又名观澜，曾在元至顺年间荣获进士之称，因在朱元璋与陈友谅的战争中提供了关键策略，升至兵部尚书的职位。但也有说法称，科甲丛芳牌坊是为了纪念黄氏家族的始祖黄中浼而建造的。值得一提的是，牌坊上清晰地刻有"皇明隆庆己巳秋吉旦裔孙重建"，明确了它的重建时间为1569年。

2018年3月，科甲丛芳牌坊被列为第六批江西省文物保护单位。

（28）上罗邓氏祠

上罗邓氏祠位于江西省抚州市乐安县万崇镇上罗村，紧邻村中的小学。这座庄严的祠堂是上罗邓氏后代为纪念其家族的开基始祖邓君民所建立的。

上罗村的邓氏家族原本并非姓"邓"，而是姓"李"。他们的祖上可以追溯到五代十国时期的南唐元宗李璟。在北宋初年，宋太祖赵匡胤征服了扬州，并赐封李璟的第八子李从镒为"邓王"，让他在宣杨地区担任守将。不久，南唐的最后一个皇帝，即后主李煜，不幸被宋太宗赵炅用毒酒毒死。此事件导致李氏的许多官员被迫追杀。在这危急之际，李从镒决定带着家人逃离，他们最初选择了安徽的宛陵作为藏身之地，后来又隐居于洪州、宜黄、乐安等地。到了宋徽宗崇宁二年（1103年），李从镒的后代邓君民选择在乐安的济口桥头地区让家族重新定居。为了躲避宋朝的追杀，家族决定更改姓氏，从"李"变为"邓"。

上罗邓氏祠历史可以追溯到明朝的宣德三年（1428年）。为了纪念邓氏家族的先祖及其丰功伟绩，并激励后代子孙奋发图强，明正德十二年（1517年）增建了"钟楼"和"鼓楼"。之后，在清朝康熙十三年（1674年）和民国十三年（1924年）对这座祠堂进行了重修。

上罗邓氏祠的建筑结构非常独特。主体为前后天井三进的硬山式建筑，方向从西向东。整体建筑的平面呈长方形，长55.6米，宽17.6米。每一进的建筑风格都有所不同，显示了明清两代的建筑特色。其中，钟楼和鼓楼尤为引人注目，它们均为重檐四坡攒尖顶的结构，楼内采用了草架梁。

2018年3月，上罗邓氏祠被列为第六批江西省文物保护单位。

（29）蓝科进公祠

江西省抚州市乐安县的蓝科进公祠是江西省畲族古建筑中保存状况极为良好的一例。历史考证显示，该祠的建立始于道光二十二年（1842年），先后经历了同治五年（1866年）的复建和同治七年（1868年）的重建。到了光绪十年（1884年），蓝振葵为其立碑。当蓝振葵的儿子蓝科进荣获进士之后，为了纪念这位乐安畲族首位进士，畲族人民将此祠更名为蓝科进公祠。公祠大门上的对联"科第媲前庶人见男儿本领，进学期后辈勤习盛世文章"充分展现了乐安畲族对蓝进科的深厚敬意。这座畲族建筑颇具民族特色，对于探索畲族的历史、文化、民风及生活习惯提供了宝贵的实证资料。

蓝科进公祠的主体建筑正对南方，背靠山脉，面向水域，覆盖面积约340平方米，由两进和一个天井组成。建筑整体主要由卵石和杂土构筑，充满绚丽的艺术感，明显的图腾崇拜特色贯穿其中。公祠的前厅设有一个天井，其中心摆放了一张畲族特制的祭天石案桌，高度为1.28米，由麻条石雕刻而成。祠的后堂是祭祀的主要场所。祭堂内的祭案桌设计独特，与汉族的桌子相比，其桌面增添了一个角形的板块，桌脚两端向上翘起，形似动物的犄角，这展现了动物图腾的崇拜元素。除此之外，后堂主墙上绘制有 8 幅彩绘壁画，均为八仙图像；门上则雕刻有清晰的花卉和动物图案，体现了畲族对美好生活的期盼和向往。

2018 年 3 月，蓝科进公祠被列为第六批江西省文物保护单位。

（30）仰山书院

位于江西省抚州市金溪县城王家巷的仰山书院，是南宋崇正书院的遗址，曾为朱熹和陆九渊讲学的地方。该书院现有建筑面积为 1078 平方米，结构保存完好，并已成为江西省的省级保护文物，同时也是县文博所的办公地点。

仰山书院的历史可追溯到清乾隆二年（1737 年），当时的知县阎廷佶发起捐款，购买位于学岭巷右侧的桂氏房产，改建为义学。到了嘉庆二十一年（1816 年），知县万国荣联同城内的善士李庭藻等人将此房重建为包含 48 间房的书院。并请得江西学政王鼎为其题写"仰山书院"牌匾，以表达对陆九渊等前辈的敬仰。书院通过捐献的田地和店铺收取租金，作为运营经费，并聘请有名望的教师进行授课。

书院的东部建有"先儒祠"，成立于道光十三年（1833 年），用于学生在春秋两季开学时向先儒陆象山祭祀。正厅的南侧为师生的居住和用餐区域。

令人遗憾的是，在咸丰十一年（1861 年）的战乱中，仰山书院被毁。同治八年（1869 年），城西的善士王履亨、王履泰和王履恒三兄弟捐献了三千六百串，并得到了金溪籍在湖南的商人捐赠的两千余串，用于书院的重建。到了光绪二十八年（1902 年），随着"废科举，兴学堂"的教育改革，仰山书院被转型为金溪县官立小学堂，并在民国元年（1912 年）更名为县立高等小学，这也是金溪县当时的最高学府。

1992 年，仰山书院的管理权转交给了县文物管理所，并在 1994 年 10 月经过一次大修之后焕然一新。1996 年 4 月，金溪"陆象山研究会"成立于此。2000 年 7 月，仰山书院被列为第四批江西省文物保护单位。

（31）金溪宗祠（含贵和公祠、周家祠堂、镇川公祠、文隆公祠、步云公祠、溢祠、胡氏祠堂、傅氏祠堂、大耿麟阁世家祠堂、东源曾氏祠堂、陆坊陆氏祠堂、谷家谷氏祠堂、后林林氏祠堂）

金溪宗祠包含分布在金溪县古村落之中的贵和公祠、周家祠堂等 13 个古宗祠。金溪县是江西省抚州市历史遗存保存具有代表性的地方，其古村落之中保留着众多祠堂，包括宗祠和公祠。其中的明代祠堂具有很高的历史文化价值。

2018年3月，金溪宗祠（含贵和公祠、周家祠堂、镇川公祠、文隆公祠、步云公祠、溢祠、胡氏祠堂、傅氏祠堂、大耿麟阁世家祠堂、东源曾氏祠堂、陆坊陆氏祠堂、谷家谷氏祠堂、后林林氏祠堂）被列为第六批江西省文物保护单位。

（32）金溪明代牌楼门（含蒲塘名荐天朝牌楼、小耿南州高第牌楼、澳塘大夫第—文光牌楼、孔坊圣裔门楼、黄通忠义世家牌楼）

江西省抚州市金溪县拥有多座牌坊，合称"金溪明代牌楼门"，其功能主要为旌表个人或家族的荣誉。这些牌坊既表彰家族高风，又赞誉科举、功勋及"忠、孝、节、义"四德。

蒲塘名荐天朝牌楼位于金溪县蒲塘村，建造于明洪熙元年（1425年），是金溪县现存牌坊中年代最早的，它是当时皇帝为表彰当地商人赈灾的善举而下旨赐建的。蒲塘名荐天朝牌楼宽7.16米，高6.54米，构造为四柱三间五楼，每楼都有用花砖砌成的斗拱支撑着瓦面。牌楼正中横刻着"名荐天朝"四字，右侧则标注着建造时间"洪熙元年"。

小耿南州高第牌楼位于金溪县琉璃乡的小耿村西南端村口水塘北面，建于明中晚期的万历二十三年（1595年），宽9.3米，高6.2米。它坐北朝南，正中匾额上刻着"南州高第"四字。另有题记，右为"万历乙未年孟春月吉日"，左则为"福建省参议门婿口口（两字不可辨认）"。小耿南州高第牌楼的建筑结构和石雕装饰均保存得非常完好，整体造型古朴，用料厚实，石雕精美，可谓集建筑、雕刻、书法艺术于一体，具有重要的艺术价值。

澳塘大夫第—文光牌楼坐落于金溪县琉璃乡澳塘村，建于明嘉靖壬寅年（1542年），高5.15米，坐北朝南，整体造型优美。澳塘大夫第—文光牌楼是少见的正反面都有刻字的牌楼，其南面正中横刻"大夫坊"三字，北面正中横刻"文光"二字。

孔坊圣裔门楼坐落于金溪县何源乡孔家村，建于明中晚期的万历三十七年（1609年）。它是为了表彰明朝将领孔俊卿和孔宗鲁的功绩，由当时的皇帝下令建造的。此牌坊的雕饰细致入微，但遗憾的是其中许多已损坏。

黄通忠义世家牌楼建于明中期的隆庆元年（1567年）。它位于黄通镇的黄通村口，是一座三层式的石雕大牌坊。黄通忠义世家牌楼上部石匾上刻有"恩荣"二字，中部石匾上刻着"忠义世家"。此牌坊有两处纪年，其中《金溪县志》记载该牌坊是以它最后完成的时间，即明隆庆元年建造的。

2018年3月，金溪明代牌楼门（含蒲塘名荐天朝牌楼、小耿南州高第牌楼、澳塘大夫第—文光牌楼、孔坊圣裔门楼、黄通忠义世家牌楼）被列为第六批江西省文物保护单位。

（33）金溪古庙群（含下宋玉泉行宫、东源豢灵护应庙、周家隆兴古庙）

金溪古庙群位于江西省抚州市金溪县，包含下宋玉泉行宫、东源豢灵护应庙和周家隆兴古庙等3座古庙。

2018年3月，金溪古庙群（含下宋玉泉行宫、东源豢灵护应庙、周家隆兴古庙）被列为第六批江西省文物保护单位。

（34）金溪官厅群（含岐山大夫第与中宪第、游垫总宪第、东岗逊志斋官厅、洛城村王家大院、东源曾家中议世第宅与绣启南丰第、东风巷卢官厅、水门巷65号官厅）

金溪官厅群位于江西省抚州市金溪县，包含岐山大夫第与中宪第、游垫总宪第等7座官厅。

2018年3月，金溪官厅群（含岐山大夫第与中宪第、游垫总宪第、东岗逊志斋官厅、洛城村王家大院、东源曾家中议世第宅与绣启南丰第、东风巷卢官厅、水门巷65号官厅）被列为第六批江西省文物保护单位。

（35）竹桥村古建筑群（含品字三井、总门楼、上门楼、中门楼、下门楼、苍岚山房、余氏大屋）

竹桥村古建筑群位于江西省抚州市金溪县双塘镇的竹桥古村，占地约2.8平方千米，其历史可追溯至元末明初。竹桥古村是江右民系的聚居地，保存有大量明清时期的赣派建筑，包括完整的明清时期风格古建筑150余幢、古祠堂100余座、明代牌坊8座、清代牌坊30余座和古民居1万余幢。

竹桥古村的布局丰富多样，包括1条古驿道、2处雕版印刷遗址、3口古井、3个晒场、4座门楼、5座祠堂、6条街道和8方水塘。在村落的西侧入口，有一座总门楼。它建于明朝初年，其方位是由风水大师廖禹的后人确定的。值得一提的是，这座门楼在历史上曾两次被毁，最后于道光二年（1822年）按原貌重建。此外，村内还有另一座上门楼（亦称"谏草传芳门楼"），是为纪念南宋先贤余昌言而建的，他曾因多次为民上书而得到了皇帝的嘉许。村口不远是品字三井，由3口水井组成，这3口水井分别修建于康熙、乾隆、道光年间，其周围饰有多边形石栏杆，形似铜钱，寓意着金钱的流动性和人品的珍贵性。

2018年3月，竹桥村古建筑群（含品字三井、总门楼、上门楼、中门楼、下门楼、苍岚山房、余氏大屋）被列为第六批江西省文物保护单位。

（36）浒湾古建筑群〔含恒门、四友堂（前书铺街20号）、旧学山房（前书铺街23号）、文德堂（后书铺街22号）、文奎堂（后书铺街23号）、善成堂（礼家巷15号）、世著江州民居（礼家巷10号）、京兆世家民居（礼家巷42号）、彩云栈（礼家巷41号）、天水旧家民居（江夏第25号）、通和典典当行（江夏第34号）、姑娘院（黄家井27号）、太宗旧第（黄家井33、34号）、古准提阁民居（箧器街26号）、烟馆（箧器街35号）、染布行（箧器街39号）、瞭望楼（箧器街4号与5号之间）、德珍堂（胜利路97号）、品芳栈（红星路57号）、银楼（红星路135号）、可久堂（红卫路37号）、码头仓（红卫路86与88号）、树铺家（州头上41号）、彭城世第民居（州头上57号）〕

浒湾古建筑群位于江西省抚州市金溪县浒湾镇。

浒湾是明清四大雕版印书基地之一，早在明代万历中后期，浒湾就开始有雕版印书，至清乾隆、嘉庆、道光几朝最为鼎盛，延续时间长达100多年，其中几个著名印书堂号如大文堂、两仪堂、善成堂、三让堂、文奎堂、旧学山房和红杏山房等，从康熙年间到光绪年间，从业达2个世纪。浒湾所印的书销及全国，人称"赣版"或"江西版"。书坊建筑群由前书铺街、后书铺街和礼家巷三条南北走向的街道及街道旁的建筑组成，中有巷道相通，集中了数百家雕版印书作坊和店铺，现尚存201家，是目前我国唯一保存下来的基本保留原貌的因雕版印刷而形成的古建筑群。

2018年3月，浒湾古建筑群〔含恒门、四友堂（前书铺街20号）、旧学山房（前书铺街23号）、文德堂（后书铺街22号）、文奎堂（后书铺街23号）、善成堂（礼家巷15号）、世著江州民居（礼家巷10号）、京兆世家民居

(礼家巷 42 号)、彩云栈(礼家巷 41 号)、天水旧家民居(江夏第 25 号)、通和典典当行(江夏第 34 号)、姑娘院(黄家井 27 号)、太宗旧第(黄家井 33、34 号)、古准提阁民居(箧器街 26 号)、烟馆(箧器街 35 号)、染布行(箧器街 39 号)、瞭望楼(箧器街 4 号与 5 号之间)、德珍堂(胜利路 97 号)、品芳栈(红星路 57 号)、银楼(红星路 135 号)、可久堂(红卫路 37 号)、码头仓(红卫路 86 与 88 号)、树铺家(州头上 41 号)、彭城世第民居(州头上 57 号)〕被列为第六批江西省文物保护单位。

(37)洲湖大夫第

洲湖大夫第,又称"船屋"或"船形古宅",位于距离江西省抚州市黎川县 40 多千米的华山垦殖场的洲湖村山坳中。它始建于清代的道光二十四年(1844 年),其规模相当宏大。此古宅呈三角形,由"船首""船身""船尾"三部分组成,且当从高处观看时,其外观类似一只船。这座"船形古宅"与周围的山谷走向一致,完美地适应了山谷的局部气候环境。此设计方向有助于冬季保暖,夏季则可以保持凉爽。宅内的房屋则面朝东方,确保了阳光能充分照射到。

2006 年 12 月,洲湖大夫第被列为第五批江西省文物保护单位。

(38)黎川孔庙

黎川孔庙,也被称为文庙,坐落在江西省抚州市黎川县老城区中心、黎川二小旁边,占地约 2600 平方米。它始建于北宋的天禧元年(1017 年),并被视为黎川的标志性古建筑之一。孔庙由大成门、名宦祠、乡贤祠、东西庑、俯台及大成殿构成。整个建筑群遵循了平行轴线的布局方式,形成了一个花园式的院落。

2018 年 3 月,黎川孔庙被列为第六批江西省文物保护单位。

(39)资福塔

资福塔坐落在江西省抚州市黎川县荷源乡的资福村,靠近山丘的西面,位于东川河的河畔。这座塔建于宋代的嘉定十四年(1221 年),是黎川现存的唯一一座古塔。它是由砖石建成的,高约 23 米,共有 7 层。每层都装饰有佛像,而塔顶上有一棵被称为"桂圆"的小树。塔的下部是中空的,可供人攀爬至第 3 层。据悉,在清代的雍正年间,此塔曾经过大规模的修缮。

2018年3月,资福塔被列为第六批江西省文物保护单位。

(40) 洵口张氏家庙及照壁

洵口张氏家庙及照壁位于江西省抚州市黎川县,占地364平方米,纵深26米,横宽14米。整体建筑为三进式砖木结构,展现出古朴雅致的风格。据《张氏族谱》记载,张氏家庙是当地张家的宗祠,由张氏九世祖张槚所建,并供奉着张家祖先的牌位。

祠堂始建于明朝的万历二十一年(1593年)。张槚是当时的南京工部尚书,他用自己的俸禄资助了这个项目。后来张氏家庙经历了几次修缮,清康熙三十七年(1698年),张氏家族开始对其进行扩建,并在7年后的康熙四十三年(1704年)完工。不过在清咸丰七年(1857年)张氏家庙遭到粤寇的毁坏。后来,在清同治九年(1870年),张氏十九世祖金诰公乡试回村后,决定邀请族人共同出资重建。工程历时3年,于同治十一年(1872年)完成。

在张氏家庙中,最为显眼的是位于大门前方的明代照壁。照壁与祠堂之间隔有7.7米宽的通道,高4米、宽14米。整个照壁由4根石柱和数根石横梁构成,上面刻有各种吉祥的花、鸟、鱼、虫等浮雕。照壁正中上方嵌有一块石匾,上面刻有"建言召用"四个大字,意在纪念祖先为朝廷提建议并被采纳的事迹。此外,照壁右上角详细记录了其建造的时间和由来:"万历三十六年"(1608年),"为赐进士巡按山西监察御史起从湖广道监察御史升任应天府尹大理寺正卿工部右侍郎进赠本部尚书特赐祭奠臣张槚立"。

2018年3月,洵口张氏家庙及照壁被列为第六批江西省文物保护单位。

(41) 高云塔

高云塔坐落于江西省抚州市资溪县高阜镇的高阜村北部,与泸溪河为伴,背靠狮子山,呈现出一种与自然和谐共生的景象。据县志记录,塔的历史可追溯到明天启四年(1624年),并在清朝乾隆九年(1744年)经历了一次重要的修缮。作为一个七层八角砖石结构的历史遗迹,高云塔原高30米,它在2008年经过修复后达到了31.5米的高度。每一层的细节设计,如拱门及其刻字,都彰显了古代工匠的匠心独运。

2006年12月,高云塔被列入第五批江西省文物保护单位。

(42) 南坑仁和仙桥

南坑仁和仙桥位于江西省抚州市宜黄县南源乡夺中村的南下村。村落内不仅有丰富的自然资源,如千年银杏、红豆杉等,更有这座造型独特的古廊庙桥作为历史的见证。桥的设计典雅且古朴,工艺之精湛在当地独树一帜。它曾是宜黄与临川、南城之间的主要交通枢纽,承载着过去的商业与文化交流。

2018年3月,南坑仁和仙桥被列为第六批江西省文物保护单位。

(43) 迎恩塔

迎恩塔骄傲地立于江西省抚州市宜黄棠阴镇建设村的龟山之上,伴着宜水悠悠流淌。这座塔的历史可以追溯到明崇祯元年(1628年)。这座六边形七层的空心塔,高达36米,直径8米。其内部设计考究,螺旋的石阶梯使游客能够直达塔顶。特别是从第二层开始的瞭望口和通风窗,为游客提供了观赏周围景色的绝佳位置。

2018年3月,迎恩塔被列为第六批江西省文物保护单位。

(44) 欧阳竟无宅

欧阳竟无宅是欧阳竟无的出生之所。欧阳竟无(1871—1943年),名渐,江西宜黄人,被众多学者誉为"宜黄大师"。作为著名的佛学家和教育家,他对中国近现代佛学的复兴和佛教教育做出了显著贡献。梁漱溟先生盛赞其为"时之泰岳"。熊十力先生,新儒家奠基人之一,曾是欧阳竟无的学生,赞誉其为"竟师气魄甚伟",形容其"真亘古罕有之奇杰也"。章太炎先生更称其"独步千祀"。欧阳竟无出生于老宜黄县城凤冈镇金斗颗巷3号,后迁至县城南门路10号。欧阳家族为宜黄望族,此地的大部分居民均姓欧阳。

2018年3月,欧阳竟无宅被列为第六批江西省文物保护单位。

(45) 汤显祖墓

位于江西省抚州市临川区灵芝园的汤显祖墓,是为纪念文学巨匠汤显祖及其原配夫人吴氏和继室夫人赵氏、傅氏所建的。清光绪二十九年(1903年),汤显祖墓由临川知县江召棠主持修缮,并在墓碑上刻写"文章超海内,品节冠临川"之联。然而,墓地在解放前曾数次遭到破坏。1957年,汤显祖墓经历过一次修复,但后来再次受损。直到1982年10月,墓地被迁至人民公园。

汤显祖墓总占地面积达 5000 平方米，入口处是一座四柱的牌坊，旁边是延绵的围墙，高约 1 米，以青白两色为主，并巧妙地镂空雕刻，使得内外视野畅通无阻。围墙上雕刻了汤显祖的经典作品"临川四梦"的图像，均镌刻在墨玉石上。墓的设计独特，其顶部呈亭子形状，亭脊清晰可见，中心的圆形"亭顶"尤为引人注目。整个墓冢像一个半埋地的亭子，这似乎是在隐喻汤显祖的经典之作《牡丹亭》。墓碑上刻有"汤显祖之墓"五个大字，这是书法家舒同的手笔，笔触流畅，充满动感。碑的顶部雕有"日"和"月"两字，二者结合即为"明"，不仅暗示了汤显祖生活的朝代，同时也在称赞其作品的光辉如日月。碑的背面详细记述了汤显祖的生平，尤其凸显了其坚守原则，不向权贵妥协的品质。在墓的旁边，后人为他建了一座"牡丹亭"，亭上对联写着"文章超海内，品节冠临川"。

1957 年 7 月，汤显祖墓被列为第一批江西省文物保护单位。

（46）乐史墓

乐史墓位于江西省抚州市崇仁县三山乡的张家官山村的凤凰窠。

乐史，字子正，号月池，是北宋时期的著名地理学家和文学家。他生于江西崇仁，历经多个重要职位，如武城军掌书记、直史馆著作郎、知沂、黄、高三州、上柱国、兵部中外郎等，死后被追赠为兵部侍郎。乐史的学识深厚，著作众多，他的《太平环宇记》是我国历史上首部地方志，该书在后世得到了极高的评价，并被列入了《四库全书》。

乐史墓的形制较为简单，墓高 1.4 米，直径 7.7 米，由砖石构成。它的位置背靠石山，墓的左右都被杂草包围。墓前大约 200 米的地方有一条小涧流过，旁边还有稻田。值得注意的是，尽管时隔千年，乐史的后代仍然每年都会来这里扫墓，以示对先祖的敬仰和怀念。

1987 年 12 月，乐史墓被列为第三批江西省文物保护单位。

（47）董裕墓

董裕墓，又被称为董尚书墓，坐落于乌江上游的江西省抚州市乐安县招携镇鹿源村的白鹤形山上。这是座明代的墓，是为纪念明代学者、大臣董裕而建的。董裕，字惟益，号扩庵，出生于流坑董氏家族，是这一家族的二十一世孙。他出生在乐安招携港田村，并在明代的万历年间一路晋升，最终达到了刑部尚书的高位。

此墓的建设得到了明朝朝廷的高度重视，由工部主持施工，并由礼部进行验收。墓地的前方有一条由大块石头叠加而成的神道，神道的两侧摆放有石制的吏、马和羊，这些雕像至今保存得相当完好。经过9级台阶，可以看到3块大型的石碑。中央的碑文为"明故资政大夫、刑部尚书、赠太子少保董扩庵先生墓"，这块碑的题字是由当时的吏部尚书、大学士张位题写的。最为特别的是，在墓的上方，有一块由明朝神宗皇帝亲自颁发的"敕葬"石碑，四周雕刻有华丽的龙云图案，彰显了董裕在当时朝廷中的重要地位和皇帝对他的敬重。

1987年12月，董裕墓被列为第三批江西省文物保护单位。

（48）陆象山墓

陆象山墓是为了纪念宋代著名儒学家、心学的代表人物陆九渊而建的墓葬。陆九渊的另一个称号为"陆王"，因此他所代表的学派有时被称为"陆王心学"。这座墓位于江西省抚州市金溪县陆坊乡的陆坊村，具体位置在青田桥旁的东山岭上，墓地位置的选择具有山水之美，表现出古代的风水观念。

陆九渊，字象山，是南宋时期的著名儒学家，他于绍熙四年（1193年）去世，并被安葬在其家乡的这片山岭上。墓地的环境非常宁静，三面环绕着山脉，前方是开阔的土地，松竹为其遮阴，给人一种安详的感觉。

墓地是用当地的鹅卵石砌筑的，给人一种古朴和自然的感觉。墓的形状是圆锥形的，基座是用宽大的麻石石板来建造的，总占地面积约60平方米。

明代嘉靖年间，为了纪念陆九渊，皇帝特地颁发敕命建造了一块碑，碑上的文字为"崇尚真儒墓"，不过这块碑现已不存。清代乾隆年间又有新的碑石建立，上面刻有"宋儒文安公陆象山墓"的字样。除此之外，还有民国时期的石碑，但这些石碑如今都已经破损或残缺。

墓地的下方原来还有明代时期由皇帝敕建的一些建筑，如"祭祠"和"下马亭"等，但现在已经不复存在。这些附属建筑在当时是为了纪念和祭奠陆九渊而建的。

1957年7月，陆象山墓被列为第一批江西省文物保护单位。

（49）妙法寺塔墓群（含普同塔、优婆夷暨比丘尼塔、质彬禅师塔、堂禅师塔、无名塔一、惟觉禅师塔、亢脉禅师塔、卓颖禅师塔、无名塔二、桂谷禅师塔、梦回禅师塔）

妙法寺塔墓群是明代崇祯年间建立的一组佛教塔墓，位于妙法寺内。它们是为寺内已故的僧人建立的，用于火化后存放骨灰。这些建筑不仅体现了当时妙法寺的繁荣，也为我们提供了明、清时期佛教墓葬制度的宝贵资料。

塔墓群占地面积超过1000平方米，包括1座大塔和9座小塔，共计10座。它们依山而建，形态各异，整齐地布局在寺内。全部塔墓都是用麻白色的沙砾岩建成的。沙砾岩是一种坚硬且容易加工的材料，适合建造塔墓这种重要的宗教建筑。每座塔墓都包括4个主要部分：护栏、塔基、塔身和塔顶。这种结构严格遵循了古代佛教建筑的传统，旨在确保塔墓的稳固和持久。塔墓的背后都有护墙，护墙上嵌入了黑色的石碑，碑上刻有文字。

妙法寺塔墓群不仅是明清时期佛教墓葬制度的有力证据，也是当时佛教文化的重要代表。通过研究这些建筑，我们可以更深入地了解明清两代的佛教历史、文化和墓葬习俗。

2018年3月，妙法寺塔墓群（含普同塔、优婆夷暨比丘尼塔、质彬禅师塔、堂禅师塔、无名塔一、惟觉禅师塔、亢脉禅师塔、卓颖禅师塔、无名塔二、桂谷禅师塔、梦回禅师塔）被列为第六批江西省文物保护单位。

（50）曹山寺墓塔群（含本寂禅师墓、宝积禅寺高僧塔）

位于江西省抚州市宜黄县的曹山寺墓塔群，包括本寂禅师墓和宝积禅寺高僧塔。本寂禅师在曹山传法达31年，有超过百名弟子，以及数千信徒。901年，享年62岁的本寂禅师圆寂，并被安葬于曹山寺的西侧凤形坑。到了1743年，清雍正皇帝封他为"定藏元证禅师"。而在1983年，祖师塔得到修复。

从清初开始，曹山寺逐渐衰落。到了民国时期，寺庙仅剩部分殿堂和少数佛像。到1969年，殿宇被完全摧毁。但是，1982年曹山寺迎来了转机，它开始了中兴新时期。1999年起，寺庙从国内外引入了20多座汉白玉佛像，使其成为江西玉佛数量最多、种类最全的寺院。

2018年3月，曹山寺墓塔群（含本寂禅师墓、宝积禅寺高僧塔）被列为第六批江西省文物保护单位。

（51）白浒窑遗址

位于江西省抚州市临川区红桥镇白浒窑村东南 700 米的白浒渡的白浒窑遗址，因其位置而得名"白浒窑"。从南朝到宋代，这里一直是陶瓷的烧造中心，被认为是我国江南古陶瓷历史上的一个关键点。

白浒窑主要生产碗、罐和缸，其中以碗为最主要的产品。大部分陶器都是平底的，底部稍微内凹，但也有一些圈足的器物。这些陶器大都胎土为灰色，表面粗糙、厚实。它们的釉色多为青绿和酱褐，但也有少数为豆青色。器物的内部都涂有釉，而外部的釉则通常不达到底部。釉面上常常会出现细小的冰裂纹，不均匀的釉水有时会呈现出泪痕的样子。

陶瓷的纹饰通常相对简单，以葵花形纹为主。特别是罐这类的器物，在其肩部往往会有"铺首"纹饰。这些白浒窑出产的陶瓷均呈古朴而大方的风格，制作技艺高超，其釉面光滑细腻。它们不仅具有当时的时代风格，而且在造型和纹饰工艺上都展现出了鲜明的地方特色，因此在江西地区尤为著名。

2006 年 12 月，白浒窑遗址被列为第五批江西省文物保护单位。

（52）相山道观遗址（含相山老殿、四仙祠）

相山道观遗址坐落在江西省抚州市崇仁县的相山顶峰，其历史最早可以追溯到南宋时期，占地面积达到 5538 平方米。相山道观遗址的建筑材料十分独特，完全采用当地的石料进行建造，而且没有使用传统的卯榫或其他粘合方式。因此，整个建筑与其周围环境完美地融合在了一起。其建筑结构独特，以石拱券作为屋顶，并在墙体及岩石上镌刻有摩崖石刻。

相山道观遗址整体呈金字塔状，规模宏大，是江西省目前保存下来的最大道观遗址。这座遗址展示了古代工匠们在建筑艺术和技艺上的精湛，同时也反映出建造者追求天人合一的哲学思想。与众不同的是，这座道观祭祀的是 4 位现实生活中的凡人：梅福、栾巴、邓紫阳和叶法善。其中，梅和栾两位在做官时对百姓的困境给予关心和关注；而邓和叶深谙阴阳地理学，他们带领百姓修建水渠和堰坝，与当地百姓的日常生活紧密相关。这与其他道观中祭祀缥缈虚无的仙人存在显著的差异。

2018 年 3 月，相山道观遗址（含相山老殿、四仙祠）被列为第六批江西省文物保护单位。

（53）里窑窑址（含后龙山窑址、瓦子岭窑址、排前窑址、福水源窑址、石子坑窑址、窑家岭窑址、徐家源窑址、傅家山窑址、鸡公山窑址、张家边窑址、里窑源窑址、沈家牌窑址）

里窑窑址位于江西省抚州市金溪县左坊镇清江村，为宋元间古瓷窑遗址。从所采取的标本来看，产品主要有裂纹瓷、印花白瓷、黄釉瓷、黑釉瓷、莲花形的隐纹瓷片等。在窑村东西方向分布着里窑源窑址、后龙山窑址等10多个古窑包，瓷窑沿山而筑，与土丘混成一片。

1981年江西省文物工作队和金溪县文化馆考古人员在窑村发现碎瓷与窑具，有明显的龙窑迹象。如张家边一古窑窑床长40余米，窑门朝南，堆积厚度高达6米。在窑门南端，村民开荒时曾发现过制瓷作坊遗迹，其中有砖砌的釉料坑。古里窑村是一个经济繁茂的集镇，相传瓷器市场就在村内。

2018年3月，里窑窑址（含后龙山窑址、瓦子岭窑址、排前窑址、福水源窑址、石子坑窑址、窑家岭窑址、徐家源窑址、傅家山窑址、鸡公山窑址、张家边窑址、里窑源窑址、沈家牌窑址）被列为第六批江西省文物保护单位。

（54）李井泉故居

李井泉故居位于江西省抚州市临川区唱凯镇艾巷村，建筑面积约100平方米，始建于清朝宣统元年（1909年）。李井泉故居为赣派建筑，砖木结构，坐北朝南，硬山小瓦屋顶，由庭院、主屋部分组成。

李井泉（1909—1989年），江西省抚州市临川区唱凯镇艾巷村人，1926年加入革命队伍，先后参加南昌起义、开辟了包括绥南、绥中、绥西地区大青山抗日游击根据地等。新中国成立后，李井泉当选为中共第八届中央委员、中央政治局委员、中共第十、十一届中央委员，中共中央顾问委员会常务委员，第三、四、五届全国人大常委会副委员长。李井泉十分关心家乡的发展和建设，多次回到艾巷村，帮助村民解决生产生活问题，建造万年桥、修复村小学。

2000年8月，李井泉故居被认定为"抚州市爱国主义教育基地"。2018年3月，李井泉故居被列为第六批江西省文物保护单位。

（55）万石塘红十军指挥部旧址

位于江西省抚州市东乡区瑶圩乡万石塘村的万石塘红十军指挥部旧址，也称"红军楼"，背后有着丰富的历史背景。万石塘这个大村在乡里有着悠久的历史，村内尤其以明清时代的古民居为特色。

其中，"红军楼"最为引人注目。它原名"冠美祠"，是一座清代建筑，以砖木石为主要结构，建筑坐西朝东。1932年7月，中央革命军事委员会的委员、赣东北省军委书记邵式平三度访问了万石塘。到了1933年，红十军在南下与中央红军会师的过程中，在这个村子驻留了5天。在这段时间里，红军对当地的大恶霸、湾头土膏和伪自卫队长进行了镇压。整个指挥部设立在"红军楼"内，墙上至今还保存着当年的标语。红军离开后，这座楼仍旧被称为"红军楼"。

在建筑特点上，"红军楼"是两进式结构，上进两侧还有阁楼。整体面宽14米、进深19.7米、墙高7.6米，总占地面积为275.8平方米。楼下的墙由两层石板砌成，而门头上方的石板上雕有精美的图案。门两侧的石板上刻有清晰可见的楷书门联。祠内的梁上雕刻有精致的花纹，细节丰富。更为特殊的是，天井的南、北两侧墙壁上，都留有红军当年书写的标语，那些白底黑字、用毛笔写成的言辞，虽然由于岁月的磨损部分墨迹已经模糊，但还能够清晰辨认出一些，如"铲共团是豪绅地主国民党镇压工农革命的组织"等，而标语的落款则为"红军联乙宣"。

2018年3月，万石塘红十军指挥部旧址被列为第六批江西省文物保护单位。

（56）红一方面军总前委会、高虎脑战役红军指挥部旧址

红一方面军总前委会暨毛泽东旧居及高虎脑战役红军指挥部旧址都是中国工农红军在抗日战争和土地革命战争期间的重要遗址。这两处历史遗迹对于了解红军的历史、毛泽东和其他红军领导人的军事才能及红军的军事策略都具有重要的历史价值。

江西省抚州市广昌县的沙子岭邱家祠堂是毛泽东和红一方面军总前委的重要会议地点。这里，红军的领导层进行了关于如何打破国民党军队"围剿"的重要策略讨论。毛泽东、朱德、彭德怀等红军高级将领在此地制定了重要的军事决策，使红军在反"围剿"战争中取得了关键的胜利。

而广昌县的高虎脑地区则是红军在第五次反"围剿"中与国民党军队的主要战场。在这片广大的地域内，红军与敌军展开了大寨脑、高虎脑和万年亭

三场大规模的激烈战斗。红军在这三场战斗中均取得了胜利，歼灭了大量的敌军，并为红军主力的战略转移争取到了宝贵的时间。这也是红军在长征前的最后一场重大战役。

这两处遗址都是红军历史中的重要节点，对于研究红军的军事策略、指挥艺术以及红军与国民党军队的战争历史都具有重要的参考价值。遗址中的堑壕、掩体、弹坑和红军标语等都是这段历史的真实见证，为后人提供了宝贵的实物证据。

2000年7月，红一方面军总前委会、高虎脑战役红军指挥部旧址被列为第六批江西省文物保护单位。

（57）尖峰红一军团指挥部旧址

尖峰红一军团指挥部旧址位于江西省抚州市广昌县尖峰乡双湖村中屋下。据廖氏八修族谱记载，此宗祠为清嘉庆年间建筑。建筑坐北朝南，砖木结构，占地面积198平方米，大门门额石刻"明远公祠"四字，正门柱簪上刻有马、蜂、猴等吉祥动物图案，雕刻精美。1931年红一军团指挥部驻扎于中屋下的廖氏宗祠进行军事部署，为打破敌人的第三次"围剿"做了充分的准备。

2018年3月，尖峰红一军团指挥部旧址被列为第六批江西省文物保护单位。

（58）罗家堡红九军团指挥部旧址（含世科第民居、罗知县别墅）

位于江西省抚州市广昌县甘竹镇罗家村的罗家堡红九军团指挥部旧址，包括"世科第民居"和"罗知县别墅"，是清同治十年（1871年）由广东清远县知县罗玉珊建造的历史建筑。该建筑坐北朝南，采用封火山墙设计，占地600平方米。其门楣上的石匾上刻有"世科第"三字，意寓希望家族世世代代都能中科举。石匾周围装饰有人物故事的图案，而正门两侧的檐口则镌刻有人物、花卉和几何图形的砖雕，展现了精细的雕刻工艺。1934年3月和4月，红一方面军第九军团指挥部在罗炳辉和蔡树藩的领导下曾驻扎于此，指挥红军进行第五次反"围剿"战斗，成功阻止了国民党河西纵队五个师的进攻。如今，这里仍保留有多条当时的红军标语。

2018年3月，罗家堡红九军团指挥部旧址（含世科第民居、罗知县别墅）被列为第六批江西省文物保护单位。

(59)驿前红四军指挥部旧址（含秘书袭庆民居、云衢公厅堂、迎薰民居）

位于江西省抚州市广昌县驿前镇驿前村的驿前红四军指挥部旧址包括以下3处重要建筑：

秘书袭庆民居。1934年7月和8月，在长征前夕、与国民党的激战期间，红四军指挥部曾在这里驻扎。这座建筑坐西朝东，采用砖木结构，占地594平方米。大门两侧的砖墙经过磨光，上面保留了红军用不同精细度的毛笔写下的多条标语。

云衢公厅堂，又名双门楼，是清代建造的，坐西向东，同样采用砖木结构，占地403平方米。其八字形的大门气势磅礴，照壁影墙上使用了水磨石菱形镶嵌工艺，既精致又大方，而石质的门簪上刻有麒麟送子、人物等故事图案。1934年7月和8月，红军与国民党在此处进行激战，并先后设立了指挥部。墙上仍可见墨书的"天下为公"等标语。

迎薰民居。这座建筑的主体部分坐东北向西南，占地379.4平方米。墙上有多条红军标语，其中一个特别引人注目的大型标语写道："红军中官兵伕薪饷穿吃一样，军阀里将军校尉起居饮食不同"。这条标语在广昌县相对较为罕见，其内容整洁有序。这些标语在当时起到了打击地方武装和敌军士气、争取革命力量和鼓舞红军士气的政治宣传鼓动作用。

2018年3月，驿前红四军指挥部旧址（含秘书袭庆民居、云衢公厅堂、迎薰民居）被列为第六批江西省文物保护单位。

(60)下关中革军委会议旧址

江西省抚州市广昌县头陂镇的下关中革军委会议旧址位于清代的下关冯家祠。1934年4月28日，当广昌被弃守之时，中国革命军事委员会于此地召集会议。这次会议旨在总结广昌大会战的失败，以及探讨下一步的策略。这是第五次反"围剿"中的一次关键军事会议，吸引了中央红军的高级干部参与。与会的主要人员包括博古、李德、朱德、顾作霖以及各军团的领导，如杨尚昆、林彪、聂荣臻、左权、罗炳辉、董振堂、蔡树藩、李卓然、伍修权等。经讨论，决定红一军团和红九军团立即东进，参与建宁的保卫战，而红三军团则在新安及其周边地区进行部署，以阻止国民党军队南进。

2018年3月，下关中革军委会议旧址被列为第六批江西省文物保护单位。

（61）高虎脑战斗遗址群（含高虎脑红军烈士纪念碑、戏台下厅堂红军宿营地、万年亭红三军团战斗司令部遗址及标志牌、大岭隔红军战场遗址战壕、蜡烛形红军战场遗址、红军将领陈阿金烈士墓）

高虎脑战斗遗址群位于江西省抚州市广昌县南部25千米至45千米之间，范围包括赤水镇以南、驿前镇以北100多平方千米，是中央苏区第五次反"围剿"主战场之一。其中的高虎脑红军烈士纪念碑是为了纪念1934年7月和8月在高虎脑地区牺牲的红军将士而建的。这座纪念碑向西，由砖石和水泥制成，高11.6米，占地145.4平方米，于1988年8月5日建成。正面的碑名由当时的国家主席杨尚昆题写；左侧的题词由中央军委原副主席张震所写，而右侧的题词则是由解放军政治学院原院长刘志坚题写。

2018年3月，高虎脑战斗遗址群（含高虎脑红军烈士纪念碑、戏台下厅堂红军宿营地、万年亭红三军团战斗司令部遗址及标志牌、大岭隔红军战场遗址战壕、蜡烛形红军战场遗址、红军将领陈阿金烈士墓）被列为第六批江西省文物保护单位。

（62）驿前大跃进壁画

江西省抚州市广昌县驿前镇的驿前大跃进壁画位于赖巽家庙内。赖巽家庙面朝西，占地358.4平方米，其平面呈现为长方形，由上、下两个厅组成，中间有一个天井。上厅内保存有一块隆武元年（1645年）的施田碑。赖巽，是明永乐十三年的进士，曾任职御史和云南按察使。

驿前大跃进壁画共3幅。一图题为"边收边种"，分上、中、下三景，上为山村远景，中为抢收水稻，下为犁田、播种。另一图题为"欣欣向荣"，图中有正在炼钢铁的高炉，高炉浓烟滚滚，炼钢场面热火朝天。还有一图题为"大食堂"，图中食堂工作人员手捧着热气腾腾的饭菜，正迎接收工的人们前来用膳。这3幅壁画规格基本一致，画面线条清晰，色彩较为艳丽，保存基本完好。

2018年3月，驿前大跃进壁画被列为第六批江西省文物保护单位。

（63）磁圭红三军团指挥部旧址

磁圭红三军团指挥部旧址位于江西省抚州市南城县株良镇磁圭村一栋名为"悟轩"的古宅里，这栋古宅曾经是红三军团的指挥部和高级将领的住处，他们曾在厅堂里召开会议，研究作战计划。在宋、明两代，磁圭村曾经繁荣一时，如《南城县志（同治版）》中所记载："户至千四百，屠肆至七十，楼观相望，弦歌之声不绝。"尽管后期由于战乱的影响，村落日渐衰落，但其古朴的明清建筑和精美木雕至今仍然保存完好。除了古建，磁圭村在第二次国内革命战争期间也是红军的重要根据地。此处不仅有红军高级将领的旧居，还保留有 20 多处红军标语。磁圭村因此成为一个融合古色、红色与绿色特色的旅游胜地。

2018 年 3 月，磁圭红三军团指挥部旧址被列为第六批江西省文物保护单位。

（64）康都会议旧址〔含毛泽东旧居、红一方面军电台旧址、红一方面军总医院旧址、康都苏维埃政府旧址、红一方面军总司令部旧址（宁家大屋）〕

康都会议旧址位于江西省抚州市南丰县康都村。历史上，康都村曾是红军在第二次国内革命战争时期第三次反"围剿"的关键革命基地。1931 年 6 月初，红一方面军的总司令部与总政治部都迁至康都，直至该月下旬才撤离。在此期间，这里举办了后来被收录于《毛泽东选集》的著名的"康都会议"。至今，康都会议旧址仍然保存有大量的革命历史遗迹，如含毛泽东旧居、红一方面军电台旧址、红一方面军总医院旧址、康都苏维埃政府旧址、红一方面军总司令部旧址（宁家大屋），以及红军留下的标语、战时战壕、防空设施等。这些遗迹见证了红军的光辉历史，同时康都村也传承了众多有关工农红军的感人故事。

2018 年 3 月，康都会议旧址〔含毛泽东旧居、红一方面军电台旧址、红一方面军总医院旧址、康都苏维埃政府旧址、红一方面军总司令部旧址（宁家大屋）〕被列为第六批江西省文物保护单位。

（65）贯巢红一方面军前委旧址（含徐家上屋、徐家老屋、徐家新屋）

贯巢红一方面军前委旧址位于江西省抚州市南丰县市山镇贯巢村，是一幢平房，占地 160 平方米，坐西朝东，为二进的砖木结构。原已破旧不堪，1970 年经修葺整理后，陈列革命文物并正式开放。1976 年又在旧居旁建起了陈列室和接待室。

2018 年 3 月，贯巢红一方面军前委旧址（含徐家上屋、徐家老屋、徐家新屋）被列为第六批江西省文物保护单位。

（66）石邮红军总政治部旧址

石邮红军总政治部旧址位于江西省抚州市南丰县三溪乡石邮村。石邮村是个有着红色血脉的村庄，如今，还保留有石邮红军总政治部旧址、石邮苏维埃政府旧址、红军标语等丰富的红色印记。石邮村是一座江右民系聚居的古村，村庄规模宏大，巷道纵横交错，房屋保存基本完好，其中明代建筑29幢、清代建筑17幢，其中雄神庙、太尹公旧址等建筑古韵犹存。

2018年3月，石邮红军总政治部旧址被列为第六批江西省文物保护单位。

（67）古竹红三军团前线指挥部旧址

古竹红三军团前线指挥部旧址位于江西省抚州市南丰县白舍镇古竹村中的刘梅居公祠内。该旧址保留的革命标语直观、形象地反映了第二次国内革命战争时期我党我军的革命路线、方针和政策。刘梅居公祠建于清嘉庆年间，是人才辈出的祠堂，嘉庆皇帝的启蒙老师刘绍锦就出自此公祠。祠堂内悬挂着多块保存完好的会科匾、仕官匾、寿匾等，积淀了源远流长的刘氏家族文化。

2018年3月，古竹红三军团前线指挥部旧址被列为第六批江西省文物保护单位。

（68）东山红一方面军指挥部旧址

东山红一方面军指挥部旧址位于江西省抚州市崇仁县相山镇东山村"山水清晖"民居内。这处民居背倚青山，是典型的穿斗式砖木结构。其后的山区设有两处作战掩体。这座建筑不仅是1933年"东山岭战役"的关键证物，也是宝贵的历史遗迹，具有显著的文物保护价值。

据资料描述，为反击蒋介石的第四次"围剿"，朱德与其他红军将领在1933年春季选择了这栋"山水清晖"民居作为中央红军一、三、五军团的指挥中心，成功指挥了知名的"登仙桥"与"黄陂"战役。随后的1933年6月，崇仁县苏维埃政府在东山村正式成立，使东山村成为崇仁县的革命核心地带。

然而，到了1933年7月，国民党部队便以强大的兵力朝向相山镇发动进攻。在地主、恶霸及其他敌对势力的协助下，他们通过"分兵合击"的策略，从三个方向围攻东山村。当时，主力红军已撤往中央根据地，东山的防守仅由约 200 名独立营成员和游击队员组成。尽管他们成功抵御了敌人的多次进攻，但在叛徒的引导下，敌军最终突破了东山村的防线。为了尽量保存实力，东山村的苏区干部和民众在独立营及警卫连的掩护下突破重围，并成功撤离。这场激烈的突围战役中，县独立营政委蔡仲贤受了重伤，而营长胡家涛英勇牺牲。这便是广为流传的崇仁"东山岭战役"。

2018 年 3 月，东山红一方面军指挥部旧址被列为第六批江西省文物保护单位。

（69）红一方面军大湖坪整编旧址

红一方面军大湖坪整编旧址坐落于江西省抚州市乐安县湖坪乡湖坪村国宝公祠内。在 1935 年的 5 月 7 日到 7 月上旬，红一方面军在此地及善和地区进行了一次关键的军事整编，被称为"大湖坪整编"。其中，国宝公祠及其旁的操场成为红三军团的主要驻扎地及练兵地。彭德怀、萧克、张震、江渭汉等众多老一辈的无产阶级革命家曾在此祠堂中居住。在这片土地上，红一方面军建立了"东方军"，并在此召开了东征誓师大会。彭德怀在此传达了东征的相关指示，而红一方面军的总政委也在会上作了鼓舞人心的动员报告。尽管这次整编受到了"左"倾错误路线的影响，但在党和军的历史上，这仍是一个具有重大意义的事件。

国宝公祠本身是一个五进式的建筑，宽 23 米，深 90 米，总占地面积约为 2000 平方米。这座祠堂与其他祠堂相连，初建于 1741 年，后期经历过多次修复。国宝公祠前面建有文献石牌坊和围柱石板，显得十分壮观。国宝公祠内部构造精美，从石柱、木梁，到雕刻的鳌鱼和凤凰，都展现了细腻的工匠手艺和丰富的文化底蕴。

2006 年 12 月，红一方面军大湖坪整编旧址被列为第五批江西省文物保护单位。

（70）善和红五军团指挥部旧址（含红五军团联络处旧址、红五军团六师团师团部旧址）

善和红五军团指挥部旧址（含红五军团联络处旧址、红五军团六师团师团部旧址）位于江西省抚州市乐安县湖坪乡善和村，2018 年 3 月被列为第六批江西省文物保护单位。

（71）金竹毛泽东旧居

金竹毛泽东旧居位于江西省抚州市乐安县金竹畲族乡金竹村"上屋"，是一幢两层砖木结构的小楼，坐西朝东，占地面积为175平方米。1930年1月26日，毛泽东率领红四军第二纵队，从宁都东韶经水耐岭、石嵊上来到大金竹村，住在此屋。毛泽东在此接见了乐安县党组织负责人张英、张方说等人，听取了他们的工作汇报，指示他们要把群众组织起来，武装起来，开展革命斗争建立苏维埃政权。次日，毛泽东率领部队离开大金竹开往永丰县藤田。金竹毛泽东旧居保存完好，对研究毛泽东同志在乐安县的革命活动提供了重要史料。

2018年3月，金竹毛泽东旧居被列为第六批江西省文物保护单位。

（72）罗陂农民协会旧址

罗陂农民协会旧址位于江西省抚州市乐安县罗陂乡罗阳陈氏大宗祠内，2018年3月被列为第六批江西省文物保护单位。

（73）南山与彭家山战斗红三军团指挥部旧址

南山与彭家山战斗红三军团指挥部旧址位于江西省抚州市金溪县，2018年3月，被列为第六批江西省文物保护单位。

（74）大仙岭战斗红一军团前沿指挥所旧址

大仙岭战斗红一军团前沿指挥所旧址位于江西省抚州市金溪县，2018年3月，被列为第六批江西省文物保护单位。

（75）日峰红七军团指挥部、政治部旧址

日峰红七军团指挥部、政治部旧址坐落于日峰镇篁竹街的潘家大屋。1932年10月，中央红军的总司令部和总政治部从福建省三明市建宁县迁移到了篁竹街。值得记载的是，1932年12月30日，在潘家大屋前的李树坪上举办了中国工农红军史上规模最大的一场阅兵誓师大会。在此，红一、三、五军团的超过7万名指战员及1万多名工农群众，受到了包括周恩来和朱德在内的中央军委领导的检阅。1933年7月5日，红七军团在此正式成立，潘家大屋随之被定为其临时总司令部，而萧劲光则被任命为军团长和政委。时至今日，潘家大屋墙上仍保存着由中国工农红军总政治部所留下的"共产党十大政纲"等标语，墨迹依然清晰。

2018年3月，日峰红七军团指挥部、政治部旧址被列为第六批江西省文物保护单位。

（76）洲湖闽赣省财政部旧址

洲湖闽赣省财政部旧址位于江西省抚州市黎川县华山垦殖场洲湖村西北部，由高位厅和中位厅两栋建筑相连组成，总面积约为2960平方米。整个建筑可分为神堂、上厅、中厅、下厅、廊厅等5个组成部分，通过廊道与大厅相连的是排列在建筑两边的厨房和下人房。

第二次国内革命战争时期，为使闽赣苏区成为坚固的革命根据地，也为了打通中央苏区与赣东北苏区的联系，中共中央决定成立闽赣省革命委员会、闽赣省苏维埃政府。1933年4月底5月初，邵式平、毛泽民等人来到洲湖村筹备成立事宜，毛泽民就将闽赣省财政部机关设置在了高位厅内，完成了闽赣省委、省苏维埃政府的前期准备工作。后因其位置被敌军发现，遭敌方飞机轰炸扫射，以及其地理位置等原因，1933年5月10日，机关被迁往湖坊，在湖坊按照中央指示正式成立了闽赣省革命委员会、闽赣省苏维埃政府。

2018年3月，洲湖闽赣省财政部旧址被列为第六批江西省文物保护单位。

（77）日峰张恨水旧居

张恨水是中国现代著名报人、作家，被尊称为现代文学史上"章回小说大家"和"通俗文学大师"。1905年，年仅10岁的他曾与父母在江西黎川停留一年。

他们居住的地方在江西省抚州市黎川县城老南津码头和新丰桥脚之间的位置。那时，黎川作为闽赣两省的交通中心，官方在南津码头设置了收税点，主要征收木竹和盐的税款。而张恨水的父亲被任命为新城的盐税官。税务往往在码头上进行，因此，张家选择了住在邻近的这栋小木楼中。

这座有150年历史、呈现江南风格的双层木楼占地约300平方米。入口是一间宽敞但略显阴暗的大厅，地上铺设的是麻石板。天井位于大厅的右侧，用于采光和雨水排放。大厅左侧的房间正对着南津渡口，开窗便可听到黎河的流水声和码头的喧嚣。穿过大厅右侧的门，一道黑色木楼梯引导至二楼。二楼的厅堂更为明亮，两侧各有两间房。跨过厅堂则是一个吊脚楼，从这里可以望见连绵的山脉、曲折的河流、古老的桥梁、河畔旋转的水车和田野里新绿的秧苗。

1905 年 11 月,张恨水的祖母去世后,张恨水便随父返回了安徽的潜山老家,从此与黎川告别。这座小楼后来仍为官署使用,到了民国时期,被转为纸商店。现如今,小楼大门左侧的墙上,还能隐约看到"隆昌纸行"的字迹。

2018 年 3 月,日峰张恨水旧居被列为第六批江西省文物保护单位。

(78)黎川商会旧址(含黎川商会旧址、龙岗会馆)

黎川商会,在民国二年(1913 年)成立,是黎川商业发展中的重要里程碑。

源自武夷山的黎滩河使黎川成为繁忙的水上交通枢纽。清道光年间,黎川成为商业重镇,南津码头五里长街,经商人士 2500 余人,大小商号 750 多铺,"恒春""万泰和""全昌"等百年老字号已逾百家。为了更好地管理和规范商业行为,这些商人建立了众多同业公会。但随着时间推移,商家和消费者都认识到,这些公会无法满足日益发展的商业需求,于是黎川商会应运而生。

商会刚刚成立时,商界推选了声誉卓著的儒商担任会长,如黄钧夫、王良佐、邓守贞、涂申之和刘泰铭等人。除会长外,还设有 5 至 7 名理事,每 5 年进行一次轮选。此外,商会还设有秘书长及 28 个同业公会,负责各个行业的管理。商会的宗旨是"发展生产、繁荣经济;平衡公私利益、促进劳资双赢;加强城乡互助、拓展内外交流"。为了更好地执行其任务,商会在南津街的商业中心设立了一座仿欧式的会馆,这也是黎川明清老街上的第一座欧式建筑。这座建筑使得商会巷成为南津五"最"古巷——"最长、最大、最多、最早、最潮"的特色,也成为南津商业街的亮点。

黎川商会在地方经济和社会生活中发挥了积极作用,特别是在抗日战争期间。当时,大量的难民逃到黎川,导致物价飞涨。商会为了稳定物价,打击不正当竞争,稳定民心,付出了巨大努力。直到 1953 年,随着中华工商联合会的成立,黎川商会迎来了全新的发展阶段。

2018 年 3 月,黎川商会旧址(含黎川商会旧址、龙岗会馆)被列为第六批江西省文物保护单位。

(79)资溪事件革命烈士墓(含资溪事件革命烈士墓、纪念碑、纪念塔)

位于江西省抚州市资溪县平步山西侧的资溪事件革命烈士墓园,是为纪念 1950 年资溪事件中牺牲的烈士而建的。墓园建于 1951 年,起初是为了纪念在此事件中为国捐躯的17名烈士；随后，墓园又增添了为保护国家和人民而牺牲的16名烈士。整个墓园占地3600平方米，长120米，宽30米。其东侧设有一座烈士纪念碑，于1960年10月1日建成。这座碑高17米，由钢筋混凝土制成，外面覆盖了大理石，由碑座和碑身两部分组成。

1950年2月21日的凌晨，资溪县城遭受了匪首曾皋九及其合伙人的袭击。他们联合了闽赣边境的泰宁、广南城、光泽等县的匪首，共计600余人，突袭了资溪县城。这次事件中，许多革命干部、解放军士兵和无辜的民众惨遭杀害。匪贼们还劫掠了军械、粮食和其他物资，县里的档案资料也被完全焚毁。这次突发事件是解放军南下解放江西后最为严重的震惊中央的反革命暴乱事件。随后，抚州军分区组织军队剿匪，历时一年之久，终于将该事件中的几名匪首抓住或打死。

在此事件后不久，中共中央在毛泽东主席的指导下，发布了《关于剿匪与建立革命秩序的指示》。这标志着一场大规模的剿匪斗争开始了。

2018年3月，资溪事件革命烈士墓（含资溪事件革命烈士墓、纪念碑、纪念塔）被列为第六批江西省文物保护单位。

（80）下张党支部旧址

下张党支部旧址位于江西省抚州市资溪县马头山镇下张村，紧靠贵溪市，是闽赣成立的第一个党支部的基地。1927年8月，中共赣北组织从贵溪市派来龚相如、杨海庭在下张村造纸工人中宣传革命道理，秘密发展党员。吸收了龚普祥、赵阶雄、张生兴等人加入了中国共产党。同年11月闽赣第一个党支部成立，龚相如当选为党支部书记。

2018年3月，下张党支部旧址被列为第六批江西省文物保护单位。

（81）嵩市红一、三军团指挥部旧址

嵩市红一、三军团指挥部旧址位于江西省抚州市资溪县嵩市镇高陂村，曾为镇政府所在地。该建筑原为天主教堂，由爱尔兰神父在民国初期筹资兴建，为抚州市较大的天主教堂之一。金资战役时，红一、三军团将指挥部设立于此。该建筑两层，长20米，宽16米，占地面积462平方米。

2018年3月，嵩市红一、三军团指挥部旧址被列为第六批江西省文物保护单位。

（82）高阜红七军团指挥部旧址

高阜红七军团指挥部旧址位于江西省抚州市资溪县高阜镇高阜村曾氏宗祠，面积156平方米。1738年，曾巩后裔曾文定从南丰迁到此处，建造了该宗祠。1933年3月，资溪中心县委组织游击队配合红七军团下属闽北独立师一营在高阜会合，设指挥部于此。

2018年3月，高阜红七军团指挥部旧址被列为第六批江西省文物保护单位。

（83）东陂红一方面军总部旧址

东陂红一方面军总部旧址位于江西省抚州市宜黄县东陂镇黄柏岭村村口的徐氏宗祠。宗祠占地面积1000多平方米，分上下两个厅堂。祠内保留下来的红军文物等星罗棋布。1933年3月下旬，在中央苏区第四次反"围剿"的东陂战役中，红一方面军总部在此召开了有高级干部参加的军事会议，朱德同志出席会议。

2018年3月，东陂红一方面军总部旧址被列为第六批江西省文物保护单位。

（84）棠阴红一军团指挥部旧址（含红一军团指挥部旧址、三让遗风宅、吴家大院）

2018年3月，棠阴红一军团指挥部旧址（含红一军团指挥部旧址、三让遗风宅、吴家大院）被列为第六批江西省文物保护单位。

（85）中港红五军团指挥部旧址（含州司马宅、曾家老屋、曹氏宗祠）

中港红五军团指挥部旧址位于江西省抚州市宜黄县中港乡牛角湾村曹氏宗祠。曹氏宗祠为砖木结构。门前廊檐的中间四柱均为直抵屋顶的圆形砖柱（如果不是表层水泥的驳落，很难看出），给祠堂增添了雄伟气势。大门上挂着一块牌匾，刻有"曹氏宗祠"四个大字。祠堂室内的中间4个排扇均为圆形砖柱。下厅与上堂之间，是长条麻石铺就的天井。天井左右两侧为回廊。

2018年3月，中港红五军团指挥部旧址（含州司马宅、曾家老屋、曹氏宗祠）被列为第六批江西省文物保护单位。

（86）潮音洞石龛窟

潮音洞石龛窟位于江西省抚州市南城县岳口乡伏牛村，邻近盱江。这是一个人工雕刻的石龛窟，距今已有超过300年的历史，其起源可追溯至明代。

当你走近洞口，首先映入眼帘的是一个外部的石龛。进入洞内，你会看到石壁上浮雕着 20 尊罗汉佛像，但遗憾的是它们的头部都已遭到破坏。此外，还有一尊手执云帚、脚踏莲花的观音雕像屹立在洞中，展示着明代石刻艺术的魅力。

洞内为长方形，宽度大约 10 米，深入地下 20 余米。这里的空气异常清新，气温适中，为人们提供了一个避暑胜地。洞内还建有精美的楼阁，其梁上雕刻有各种精致图案。此外，洞壁上还有 10 余尊各具特色、栩栩如生的罗汉像。

在洞口，你会看到一副巧妙而有趣的对联："神庙朝朝朝朝朝朝应，江水长长长长长长流"。这副对联利用了"朝"和"长"两字的多音特性，表达了人们对神明的虔诚崇拜和希望世代平安、如同江水般源源不断的美好愿景。对联的横批"豁然开朗"则是指在欣赏这片神佛胜境的同时，游客的心灵也能得到启迪和豁达。

1957 年 7 月，潮音洞石龛窟被列为第一批江西省文物保护单位。

（87）麻姑山石刻（含一勺之多、月泉、玉练双飞）

麻姑山位于江西省抚州市南城县，石刻为明、清时代作品。此山原有仙都观、邓真人墓和石刻造像，但均已被毁，目前仅存的石刻有"一勺之多""月泉"和"玉练双飞"。

麻姑山的特色在于烟雾缭绕的山巅、青翠的峰峦、神秘的洞石，和"玉练双飞"飞瀑。爬至半山腰，可以见到名为"半山亭"的亭子，亭左有飞瀑，如两条白龙从天而降，水花溅起似雪飘落。岩旁刻有"玉练双飞"四字，为明代建昌府通判华仁夫所书，笔迹苍劲有力。此外，瀑布旁还有"观瀑亭"。继续上行数百级，即可抵达风格独特的宋代建筑"龙门桥"。此桥在清代曾进行过修缮。桥上建有长亭，亭内设有石凳。站在桥上，可以看到壮丽的山景和"水帘洞"，洞内宽敞明亮，可容纳上百人。深潭中有巨大礁石，上刻有"礼"字，据说潭内住有龙。周围散布着各种形态的小潭，如星潭、月潭、龟潭和伏狮潭，均为观赏亮点。

"龙门桥"左下方是闻名遐迩的"一勺之多"，又称"神功泉"。传说此泉为酒泉，泉水从岩隙中渗出，恰好能盛满一勺，故得此名。明代御史邵梅墩曾游历此地，留下"一勺之多"的碑文，墨迹至今尚存。泉水纯净，味道甘甜，且经测定，泉水比山下的水每百斤重6斤4两。据说，晋代的大医学士葛洪曾经参观此泉，对其赞叹不已，并在此地炼丹。

1957年7月，麻姑山石刻（含一勺之多、月泉、玉练双飞）被列为第一批江西省文物保护单位。

（88）曾巩读书岩（含读书岩、墨池题刻、曾文定公祠、曾文定公牌坊、思贤堂、仰风亭、长廊、石楣、摩崖石刻）

位于江西省抚州市南丰县琴城南门盱水河畔半山腰的曾巩读书岩，包含读书岩、墨池题刻、曾文定公祠、曾文定公牌坊、思贤堂、仰风亭、长廊、石楣及摩崖石刻等。这里曾是诗人、散文家、唐宋八大家之一曾巩的读书之地。

曾巩读书岩是一个天然的石室，其深度约为1丈（约3.33米），高八尺（约2.67米），宽也近1丈。石室内部配置了石桌和石凳，并有一个小洞。室前则是一块平坦宽阔的石台，其上还有一个彩绘鲜艳、民族特色十足的亭阁，石柱陶瓦、油漆细致，檐牙高耸。岩的石壁上刻有南宋理学家朱熹的"书岩"二字，而池边的石碑则记录了朱熹对"墨池"的题词。从读书岩前方可以看到秀美的风景：亭台隐于树木之中，红绿相映，盱水流过，水中的倒影如同一幅画。

1983年，为了纪念曾巩逝世的900周年，读书岩附近建立了曾巩纪念馆。馆内图文并茂地展示了曾巩的生平和主要成就。馆内还陈列了从全国各地搜集来的与曾巩相关的拓片、报刊、评述、诗词、散文出版物及复印件等。为了进一步纪念这位文豪，中国书法家协会主席舒同还为其题写了"读书岩"的金饰横匾，悬挂在纪念馆的正中位置。

2018年3月，中曾巩读书岩（含读书岩、墨池题刻、曾文定公祠、曾文定公牌坊、思贤堂、仰风亭、长廊、石楣、摩崖石刻）被列为第六批江西省文物保护单位。

（注：本节文字根据已有资料整理。）

第三节 抚州特色自然/文化景观

（一）自然景观

序号	景观	地点	特征
1	大觉山	资溪县	5A 级旅游景区
2	麻姑山	南城县	4A 级旅游景区
3	灵谷峰	临川区	
4	金竹飞瀑景区	乐安县	3A 级旅游景区
5	同胜九曲东黎景区	黎川县	

1. 大觉山

大觉山坐落于江西省抚州市资溪县，占地 204 平方千米。山的另一边是福建省南平市光泽县，东部距福建的武夷山风景区 130 千米，西部距福建泰宁大金湖风景区约 150 千米，而北部仅 70 千米处便是江西的龙虎山风景区。其地理位置使其成为一个热门旅游地点。

大觉山风景区大致可分为东西两大区域。

东区的亮点是一个占地 30 万亩的原始森林，其中生长着近 1498 种各类植物。更为珍贵的是，这里有约 40 种一、二级国家保护动植物。因其丰富的生物多样性，专家称其为"天然氧吧"和"动植物基因库"。

西区则以 1600 多年历史的宗教文化为核心。这里有瀑布观景台、古代艺术亭阁、高山湖泊、大峡谷漂流、索道，以及其他诸多景观，如九天、八地、百景观、大觉寺和太空步廊等。这片区域不仅展现了人与自然的和谐共生，还渗透着浓厚的宗教文化氛围。优美的山水与古老的佛教文化在此完美融合，展现了自然与宗教文化的神奇交汇。

2017 年 2 月 25 日，大觉山被批准为国家 5A 级旅游景区。

2. 麻姑山

麻姑山坐落在江西省抚州市南城县，与城区的距离约为 5 千米。这里山势优美，树木繁茂，鸟语花香，且物产丰富。其中，不仅有奇观的飞瀑"玉练双飞"和历史悠久的鲁公碑，还有著名的景点如半山亭、仙都观、神功泉、龙门桥和丹霞洞。《名山志》中记载:"中国有三十六洞天,七十二福地,分布在九州四海,唯独麻姑山,既有洞天,又有福地,秀出东南。"

2017年12月,麻姑山被批准为国家4A级旅游景区。

3. 灵谷峰

灵谷峰,又称灵谷山峰,是位于江西省抚州市临川区东南郊的一个景点,距离市区大约12千米。它海拔300余米,覆盖面积约为6平方千米。据传,东晋诗人谢灵运曾在此处建立道观,并在此隐居。山路两旁的多个景点,如斗姥宫、驻云亭、棋盘石和古牛石等,都与谢灵运和道家有关。而山峰上新近建立的寺庙则是供奉观音的佛教寺庙,这在当代被视为一大奇观。

4. 金竹飞瀑景区

金竹飞瀑景区位于江西省抚州市乐安县南部金竹畲族乡。它曾荣获"江西百景"称号,并在2014年被评为国家级3A级景区。金竹飞瀑景区距离县城72千米,占地面积达60多平方千米,平均海拔高度超过1000米。这里的原始森林保存得很完好,植被覆盖率高达90%以上,其中包括红豆杉、银杏和榧树等国家级保护植物。此外,此地也是华南虎、云豹、黑鹿、白颈长尾雉等国家一级保护动物及苏门羚、方鹿、金猫、白鹇等国家二级保护动物的栖息地。这里夏天气候宜人,是理想的避暑胜地;而冬季则雪景美丽,成为南方赏雪的好地方。金竹飞瀑景区还保留着浓厚的畲族风俗,以及革命领袖毛泽东、朱德等曾居住过的遗址。

5. 同胜九曲东黎景区

同胜九曲东黎景区位于江西省抚州市黎川县境内。这里环境优美,景色宜人,整个景区以原生态为基础,古建筑为载体,融自然景观和人文景观为一体,吸引过很多游客前来旅游,现已成为一处集休闲娱乐、文化传承、山水观光、生态居住、山地度假、运动游憩于一体的多功能文化旅游区。

(二)文化景观

下面我们详细介绍一下文化景观。

1. 曾巩读书岩

位于江西省抚州市南丰县琴城南门盱水河畔半山腰的曾巩读书岩,包含读书岩、墨池题刻、曾文定公祠、曾文定公牌坊、思贤堂、仰风亭、长廊、石榻及摩崖石刻等。这里曾是诗人、散文家、唐宋八大家之一曾巩的读书之地。

曾巩读书岩是一个天然的石室，其深度约为1丈（约3.33米），高八尺（约2.67米），宽也近1丈。石室内部配置了石桌和石凳，并有一个小洞。室前则是一块平坦宽阔的石台，其上还有一个彩绘鲜艳、民族特色十足的亭阁，石柱陶瓦、油漆细致、檐牙高耸。岩的石壁上刻有南宋理学家朱熹的"书岩"二字，而池边的石碑则记录了朱熹对"墨池"的题词。从读书岩前方可以看到秀美的风景：亭台隐于树木之中，红绿相映，盱水流过，水中的倒影如同一幅画。

2. 王羲之洗墨池

墨池坐落于江西省抚州市临川区，传言此地曾是东晋书法巨匠王羲之涤砚之所。曾巩敬仰王羲之之才名，于庆历八年（1048年）秋季，远赴临川，寻访墨池古迹。时任州学教授王盛邀请其为"晋王右军墨池"撰文纪实，故曾巩依据王羲之生平趣闻，成文《墨池记》。

《墨池记》的核心不仅仅是描述"墨池"这一地点，更重要的是通过王羲之的故事，阐述成就不是与生俱来的，而是需要通过不懈的努力和学习来获得的。曾巩希望通过这一思想，鼓励学者们坚持努力和勤奋学习。

3. 流坑古村

流坑古村坐落于江西省抚州市乐安县牛田镇东南的乌江畔，占地3.61平方千米。该村为董氏家族始建于五代南唐升元年间（937—943年）的单姓聚居村。如今，古村拥有260处建筑遗迹，其中明代建筑19处，并珍藏有321件重要文物，如高坪别墅、武当阁、环中公祠、状元楼、翰林楼和"理学名家"宅等，此外还有大量的匾额楹联及家藏文物。

2001年6月，流坑村古建筑群被国务院列为全国第五批重点文物保护单位。2014年3月，流坑古村景区被江西省旅游景区质量等级评定委员会评定为国家3A级旅游景区。

4. 黎川古城景区

黎川古城景区位于江西省抚州市黎川县老城区，从磨市街口中至南门口，延伸1.8千米，居住人口约2.3万。古城中心覆盖0.4平方千米，建筑面积达40万平方米。黎川古城始建于南宋，繁荣于明清，拥有近千年的历史，是明清与民国骑楼建筑的集合。目前,古城内保留有600余家骑楼店铺和100余座明清古建筑,包括新丰桥和横港桥两桥。

2018年1月,黎川古城景区被江西省旅发委评为江西省4A级旅游景区。

5. 文昌里

文昌里位于江西省抚州市老城区之外,拥有1处国家级文物保护单位——玉隆万寿宫,以及26处市级文物保护单位。其代表性建筑包括玉隆万寿宫、文昌桥、正觉寺和天主教堂等。区内遍布赣派建筑风格的民居。文昌里的名称起源于唐代中期,由于在城东的抚河段上建造了一个拦河蓄水的堤坝,取名为"文昌堰"(也称"千金陂"),文昌里因此得名。此名字一直沿用至今,其后与"文昌"相关的多个建筑陆续被建造。

2016年12月,文昌里入选第二批省级历史文化街区。 2018年10月,文昌里被评选为国家4A级旅游景区。 2019年09月,文昌里千金陂入选世界灌溉工程遗产名录。

6. 文昌桥

位于江西省抚州市临川区大公路上的文昌桥横跨抚河,是这条河流上最古老的桥梁。它的建造时间可追溯到南宋的乾道元年(1165年),至今已有800多年的历史。这座桥梁全长255.4米,宽11米,高13米。尽管它在历史上曾被重命名为"行易桥"和"解放桥",并多次遭到战争的破坏,但它依然屹立不倒。在清嘉庆八年(1803年)至十八年(1813年)间,文昌桥经历过一次重建,这期间还有人专门编写了《抚郡文昌桥志》,这份志书在清代被其他地方作为建桥的参考模板。自中华人民共和国成立后,文昌桥经历了多次修复和扩建。2002年,政府再次进行修缮,为每个桥墩雕刻了十二生肖属相,并对大桥进行了加固。

2018年3月,文昌桥被列为第六批江西省文物保护单位。

7. 竹桥古村

竹桥古村坐落在江西省抚州市金溪县双塘镇。它地理位置优越,北边与龙虎山景区相距30千米,而南部与大觉山景区仅40千米之遥,还有济南—广州和抚州—吉安的高速公路,以及206和316国道贯穿其间。竹桥古村起源于元末明初,覆盖面积约为2.8平方千米。这是一个以江右民系为主的古村落,里面保存了150余个明清风格的赣派古建筑,还有100余座古祠堂、8座明代和30余座清代的牌坊,以及超过1万幢古民居。

2010年,村桥古村被评为中国历史文化名村。2018年1月3日,竹桥古村正式跨入4A级旅游景区行列。

8. 广昌驿前镇

广昌驿前镇坐落于江西省抚州市广昌县南部,这里被誉为"通芯白莲之乡",且位于武夷山的中心地带,是通往抚州市的重要通道,而抚河的源头也起于此。西汉景帝时期,由于山岗上有大量的梅树,这里又被称为梅村。到了南宋绍兴八年(1138年),梅村建起了驿馆,因此成了古代人们去往福建、广东的必经之路,也是商贾、朝廷文书传递和兵马休息的地方。后来,随着驿站之前圩镇的兴建,驿前镇因此得名。

驿前镇是江西省保存较完整的古建筑群之一,2014年被评为"国家级历史文化名镇(村)"。现存明清古建筑56幢。其中"赖巽家庙""赖瑛宗祠""清汲旴源""君子攸宁""奎璧联辉""亦忱甫居""龙峰拱秀""奉先思孝""石屋里"等9处古建筑为抚州市第一批市级文物保护单位,"奎璧联辉""清吸旴源""石屋里"民宅被列为江西省省级文物保护单位。

9. 宜黄棠阴镇

宜黄棠阴镇是江西省抚州市宜黄县的一部分,位于江西中部偏东地带。其四周与南源乡、圳口乡、中港镇和凤冈镇相邻。整个镇的面积为179.5平方千米,下辖14个行政村、123个村民小组和1个社区。到2018年年底,棠阴镇的户籍人口为1.98万人。这里交通便捷,S213省道就穿越其境,镇政府离县城仅13千米,距昌厦公路39千米,而全镇的路面硬化率达到了94%。棠阴镇里有许多赣派建筑,如吴家大院、八府君祠、迎恩塔和承恩坊等,都是非常有代表性且保存完好的古建筑。

10. 浒湾书铺街

浒湾书铺街坐落于江西省抚州市金溪县的浒湾镇。浒湾木刻印书的传统起源于明朝中叶,在清代经历了繁荣,特别是在乾隆、嘉庆和道光年间达到了鼎盛,但到了清末和民初逐渐衰退。在这里,几乎所有的经史子集类书籍都可以通过木刻印刷技术刊行。随着印书业的蓬勃发展,各种铺栈、书店和作坊如雨后春笋般出现。为了方便储存和印刷书籍，这些建筑都采用了纵深式、厢楼和高瓴式的结构。经过时间的洗礼，书铺街逐渐演变成了独具江西特色且具有深厚文化底蕴的前书铺街和后书铺街。浒湾书铺街现存的建筑都是清代的遗产，而且被列为抚州市的市级文物保护单位，是浒湾文化旅游产业园的核心。

11. 姚西村

姚西村位于江西省抚州市广昌县驿前镇，具有"莲花第一村"之美誉。它坐落在抚河源头，由血木岭上的清溪汇集而成的盱江河水滋养了这片土地。姚西村有近千年的白莲种植历史，是全国种植面积最大且最具观赏性的莲花村落。每到盛夏，莲花盛开，犹如宋代诗人杨万里笔下描述的那般"接天莲叶无穷碧，映日荷花别样红"，美景吸引了大量的国内外游客前来参观。

2014年2月，广昌县驿前镇姚西村被列入全省35个4A级乡村旅游点之一；2018年1月，广昌中国莲花景区获评2017年4A级旅游景区；2019年12月31日，入选第二批国家森林乡村名单。

12. 金柅园

金柅园位于江西省抚州市，内部建筑风格独特，包括"景贤书屋""福佑祠""怀谢亭""观音阁""登高亭"等。除此之外，还有美丽的"梦草池塘"、奇花异草及古老的树木。有诗描述其为："芳园宛宛竹三经，荷荡深深水一涯""凝香画戟灿朱霞""树色翻飞似翠华"，展现了金柅园的秀美风光。宋代词人晏殊与文学家王安石均到此游览过，并留下了赞美的诗句。清初，金柅园成为文人骚客的咏史之地，但到清末，园内建筑大多就被废弃了。辛亥革命后，金柅园成为学校的一部分，1926年，中共赣南、赣东特派员陈奇涵曾到此地，与进步学生在金柅园合影，为金柅园的历史增添了浓厚的一笔。

13. 万魁塔

位于江西省抚州市西北金石山上、距城区约10千米的万魁塔，是临川地区仅存的古塔，也是一处雄伟壮观的历史遗迹。该塔始建于明朝的万历年间（约1610年）。但到了清乾隆己亥年（1779年），塔顶不幸倒塌，此后塔身也多处被剥蚀损害。几十年后，万魁塔终于在道光己亥年（1839年）得到了重修，并得以保存至今并延续其历史风采。万魁塔被列为抚州市（第一批）和江西省的重点文物保护单位。

14. 曹山寺

曹山寺坐落于江西省抚州市宜黄县，最早建造时间可追溯至唐代咸通年间。本寂禅师——一位来自佛教禅宗南岳青源法系的弟子——建造了这座寺，并创建了中国佛教禅宗五大派之一的曹洞宗。这座已有 1200 年历史的古寺在《辞海》《中国旅游文化大辞典》《宗教辞典》等书籍中均有详细记载。经过多次修复后，它不仅是一个旅游胜地，还是佛学研究、观光和敬拜的重要场所，被誉为江南顶尖的现代仿唐建筑丛林。2017 年，曹山宝积寺被评定为国家 4A 级旅游景区。

15. 金山寺

金山寺坐落于江西省抚州市临川区的金山岭上，海拔 265.9 米。此地景色秀美，雨后常有云雾缭绕，晴天则光华流溢，如同天上的仙境。站在寺内向下看，可以看到下面的田野、村落、道路及带状的抚河。

16. 疏山寺

疏山寺地处抚河右侧，离江西省抚州市金溪县浒湾镇只有 4 千米。寺庙由五峰环绕，风景如画，前方有一片平坦的田地。疏山寺最初建于唐代，明代被重建，1981 年进行过大修。后唐官员何仙舟在唐宣宗大中元年（847 年）放弃官职，被疏山的美景吸引并在此隐居。他在此处建造了名为"仙舟书堂"的书堂，是抚州地区最早的书堂之一。因此，疏山最初被命名为"书山"。然而，到唐中和二年（882 年），时任抚州刺史危全讽持书上表，经唐僖宗御笔亲书批准后，"书山"被更名为"疏山"。

17. 黎川、南城、广昌的船形古屋

洲湖大夫第是位于江西省抚州市黎川县的一幢船形古屋，又称"船屋"或"船形古宅"。它始建于清代的道光二十四年（1844 年），其规模相当宏大。此古宅呈三角形，由"船首""船身""船尾"三部分组成，且当从高处观看时，其外观类似一只船。这座"船形古宅"与周围的山谷走向一致，完美地适应了山谷的局部气候环境。此设计方向有助于冬季保暖，夏季则可以保持凉爽。宅内的房屋则面朝东方，确保了阳光能充分照射到。

南城的船形古屋位于江西省抚州市南城县天井源乡尧坊村段上村小组。这座建于清代中晚期的宅邸，朝向为从西到东，由两座大宅院构成。其布局

为三进一廊，整体结构深度达87米，宽56米，占地大约10亩（约6667平方米）。此庄园有20多个大小天井与百余间房间。每处木结构，无论是门窗还是梁椽，都有细致的雕刻。两栋宅邸的门楣上均有生动的人物故事和花卉石雕。从后方的西山向东俯瞰，整个宅邸形似船形，独特而罕见。

驿前古建筑群坐落于江西省抚州市广昌县驿前镇，得名于宋绍兴时期的谨节驿站，为明清赣派风格建筑。此古镇在明末清初达到鼎盛，拥有多处祠堂、庙宇、酒店和商民住宅。目前保存下来的古建筑有53幢，主要分布于驿前街道东侧，其中包括赖巽家庙、赖瑛宗祠和清吸旴源等9处主要建筑，而奎璧联辉、清吸旴源和石屋里已被列为江西省级文物保护单位。清吸旴源民宅又被称为"船形屋"，独特的造型让它宛如一艘正逆水前行的古船。此民宅原为明代云南按察使赖巽的探亲别墅，占地650平方米。其内设有大小厅堂和36间厢房，设计精巧。整座建筑使用杉、桉、桦为主材，雕工细致，展现了古朴庄重的风貌。因地理位置优越，清吸旴源民宅被后人改成了"青楼"。

18. 抚州名人雕塑园

抚州名人雕塑园位于江西省抚州市的城南迎宾大道，是一个国家4A级旅游景点。该园占地838亩（约55.87万平方米），不仅是开放式的大型公园，还是一个集学术、文化、教育、旅游于一体的综合性主题园。整个雕塑园的景观包括人物雕塑、园林绿化、水面喷泉、广场和步行道等。这里的雕塑都是为了纪念抚州历史上的名人而塑造的，旨在启发并教育游客。

2013年，抚州市名人雕塑园被列入国家4A级旅游景区。

19. 佛岭国际公园景区

佛岭国际公园景区位于江西省抚州市东乡区城东南2千米，占地面积2万亩（约13.33平方千米），规划面积1.18万亩（约7.87平方千米），其中水域面积620亩（约0.41平方千米），是集禅宗文化、书法文化、名人文化、生态观光、休闲度假于一体的综合性旅游景区。景区旅游资源可大致分为"书""寺""塔""水""山""园""村"七类。2018年9月份，佛岭国际公园景区被正式批准为国家4A级旅游景区。

20. 三翁花园

三翁花园坐落于江西省抚州市，位于汤显祖大道的东边、王安石大道的南部及玉茗大道的西部。它紧邻凤岗河的生态廊道。总面积为685.19亩（约45.68万平方米），花园延伸到凤岗河的两侧，是江西省内规模较大的生态花卉公园。2018年，三翁花园被列入国家4A级旅游景区。

21. 源野山庄景区

位于江西省抚州市崇仁县的源野山庄景区，是江西硕丰投资控股有限公司及其附属企业抚州源野农牧业发展有限公司共同投资打造的现代乡村旅游胜地。源野山庄景区占地1505亩（约1平方千米）。景区地理位置优越，坐落于被誉为"金三角"的崇仁县、临川区、宜黄县三地交界，从此到南昌仅需1.5小时，到杭州、广州、武汉等地只需4—5小时车程，便利的交通网络使其成为一个广大的辐射中心。

景区主题围绕着"生态+教育+旅游"的核心，包括休闲农业、体验式教育和生态度假三大部分。源野山庄尊重并体现了"天人合一、崇尚自然"的哲学精神，致力于创造一个与生态自然相和谐的休闲乐园，并构建户外实践教育平台。这里的生态环境独特，气候温润，有着丰富的雨量和壮丽的自然风光。景区已发展为集生态农业旅游、休闲娱乐、垂钓、农家乐、住宿、商务会议、园林种植、综合养殖于一体的综合性旅游胜地，为游客提供了一个健康、环保的娱乐体验。

23. 抚州梦湖景区

抚州梦湖景区位于江西省抚州市临川区城西、钟岭街道办事处境内，是抚州市市区内的一处休闲娱乐湖泊大型公园。梦湖是2007年由抚州市委挖掘建造的人工湖泊，最初取名"人工湖"，后开发生态公园时取名为梦湖。其规划占地总面积为2300亩（约1.53平方千米）。景区根据"临川四梦"有关情节，修建了梦石、梦亭、梦桥、梦岛等10多处景观，其中梦岛（又称"梦园"）最有特色。2014年5月21日，梦湖景区被正式评定为国家4A级旅游景区。

24. 南丰橘文化旅游产业集聚区

南丰橘文化旅游产业集聚区位于江西省抚州市南丰县，与南丰中心城区、工业园区及附近的乡村相连，构成了多个"橘园游"板块。南丰橘文化旅游产业集聚区以南丰蜜橘产业集群化为核心，覆盖面积超过20平方千米，其中核心板块面积达5平方千米。南丰橘文化旅游产业集聚区可划分为橘都休闲区、工业区、文化区、生活区、度假区和商贸区。

南丰橘文化旅游产业集聚区的组织结构以游客服务中心为核心（"一心"），围绕橘都漫游环（"一环"）。其中，各主题区域由不同的代表性地点展现：橘都生活区的代表是国安风情园，橘都文化区的代表是琴台仿古街，橘都工业区以华夏五千年生态酒庄为象征，橘都休闲区的标志是观必上乐园，橘都度假区的代表是南湾农庄，橘都商贸区的代表则是果贸城，共六区。该集聚区的设计理念是"虽无围墙但实有边界、区域分散但内容集聚"。目的是构建一个三产并举、城乡结合、旅居相容的创新景区，展现世界橘都的自然风光、文化风情和特色风物。

（三）名镇名村

申报项目	名单	备注
中国历史文化名镇名村（5个）	金溪县合市镇游垫村	
	金溪县合市镇全坊村	
	金溪县琅琚镇疏口村	
	金溪县陈坊积乡岐山村	
	乐安县湖坪乡湖坪村	
中国传统村落（31个）	广昌县驿前镇驿前村	第一批
	乐安县湖坪乡湖坪村	第一批
	乐安县牛田镇流坑村	第一批
	金溪县双塘镇竹桥村	第一批
	南城县天井源乡尧坊村	第二批
	宜黄县棠阴镇建设村	第三批
	宜黄县棠阴镇解放村	第三批
	宜黄县棠阴镇民主村	第三批
	金溪县合市镇东岗村	第三批
	金溪县合市镇全坊村	第三批
	金溪县琅琚镇疏口村	第三批

续表

申报项目	名单	备注
中国传统村落（31个）	金溪县琉璃乡东源曾家村	第三批
	金溪县琉璃乡印山村	第三批
	东乡区黎圩镇浯溪村	第三批
	南丰县洽湾镇洽湾村	第四批
	黎川县华山镇洲湖村	第四批
	金溪县浒湾镇浒湾村	第四批
	金溪县浒湾镇黄坊村	第四批
	金溪县合市镇龚家村	第四批
	金溪县合市镇大耿村	第四批
	金溪县合市镇游垫村	第四批
	金溪县合市镇戌源村	第四批
	金溪县合市镇乌墩塘村	第四批
	金溪县左坊镇后车村	第四批
	金溪县对桥镇旸田村	第四批
	金溪县陆坊乡下李村	第四批
	金溪县陈坊积乡岐山村	第四批
	金溪县琉璃乡蒲塘村	第四批
	金溪县琉璃乡北坑村	第四批
	金溪县琉璃乡谢坊村	第四批
	金溪县石门乡石门村	第四批
省级历史文化名镇名村（13个）	宜黄县棠阴镇	名镇
	乐安县牛田镇水南村	名村
	乐安县湖坪乡湖坪村	名村
	崇仁县相山镇浯漳村	名村
	黎川县华山场洲湖村	名村

续表

申报项目	名单	备注
省级历史文化名镇名村（13个）	金溪县浒湾镇黄坊村	名村
	金溪县合市镇全坊村	名村
	金溪县合市镇东岗村	名村
	金溪县合市镇游垫村	名村
	金溪县陈坊积乡岐山村	名村
	金溪县琅琚镇疏口村	名村
	东乡区黎圩镇浯溪村	名村
	东乡区黎圩镇上池村	名村
省级传统村落（83个）	崇仁县相山镇浯樟村	崇仁县4个
	崇仁县河上镇段家车村	
	崇仁县白露乡华家村	
	崇仁县许坊乡谙源村	
	乐安县牛田镇连河村	乐安县7个
	乐安县牛田镇水南村	
	乐安县南村乡稠溪村	
	乐安县南村乡前团村	
	乐安县鳌溪镇东坑村	
	乐安县谷岗乡汤山村	
	乐安县谷岗乡珠溪村	
	南丰县琴城镇瑶浦村	南丰县6个
	南丰县付坊乡港下村	
	南丰县洽湾镇梅坑村	
	南丰县白舍镇上甘村	
	南丰县白舍镇古竹村	
	南丰县三溪乡石邮村	

续表

申报项目	名单	备注
省级传统村落（83个）	南城县株良镇磁圭村	南城县9个
	南城县新丰街镇新丰村	
	南城县株良镇云市村	
	南城县新丰街镇汾水村	
	南城县沙洲镇临坊村	
	南城县上唐镇上唐村	
	南城县上唐镇下崔村	
	南城县上唐镇源头村	
	南城县上唐镇上舍村	
	临川区湖南乡竹溪喻家村	临川区12个
	临川区湖南乡洪塘游家村	
	临川区荣山镇新街村	
	临川区东馆镇玉湖李家村	
	临川区腾桥镇腾桥村	
	临川区腾桥镇石池村	
	临川区龙溪镇梅溪张家村	
	临川区太阳镇门楼黎家村	
	临川区嵩湖乡田南傅家村	
	临川区鹏田乡陈坊村	
	临川区河埠乡河埠周家村	
	临川区嵩湖乡江家下丁村	
	东乡区黎圩镇枫山李家村	东乡区6个
	东乡区黎圩镇黎阳村	
	东乡区瑶圩乡万石塘村	
	东乡区瑶圩乡排头村	

续表

申报项目	名单	备注
省级传统村落（83个）	东乡区岗上积镇段溪艾家村	东乡区6个
	东乡区岗上积镇水南村	
	金溪县合市镇七坊村	金溪县31个
	金溪县合市镇仲岭村	
	金溪县合市镇邱家村	
	金溪县合市镇楼下村	
	金溪县合市镇崇麓村	
	金溪县合市镇后林村	
	金溪县合市镇坪上村	
	金溪县合市镇车门村	
	金溪县合市镇杭桥村	
	金溪县合市镇胡锡村	
	金溪县合市镇珊珂村	
	金溪县合市镇孙坊村	
	金溪县琉璃乡澳塘村	
	金溪县琉璃乡中宋村	
	金溪县琉璃乡波源村	
	金溪县陈坊积乡涂坊村	
	金溪县陈坊积乡城湖村	
	金溪县左坊镇彭家渡村	
	金溪县秀谷镇杨坊村	
	金溪县秀谷镇付家村	
	金溪县秀谷镇符竹村	
	金溪县左坊镇后龚村	
	金溪县陈坊积乡上张村	

续表

申报项目	名单	备注
省级传统村落（83个）	金溪县对桥镇大拓村	金溪县31个
	金溪县石门乡靖思村	
	金溪县黄通乡邓家村	
	金溪县琉璃乡古楼下村	
	金溪县琉璃乡常丰岭村	
	金溪县琉璃乡尚庄村	
	金溪县浒湾镇中洲村	
	金溪县何源镇孔坊村	
	黎川县樟溪乡中洲村	黎川县3个
	黎川县社苹乡社苹村	
	黎川县中田乡中田村	
	资溪县鹤城镇上傅村	资溪县5个
	资溪县乌石镇陈坊村	
	资溪县嵩市镇杜兰村	
	资溪县高阜镇苕洲村	
	资溪县马头山镇姚家岭村	

（本节文字根据已有资料整理。）

第四节　《大傩·董春女》案例分析

《大傩·董春女》是一部历史剧情电影，改编自乐安本土小说《残垣夜雨》。故事以"千古第一村"乐安流坑村为背景，以非物质文化遗产傩舞贯穿，讲述了大傩祭礼的传承人董春女的凄美传奇故事。该电影由中共乐安县委宣传部、北京唐亚影业有限责任公司、乐安县文旅发展投资有限公司联合出品，是抚州首部本土电影。作为首部展示了中国非物质文化大傩祭礼的影片，《大傩·董春女》对历史民族文化影片的拍摄具有里程碑式的意义。

《大傩·董春女》以其内在独特的中华文化魅力，受到了国内外观众的广泛关注，在众多电影节上表现不凡。该片曾获第8届马洛卡国际电影节评审团大奖和最佳故事片、最佳男主角、最佳女主角3项提名，同时还入围了第42届蒙特利尔电影节世界电影焦点单元。在马洛卡国际电影节上亮相后，威尼斯、戛纳等国际电影节的选片人也向该片发出邀约，对中国传统文化影片纷纷表现出了浓厚的兴趣。除了在国际舞台备受关注外，该片也在2019年的金鸡百花奖上亮相，并在北京国际绿色电影周上获得绿色传承影片大奖，引发了观众对于大傩祭礼的强烈好奇。

本文将以《大傩·董春女》为例，提炼概括文艺精品的核心要素，以及文艺精品走出去的必要条件，并在此基础上，对抚州创作文艺精品，推动其文化走出去提供借鉴和参考。

一、《大傩·董春女》的精品构成要素

通过对此片的分析，可知一部优秀作品或文艺精品应具备紧跟时代步伐、反映人民生活、展现精神价值、进行突破创新、具有艺术感染力5个构成要素。

（一）紧跟时代步伐

每个时代都具有其所属的时代精神与时代文艺。任何一个时代的文艺，只有同国家和民族紧紧维系，才能发出振聋发聩的声音。因此，一部文艺精品，应该紧紧把握时代脉搏。党的十八大以来，习近平总书记高度重视文化和自然遗产保护工作，从留住文化根脉、守住民族之魂的战略高度作出一系列重要指示和全面部署。《中共中央关于制定国民经济和社会发展第十四个五年规划和二〇三五年远景目标的建议》明确提出到2035年建成文化强国，繁荣发展文化事业和文化产业，提高国家文化软实力。

《大傩·董春女》以傩舞（乐安傩舞）——国家第一批非物质文化遗产——在流坑村如何延续、传承为背景，讲述大傩祭礼传承人董春女的故事。影片使失传近千年的汉文化活化石大傩祭礼首次在大银幕上被呈现，展现了傩舞这一项非物质文化遗产的特色。此外，该影片作为8年来首部入围马洛卡国

际电影节的华语影片,获得了评审团大奖及最佳故事片、最佳男主角、最佳女主角3项提名,并入围了第42届蒙特利尔电影节世界电影焦点单元。其在国际舞台上具备一定的影响力,对于创新推进国际传播,健全现代文化产业体系,助力文化强国建提供了重要的支持。

(二)反映人民生活

人民是文艺创作的源头活水。文艺精品需要走进现实,观照人民生活,表达人民心声,用心、用情、用功抒写人民、描绘人民、歌唱人民。

《大傩·董春女》改编自乐安本土小说《残垣夜雨》。作者黄更昌曾表示,在他七八岁的时候,他的父亲就给他讲过董春女的故事。当时他觉得十分震撼,而傩舞就是这个故事的纽带。董春女的故事来自乐安,来自流坑,为当地人民口耳相传,其本身就是来自人民的。同时,为反映真实的故事场景,该影片全程在乐安流坑村实景拍摄,并在当地探访有关的历史文化资料,以求最大限度还原傩舞神秘而古朴的仪式。在拍摄过程中,不少当地的百姓参与了电影的拍摄。《大傩·董春女》源于人民的故事,源于人民的生活,因此获得了当地人民的广泛喜爱与支持。

(三)展现精神价值

文艺是铸造灵魂的工程。一切艺术创作都是人的主观世界和客观世界的互动,都是以艺术的形式反映生活的本质、提炼生活蕴含的真善美,从而给人以审美的享受、思想的启迪、心灵的震撼。文艺精品应该拥有思想启迪功能,传递向善向上的价值观。

在影片中,"大傩"就是祭团的祭师,也是大傩祭礼的传承人,终身不能嫁。身为大傩祭礼传承人的董春女,成长于20世纪一二十年代,受到新思潮的影响,坚持与自己心爱的人结婚。经过一系列变故后,她仍坚守着大傩的祭礼。影片展现了一位传统的中国女性,在战争时期,在社会动荡变迁、新旧文明兴替的时代浪潮下,从与旧思想抗争到自我命运觉醒的历程。与此同时,董春女改变、抛弃了大傩祭礼传承人终身不能嫁的落后观念,在推动文化进步方面也做出了有益的贡献。一些历史上形成并长期存在的文化,以今天的价值观进行审视,从创造之初就是压制人性、反人道的。董春女剔除了大傩祭礼的腐朽规制,而保留了其祈求民众平安幸福的积极意义,并潜心守护大傩祭礼，使得这一民族文化瑰宝在新中国焕发出新的生命力。

（四）进行突破创新

习近平总书记曾指出"中华民族是守正创新的民族"，"有着守正创新的传统"，"无论时代如何发展，我们都要激发守正创新、奋勇向前的民族智慧"。文艺精品反映着一个国家、一个民族文化创新创造的能力和水平。

从影视创作的角度看，《大傩·董春女》在影片的内容与题材上都拥有较大创新。该片是为数不多将非物质文化遗产融入叙事，以非物质文化遗产传承人为主人公的影片。从非物质文化遗产的保护与传承角度看，将非物质文化遗产通过影片的方式进行展现与传播，也是非物质文化遗产的保护与传承的新时代创新。

（五）具有艺术感染力

一部作品的成功与否还应该从审美角度来判断。而一部文艺精品应该具备艺术性、观赏性、愉悦性，拥有强烈的感染力，能给读者带来愉悦的审美体验。

《大傩·董春女》以3段大傩祭礼贯穿整部影片，每段所传达的情感各有不同。"明明上天，照临下土。二月初吉，载离寒暑。信者乐安，日月方奥。神之听之，介尔景福。"随着庄严而凝重的女声缓缓念出祭词，戴着面具、身着庄重祭服的大祭司董春女占据了整个银幕，瑰丽而肃穆的大傩祭礼由此开始。镜头缓缓推移，巫祝文化以庄重的仪式感、虔诚的敬畏之心，展现着傩舞之美，承继着儒家文化的礼乐、人伦与家族规矩。

二、《大傩·董春女》"走出去"的条件

当一部文艺作品具备了构成文艺精品的要素时，就具备了"走出去"的可能性。但其仍需满足以下6个方面的条件，才能拥有"走出去"的能力。

（一）采用灵活的投融资机制

灵活的投融资机制，为文艺精品的创作与推广提供稳定的资金支持。乐安县为将潜在资源优势转化为现实发展优势，以深化旅游产业投融资体制改革为契机，确立了"投资主体多元化、融资方式多样化、运作方式市场化"的旅游产业发展投融资新机制。同时，乐安县成立了县文旅发展投资有限公司，吸

引各类资本投入旅游产业。《大傩·董春女》的出品方之一即是乐安县文旅发展投资有限公司。投融资新机制使文化产业吸引到众多民间资本，得到了更多的资金支持，为《大傩·董春女》的诞生做出了铺垫。

（二）提升人民群众参与感

提升人民群众参与感，才能满足人民群众精神文化生活，促进文艺精品的传播，实现双向有机互动。《大傩·董春女》改编自乐安本土小说《残垣夜雨》，并全程在流坑村实景拍摄。在拍摄过程中，不少当地群众参与了电影的拍摄。对于他们来说，这是第一次在大银幕上看到自己，看到家乡。此举极大地提升了群众的参与感，使当地群众自发成为《大傩·董春女》、傩文化、乐安的宣传者，进一步扩大了影片及其背后非物质文化遗产的知名度与影响力。

（三）扩大媒体宣传力度

扩大媒体宣传力度，可以最大限度地扩大其传播范围，提高文艺精品的知名度。《大傩·董春女》自开始拍摄到定档上映以来，中国日报网、澎湃新闻、搜狐网、中国青年等多家媒体进行了持续跟踪报道，各类宣传文章超过30篇，有效增强了《大傩·董春女》及傩舞这项非遗项目的宣传力度。

（四）选择专业的推广发行方

利用推广发行方的资源优势及相关经验，可以极大地提高文艺精品推广的效率。《大傩·董春女》此次能入围马洛卡国际电影节，正是影片的海外发行方上海鑫岳影视传播有限公司和龙跃中欧制片人协会通力合作的结果。鑫岳影视就是专注于在世界范围内发行、推广优质影视作品，在国际平台推广优秀华语片，将优质的中国影视传播至海外的专业企业。

（五）把握国际交流重大契机

把握国际交流的机会，可以更好地实现文化精品的国际传播，推动其"走出去"。《大傩·董春女》导演姬诚积极参与由柏林电影节欧洲电影市场组织的中欧影人交流酒会，并启动影片的海外宣传推广活动，极大地提高了影片的知名度。据悉，这是传承了近千年的大傩祭礼首次登上国际舞台，它以其文化魅力赢得了中欧影人的集体关注。

（六）发挥中华文化的魅力

发挥中华优秀传统文化的吸引力，以文化构建沟通合作的桥梁。对于

《大傩·董春女》这部马洛卡国际电影节第一部入围的华语电影,马洛卡自治州政府高度重视。其旅游文化局局长主持新闻发布会,表示希望将中国电影作为沟通的桥梁,让西班牙人更多地了解中国、了解中国历史文化及其传承,同时希望中国和西班牙的电影人进行更多的沟通、交流,为世界电影的发展做出贡献,热忱欢迎中国电影人到西班牙,特别是马洛卡取景拍摄。

三、《大傩·董春女》的范例意义

前文对于《大傩·董春女》从创作到走出去进行了全面的分析,找到了文艺精品走出去的充要条件。本部分以此充要条件为基础,对抚州创作文艺精品、推动抚州文化走出去提出几点启示。

(一)完善政策保障机制

进一步配套完善从文艺精品创作到发行推广的有关政策措施,大力营造良好的文艺创作与传播推广生态。围绕重大主题做好布局规划,有计划地储备并实施一批重点创作项目。制定文艺精品创作奖励等相关办法,定期开展评比奖励活动,激发广大文艺工作者和爱好者进行文艺创作的积极性和主动性,为推进抚州文艺精品创作、宣传和提升抚州知名度贡献力量。

(二)创新投融资体制机制

通过政府的积极引导,吸引、集中各类资本,对相关文艺精品进行投资。逐步引导文艺精品市场化发展,促进文艺精品推广,提升文艺精品及其所在地区的知名度与影响力。调动、激发文艺工作者创作的积极性,实现文艺精品创作与资本市场的有机结合。

(三)建设培养专业人才队伍

加强文艺人才培育,打造一支青蓝相继的文艺人才队伍。培养新型宣传人才,做好文艺精品推广相关的人才队伍建设工作。与高校等科研机构展开合作,定期组织相关人员的专题培训与进修。

(四)强调中华优秀传统文化的突出位置

在文艺精品创作与推广中,应对博大精深的中华文化进行深刻的把握。树立高度的文化自信,创作出具有鲜明民族特点和个性的优秀作品。中华文化既是民族的,也是世界的。利用中华优秀传统文化的吸引力,把中华优秀传统文化作为"走出去"的重要抓手,和人类共同价值观有机结合,利用其强大的吸引力,更好地推动文艺精品的国内、国际传播,推动更广泛的交流与合作。

(五)创新宣传途径和手段

通过有序开展、逐步强化的过程,将宣传平台拓展到新媒体。开通官方微博、微信公众号、头条号、澎湃号、抖音号、快手号等自媒体平台账号,使官方平台发布的信息能够被广泛转载、传播和分享,进一步扩大社会对抚州文化的认知,形成"官网+自媒体"的联动宣传平台。

(六)提升对外交流水平

应充分利用好推介会、国际论坛、交流会等活动契机,集中展示、宣传抚州文艺精品的创作成果。扩大民间交流,积极寻找合作机会,着力增强企业、个人、民间推介在"走出去"过程中的分量。丰富对外交流的内容和形式,更好地使抚州文化为不同层次、不同群体的受众所接受。

第四章 文艺经典化与文化走出去

第一节 关于《牡丹亭》文本经典化路径的考察

《牡丹亭》是我国明代著名文学家汤显祖创作的传奇作品。该剧讲述了杜丽娘寻梦中情人柳梦梅不得而相思至死，又因情复生，与柳梦梅最终修成正果的爱情故事。因其思想性与艺术性，《牡丹亭》成为明代文艺发展的高峰，也成为我国文学史上的经典作品。

经典文学作品作为我国优秀传统文化的有机组成部分，拥有强大的生命力，能够跨越时空，通过不同时代的解读留下宝贵的时代精神财富。近年来，中华传统文化的弘扬与发展成为一项重要的课题。党的十九大报告明确提出，要"推动中华优秀传统文化创造性转化、创新性发展"。迈入新时代，互联网、人工智能等数字技术的发展，改变了传统的表达方式。例如，2021年河南春晚，通过挖掘河南丰厚的历史文化资源，利用数字技术探寻经典文化的当代表达，让传统经典成功"出圈"。又如故宫运用其丰富的IP资源，结合当代流行时尚元素设计出系列文化创意衍生品，推出了《上新了，故宫》《我在故宫修文物》等节目，让传统文化展现出当代的活力与生机。优秀传统文化的创造性转化、创新性发展也从一个侧面说明社会已经进入到对经典重新演绎的阶段。我们需要赋予经典新的时代内涵，探寻新的表达方式。而探索《牡丹亭》的建构过程，尤其是其经典化的历程，对于探索经典的形成具有范例意义。

第四章 文艺经典化与文化走出去

一、《牡丹亭》文本经典的基本确立

所谓"文本经典",在伽达默尔的哲学解释中被称为"历史流传物",其中的特性就是指示性、典范性。①除此之外,经典的另一表现为无时性②。作者所创作的思想内容与立意并不局限于其所处的时空范围,当然其内容也不会过度超前于某时代人们的认知,造成时空的割裂。同一历史流传物在不同的时间阶段因一定的时代环境或一定的社会需求,所解释的内容和重点并不相同,因而产生了不同的解释效果,也即效果历史。其总是随着历史的脚步而不断地演进,多样的效果历史也赋予历史流传物持续的生命力。这也就解释了为何经典会穿越时代而历久弥新。

一般而言,历史流传物的经典化是通过"开创之作—多样竞争—普遍选择—团体认同—形成范式—惯习养成—理念传播—经典型塑—教育孵化—仪式确认"路径确立的③。《牡丹亭》问世后,经历过数人数家收录、评点、改编。虽创作于明代,但是其作品价值在各种评点与改编中,一次次被解构、补充、重塑。与传统历史流传物不同的是,作为兼具文学性和舞台性的《牡丹亭》还经历了以戏曲(特别是昆曲)为主要表现形式的舞台传播,又在不断的戏曲舞台表演经验的基础上,进行了增删、改写和再创作。《牡丹亭》文本通过不同的展现形式,在不断的评点与解释中,产生了不同的效果历史,并在不同的历史时期迸发出不同的价值理念。在如此循环往复中,《牡丹亭》文本所表现的价值理念没有超前于历史进程,其在多元的效果历史中获得了主流认同,一步步确立了其经典地位。故本文尝试从"开创之作—多样并存—选择认同—范式保留—重新命名—理念传播—经典塑造—教育传承"的路径④,来分析和讨论《牡丹亭》文本经典的形成。首先从"开创之作—多样并存—选择认同—范式保留"分析《牡丹亭》文本经典的基本确立,再沿"重新命名—理念传播—经典塑造—教育传承"的路径讨论《牡丹亭》文本经典的巩固和发展。

---

① 伽达默尔.真理与方法[M].洪汉鼎,译.上海:上海译文出版社,1999:369.
② 同①。
③ 郭持华."历史流传物"的意义生成与经典化[J].杭州师范学院学报(社会科学版),2005,2:90-95.
④ 意娜.藏族《诗镜》文本经典化历程论析[J].民族文学研究,2020,6:102-111.

我们先来探讨一下《牡丹亭》开创的形成过程。《牡丹亭》的故事情节并非汤显祖原创，其故事蓝本众说纷纭。汤显祖在题记中提及，《牡丹亭》的故事来源于晋武都守李仲文和广州守冯孝将的儿女事。如今学界普遍认同《杜丽娘慕色还魂记》是《牡丹亭》最直接的蓝本。虽两者故事结构相似，但汤显祖的《牡丹亭》应属开创之作。《牡丹亭》虽借鉴前人故事情节，但仔细观之，其与《牡丹亭》题记中两则故事的情节与结局有很大差别。在"李仲文亡女"的故事中，其女没有到还魂时刻，棺木就被提前打开，无法回阳，以"万恨之心，当复何言"的悲剧收尾。① 在"冯孝将之子"故事中，仅是徐元芳亡女托梦其子还生，然而对二人间的感情并未过多涉及、过多描写。《牡丹亭》与《杜丽娘慕色还魂记》在创作视角和内容上存在差异。《杜丽娘慕色还魂记》开头题有"聊将昔日风流事"。不论是从"慕色"的题眼，还是题记中的"风流事"都可以看出，其是讲一件风流之事以满足人们猎奇心理，是"欲"的表现，没有提升到"情"的高度。而《牡丹亭》则把"情"放在了突出位置。不论是"情不知所起，一往而深"，亦或是"惊觉相思不露，原来只因已入骨"，可以看出故事从"欲"提升到了"情"的层面。《牡丹亭》更是汤显祖以"情"抗"礼"，"一往之情，则为所摄"的真实表达。在创作角度上，《牡丹亭》从女性视角出发，对于杜丽娘的感情进行了细腻的描写。例如现有"牡丹虽好，他春归怎占的先"的伤春之感，又有"莺逢日暖歌声滑，人遇风情笑口开"的喜悦心情。同时，从情节上看，《牡丹亭》杜宝抗金的情节成为后半部分的重要内容，与杜丽娘复生的故事主线穿插交替，丰富了作品的内容与广度。故《牡丹亭》不论是从思想感情、创作角度还是创作内容上都有别于其蓝本。汤显祖的思考与个人特色是对《牡丹亭》各蓝本的颠覆。其在不断的被评点、改编中，揭示出文本的效果历史和阶段意义。

《牡丹亭》问世后，在书坊、刊刻业快速发展的背景下，各种评点本、改本、选本广为流传，明清时期经历了数人、数次收录，② 出现了多本并存的局面。有"清晖阁本"之称的王思任点评本一改前人对于音律的格外重视，精于

---

① 王燕飞:《牡丹亭》的传播研究 [D].上海戏剧学院，2005.
② 明清时期《牡丹亭》各种版本共计 26 个。参考来源: 毛效同.汤显祖研究资料汇编 [M].上海: 上海古籍出版社，1986: 2315.

点评而严于删改，保留原著内容，不作删改，注重《牡丹亭》作为文学文本而言的创作、阅读以及审美交流，对之后的点评方向与角度影响深远。《吴吴山三妇合评牡丹亭还魂记》较其他评点本而言，更容易被女性接受，是众闺阁评点中的集大成之作。由于女性的细腻和浪漫的想象力，此评点本多采用代入式点评。评点者将自己设身处地地代入故事发展情节中，按自己的所思所想进行评点。因评点者为女性，又与杜丽娘成长在相似的社会环境中，其对杜丽娘形象的解读更加饱满丰富。如果说前文题记的评点使《牡丹亭》成为案头之书，以臧晋叔、冯梦龙等为代表的文学戏曲家则从筵上之曲的角度，对《牡丹亭》进行了改编，以适应演唱的格律要求、表演细节要求等。如冯梦龙改本《风流梦》删去了不太紧凑的情节，把其缩减为三十七折，并在演绎方面进行了舞台化修改。此外，作为剧本，《牡丹亭》也被广泛地搬上了戏曲舞台。

从晚明到清末，《牡丹亭》相关选本共18部，职业戏班一共演出了《牡丹亭》中至少13个折子戏，演出记录110条，居"临川四梦"首位。[1] 从选本的内容和范围来看，《牡丹亭》的经典化也离不开昆曲的迅猛发展。《牡丹亭》最早收录于昆曲选本《月露音》中，这打破了其他戏腔不收《牡丹亭》的局面。[2] 随着青阳弋阳势头衰微，昆曲在各阶层开始风靡，在康乾时期的选本《缀白裘》中，《牡丹亭》的演出定型。在选本《审音鉴古录》中，《牡丹亭》注重细腻描写，保留了九成的原著词曲，呈现出一个经历百年打磨、融合，时空包容性极强的《牡丹亭》。不论是评点、改编、还是选本，作者在《牡丹亭》文本的基础上对其进行解析、补充、重塑，也有对评点的增批，对批评的再批评，形成了多样并存，相互补充增益、相互竞争的多元局面。

任何一部作品，如果没有被群体选择认同，必然会被历史淘汰。开创问世后，《牡丹亭》在多样并存的格局中，逐步获得了群体的选择认同。究其原因大抵是《牡丹亭》内容丰富，凡读皆有所收获。文人戏曲家因其精美词句而感叹，"游园惊梦"的故事情节引得无数青年男女为爱感伤，"春香闹学"等精彩片段让乡老妇孺捧腹，丰富多样的情感内容使其获得了广泛的群体关注。此外，作品经过序跋、题词、论著、眉批等点评形式，在一次又一次作品与评

---

[1] 翟笑千."临川四梦"传播研究［D］.河南大学，2017.
[2] 张雪莉.《牡丹亭》评点本、改本及选本研究［D］.复旦大学，2010.

述者的对话中,读者与评述、作者的对话中一步步获得了主流认同,走向了经典。贺贻孙《诗筏》中称叹汤显祖的妙思,并将其与李白比肩,给出"段段空幻,不独为少陵梦太白二诗之祖"①的评价。吴从先、王思任叹《牡丹亭》之情深,"情深一叙,读未三行,人已魂销肌栗"②,"为海内情至者惊服"③。不少文人给予了《牡丹亭》高度评价。徐树丕称汤显祖的文章惊才艳艳,"《牡丹亭》尤为脍炙"④。李渔在《闲情偶寄》中认为,汤显祖脍炙人口的作品不在其诗文,而在《牡丹亭》这一戏剧。⑤也有一些人将《牡丹亭》与《西厢记》对比。张琦在《衡曲麈谭》中认为《牡丹亭》"可与实甫《西厢》交胜"⑥。林以宁认为《牡丹亭》远驾《西厢》之上,"文人学士案头无不置一册"⑦。故《牡丹亭》在多样的展现形式与解构版本中,获得了社会的选择认同。

所谓范式保留,是指根据不同的时代精神与审美取向,作为历史流传物的文本经过不同的范式筛选,所保留或强调的思想与内容不同的一种传播方式。也即经典的存在都是以效果历史的形式保留。不同时期的历史背景与需求决定了历史流传物在特定时期产生的作用效果。经典作品从开始创作到最终搬上舞台,应是作家、演出者、观众艺同创作的结果。《牡丹亭》的传播,在不同的时期经由不同的改编和筛选,产生了不同的效果历史。在明代,家班家乐盛行,《牡丹亭》全本演出的记录较多。而至清朝,家班衰落,民间戏班兴起,受到戏曲折子戏为盛的影响,《牡丹亭》的全本演出只存在于文人士大夫阶层。根据艺人的演出经验,以及观众的喜好和反响,戏曲创作者提取《牡丹亭》中的精彩情节形成折子戏。从剧情选择来看,《风流梦》的《劝农》一出曾经被认为非重要情节而删除。清朝初期极重畜牧而轻视农业,康熙年间,农业复得重视。在康熙至乾隆年间,《劝农》一出得以恢复,不管在民间还是宫廷都取

---

① 毛效同.汤显祖研究资料汇编[M].上海:上海古籍出版社,1986:1394.
② 毛效同.汤显祖研究资料汇编[M].上海:上海古籍出版社,1986:1364.
③ 毛效同.汤显祖研究资料汇编[M].上海:上海古籍出版社,1986:1371.
④ 徐树丕.《识小录》卷四,载《涵芬楼秘笈》[M]//毛效同.汤显祖研究资料汇编.上海:上海古籍出本社,1986:1374.
⑤ 毛效同.汤显祖研究资料汇编[M].上海:上海古籍出版社,1986:1396.
⑥ 毛效同.汤显祖研究资料汇编[M].上海:上海古籍出版社,1986:1378.
⑦ 林以宁.吴吴山三妇合评牡丹亭还魂记[M]//毛效同.汤显祖研究资料汇编.上海:上海古籍出版社,1986:1419.

得了很好的效果和反响。清朝《清代伶官传》记载："每年三月初一清宫戏班演出《劝农》，以应时节。"《劝农》也被称为"吉利戏"，在民间上演。① 冰丝馆的改本《牡丹亭》出于社会背景需要，删除了第十五回《虏谍》并"遵进呈订本不录"。同时，在念白上也进行了删改和一定的回避。如《悼殇》中将"金寇南窥"改为"李全作乱"等。②

二、《牡丹亭》文本经典的巩固与发展

在通过开创之作到范式保留的路径后，历史流传物还需经过重新命名、理念传播、塑造典型、教育传承的阶梯实现其经典性的巩固和发展。不同的命名包含了评点者与改编者对文本的独特见解，在作者与评点者和改编者的对话中，进一步促进了文本的传播。由于对作品的理解与解读各不相同，作品的评点与改编呈现出丰富多彩的样貌，使作品的故事情节和人物更加完美饱满。同时，教育传承为文本能够持续产生效果历史、持续注入新的生命力提供了保障。

《牡丹亭》文本不同的范式保留，还需经过对作品的重新命名。不同的命名是历史流传物效果历史的一种体现，也是评点改编者对于文本理解的高度概括。沈璟改《牡丹亭》将其重新命名为《同梦记》，冯梦龙将《牡丹亭》改本命名为《风流梦》，并在小引中解释道："梅柳一段姻缘，全在互梦，故沈伯英题曰《合梦》，而余则题为《风流梦》云。"③ 评点本《才子牡丹亭》一改以往评点本"某某评点牡丹亭/还魂记"的方式，"才子"二字反映了评点者对于《牡丹亭》这部才子之书，以及汤显祖本人的高度评价。其书中涉及"才子"字眼的直接评点有 20 余处。④ 例如，作者认为《寻梦》中"好一会分明美满，幽香不可言"两句"真非才子不能为也"⑤。在折子戏中，《牡丹亭》中《闺塾》

---

① 宁波地区百姓家中遇火，必须演戏酬谢火神，剧目需从《水斗》《下海》《北饯》《劝农》中选择，被称为"火烧戏"。
② 肖虹.《牡丹亭》的经典化历程［D］.天津师范大学，2018.
③ 毛效同.汤显祖研究资料汇编［M］.上海：上海古籍出版社，1986：1756.
④ 张廷廷.《才子牡丹亭》评点研究［D］.天津师范大学，2017.
⑤ 吴震生，程琼.才子牡丹亭［M］.台北：学生书局，2004：184.

被改编并重新命名为《春香闹学》，这一"闹"字着重表现了春香的天真烂漫以及情节的欢乐基调。虽春香闹在明处，杜丽娘纵容其"闹"，实则默许或赞同了春香，其"闹"在暗处。当代作家白先勇所导演的昆曲《牡丹亭》命名为《姹紫嫣红青春版：牡丹亭》。从其重新命名中，可以看出此版昆曲的受众是年轻人，着重歌颂年轻人的美好青春及纯真感情。"姹紫嫣红"一词诠释了青春的美好和绚烂，以及男女主人公流露的丰沛情感。

历史流传物的经典地位初步形成后，再通过理念传播对其经典地位进行巩固。当其在更广泛的文化语境中产生了影响力，也更印证了其经典性。《牡丹亭》通过译介、舞台的方式在国际上广泛传播，获得了诸多其他文化领域的认可，在文化传播交流中进一步稳固了其经典地位。早在江户时期，《牡丹亭》就已东传日本，且获得了极高的评价。日本诗人空谷樵夫在《读桃花流水三首》中写道："词苑曾推若士汤，南安梦境太荒唐。不传梅柳传兰蕙，压倒风流玉茗堂。"并有相关汉学者对其开展逐步深入研究与译介。洪涛生教授率先将《牡丹亭》中《劝农》《惊梦》等选段翻译成德文，徐仲年将《牡丹亭》的《惊梦》一出译为法文，并附评价。孟列夫翻译的俄文版选段被收录于《东方古典戏剧》。英国汉学家哈罗德·艾克顿发表了京剧改写版的《春香闹学》。美国汉学家西里尔·白之完成了对于《牡丹亭》的选译和全译，遵从"从心所欲"的翻译主张，形成自己的翻译语言特色。除此之外，还有大量国际学者针对《牡丹亭》以及汤显祖进行深入研究。例如，凯瑟琳的《冯梦龙的风流梦：其对于牡丹亭改编的抑遏策略》，陈家梅的《犯相思病的少女的梦幻世界：妇女对〈牡丹亭〉的反映（1598—1795）研究》等。[1]

在传播中，《牡丹亭》塑造的一批典型符号也为人们熟知。典型的塑造有助于巩固文本的经典化地位。即便没有读过整部作品的人，仍可熟知作品的典型符号。这种典型符号包括并不局限于典型人物、经典桥段、特定思想感情等。杜丽娘是中国古典戏剧中独树一帜的女性形象。她活泼可爱的少女形象较原先的传统封建礼教下的女子有很大颠覆。通过汤显祖的描写，一个想爱、敢爱、拥有强烈自我意识的女子跃然纸上。也正是因为杜丽娘的形象，《牡丹亭》

---

[1] 邹自振.走向世界的汤显祖研究［J］.厦门教育学院学报，2008，1：26-29.

成为风靡的闺阁读物，拥有了大批女性读者，吸引众多女性对其进行评点。《红楼梦》的"西厢记妙词同戏语牡丹亭艳曲警芳心"中写到"如花美眷，似水流年"等《牡丹亭》唱词让黛玉心痛神痴，这是作者曹雪芹借此鼓舞其勇敢追求婚姻自由。

《牡丹亭》中的"情"也是为人讨论最多、影响最广的情感价值符号，与杜丽娘的形象构成了明与暗的交相呼应，对不少文学作品产生了影响。例如前文所提及的古典戏剧《长生殿》，洪升在例言中评价："棠村相国尝称予是剧乃一部闹热《牡丹亭》，世以为知言。"后王国维评价，中国人精神带有乐天之色彩，代表性的小说都有否极泰来的美好结局，这种乐观的精神就像《牡丹亭》之"返魂"，《长生殿》之"重圆"。孔尚任也在《桃花扇》卷首写道："《牡丹亭》死者可以复生，《桃花扇》离者可以复合，皆是拿定情根。"经清朝戏班改编，《游园惊梦》在《清代伶官传》的记载中，演出次数最多。这是全剧发展的第一高潮，是"情"的生动展现，也为杜丽娘的至情化身提供了支撑。近代对《牡丹亭》的改编，多以《游园惊梦》来命名。20世纪60年代，戏曲大家梅兰芳、俞振飞等主演了电影《游园惊梦》。当代著名作家白先勇抓住了《牡丹亭》中的"青春"和"情"，以当代青年观众为受众，制作了《姹紫嫣红青春版：牡丹亭》，将古典戏曲艺术与现代表现手段相结合，巩固了《牡丹亭》的经典地位以及杜丽娘的经典形象。

教育传承与文本经典化的过程相辅相成。一方面，文本通过教育的形式广泛地出现在青年教材之中，就代表了其经典性地位。另一方面，教育传承也为经典文本注入了持续的生命力。《牡丹亭》的经典地位的巩固离不开教育传承。大批学者投身于汤显祖及其作品的研究，出现了诸多"汤学家"。同时随着研究的深入，研究《牡丹亭》的角度也逐步拓展，不断细化。纵观文学史上对《牡丹亭》的评价，从"临川四梦"之首到中国文学浪漫主义代表之作，再到中国古典戏曲史上珍贵的杰作，《牡丹亭》在任何一本关于中国文学史的教材中都占据重要位置。各文学院校开设专节讲授，细致分析其创作背景、思想内容、艺术成就等。同时，《牡丹亭》的教育普及范围也进一步扩大，近年逐步向青少年群体普及。2020年4月，《牡丹亭》被列入中小学生阅读指导目录。

三、《牡丹亭》的当代传承

上文，笔者按照经典化的路径对于《牡丹亭》文本经典化历程进行了梳理与分析。21世纪，面对大众文化泛滥，消费主义盛行的情况，历史流传物的经典地位受到不同程度的冲击。在市场经济下，资本对经典的影响成为不可避免的讨论话题。如何让《牡丹亭》持续散发经典光芒？对《牡丹亭》的文化传承应怎样进行？本部分将以布尔迪厄的文化实践理论为指导，重点围绕《牡丹亭》在当代文化环境下如何展开文学文化实践进行讨论。

布尔迪厄的文化实践理论由"场域""惯习""资本"这三大关键要素组成。其中，"场域"具有动态性、再创造性的特点，是一种动态的关系网络[①]。关系网下的各个节点受到与其他节点的位置关系和相互作用的影响，每一位置的变动、转换都将影响到整个场域结构。"惯习"是在长期发展中，经过长期积累内化于人的特征性精神，是人具有可塑性、主观能动性的后天可再生性能力。文化中的"资本"其具体形态表现为人的文化学识、教育程度。其物质形式为以文学文本为代表的文化表现形式。在文学实践领域，所谓的文学场或文化场，是围绕着文学的幻象组织起来的一系列可能性位置空间的动态集合。[②]这里的幻象也称"默示"，指场域内所有主体都普遍认同的事实或价值。"可能性位置空间"也印证了场域的动态性特点，每个节点的主体可能时刻处于主动或被动的关系中。具体来讲，文学作品的价值是在文本和外部社会相互作用中显现的。故文学文本的经典性地位不仅取决于作者自身的思想、故事情节、风格和读者，还受到了出版商、赞助人、政府机构等其他外部因素的影响。

如今，《牡丹亭》的文学实践背景突出表现为：各技术手段加持下的快消费大众文化。而大众文化的突出特点在于阅读方式及消费方式的多元性。[③]因此，对于《牡丹亭》的当代文学实践应该基于技术性的客观场域环境、快消费的文学实践惯习及大众文化的文学实践资本来探讨，兼顾其功利与非功利功

---

① 布尔迪厄.文化资本与社会炼金术[M].包亚明，译.上海：上海人民出版社，1986：134.
② 朱国华.颠倒的经济世界：文学场的结构[J].天津社会科学，2006，6：101-106.
③ 约翰·费斯克.理解大众文化[M].北京：中央编译出版社，2001：171.

能。以此为基础，作者拟从文化输入和输出两个方面探讨《牡丹亭》的当代文学实践路径。

从文化输入也即收集方面，仍应该加强对《牡丹亭》的专业性发掘与研究，在技术性场域下进行相关资料的收集与整理。目前，对《牡丹亭》及汤显祖的研究资料有毛效同的《汤显祖研究资料汇编》、徐扶明的《牡丹亭研究资料考释》和《汤显祖与牡丹亭》、徐朔方的《汤显祖评传》等。这些资料多出版于20世纪七八十年代，且聚焦于明清及民国时期文人学者对于《牡丹亭》的研究。而在当今互联网文化、消费文化的环境下，对于20世纪70年代至21世纪前20年的研究缺少系统性的梳理与总结。此外，在技术的加持下，建立《牡丹亭》数据资源库也十分必要。同时，随着影视制作的发展，对《牡丹亭》的资料记述并不应该只是文字版本。《牡丹亭》作为传奇剧本有文学性和舞台性双重属性，还应利用影视与录音技术，对不同戏曲表现形式的《牡丹亭》进行影音记录。

从文化输出的角度，应该结合当今的新场域特征，提供多元的阅读与消费方式。技术加持下的新场域特征之一就是阅读的数字化及阅读方式的影视化。可以利用当代记录方式，拍摄关于《牡丹亭》的纪录片，实现《牡丹亭》的当代价值解读。此外，可以制作3D动漫影片《牡丹亭》，配合经典的教育传承，使得经典可以面向更广泛的群体。3D动漫《粉墨宝贝》为动漫与中国特色曲艺文化的结合起到了成功的示范作用。该动漫以粉粉、墨墨学习昆曲为故事主线，普及了昆曲的剧本文学和表演常识。片头曲以《好姐姐》唱段为蓝本，结合了说唱等现代流行文化，拉近了经典传统与大众的距离。该作品斩获众多动漫艺术性及制作水平的代表性奖项，并被列入国家广播电视总局"中国梦"主题重点动漫项目。[①] 客观而言，《粉墨宝贝》存在每集时长较短、情节对白过于简单等问题。在借鉴该作品创作思路的基础上，3D动漫影片《牡丹亭》应该面向群体进行适当的拓展和改进。通过杜丽娘等卡通IP形象的设计与呈现，还可以进行一系列的文学作品再创作，产生文化衍生品。例如，可以利用杜丽娘等卡通形象来设计研发手办、盲盒等文化衍生产品，带动文化消费。

---

① 陈卫微. 文化资本视角下昆曲的保护和传承 [D]. 南京大学，2018.

此外，还可以充分挖掘《牡丹亭》背后的民俗内涵。《牡丹亭》中《劝农》片段展示了杜丽娘胎父亲杜宝劝导农民耕作的情景。劝农这一习俗由来已久，早在汉朝就设置了专司劝农的官位，历朝历代对于农业的重视让劝农成为一种传统和习俗。故在此场域下，结合中华传统农耕文明及劝农习俗，将民俗节日与《牡丹亭》相联系，可在每年农历三月初三举行祭春、鞭春、开春等传统民俗仪式。可以在劝农民俗活动中进行《劝农》相关情节表演，或者将其改编成《劝农新唱》等作品，促进大众对民俗文化的了解，使传统民俗与经典二者相互促进，实现经典传统的当代传播。

为实现文化输入和文化输出的有机循环，还应在《牡丹亭》的当代文化传承中，建立"牡丹亭"文化品牌。文化品牌的建立，可以使《牡丹亭》这一跨域文学作品本身成为独立存在的另一种物质形态的文化资本，是对作品本身文化资本的增加。通过举办牡丹亭民族戏剧展、牡丹亭国际论坛、牡丹亭戏剧与艺术文化交流等"牡丹亭"品牌建设活动，增加《牡丹亭》文化资本的影响力。从而实现《牡丹亭》新场域的激发和新习惯的培养，达到文化输入与文化输出的可持续循环。当《牡丹亭》的文学实践满足了大众求知性和消遣性的文化需求时，就会产生一批《牡丹亭》爱好者。同时大众消费也会为牡丹亭提供相当的资本积累，从而促进和激发《牡丹亭》专业性的深度研究，实现《牡丹亭》经典的当代传承。

第二节　打通抚州基于特色 IP 打造文艺精品创作的六大瓶颈

习近平总书记在党的十九大报告中指出，要"推动中华优秀传统文化创造性转化、创新性发展"，为今后我国文化建设事业的发展指明了方向。近年来，抚州市围绕优秀传统文化的转化与创作有所建树，如电影《大傩·董春女》在国际上斩获多项荣誉，成为抚州当代文艺创作的典范。抚州还根据《牡丹亭》创作了实景剧《寻梦牡丹亭》、盱河高腔、钢琴协奏曲等形式的《牡丹亭》，挖掘抚州丰富的红色文化资源和英模事迹创作了《忠诚》《浴血广昌》《麻织情韵》《那一抹红》等优秀作品。

优秀文艺作品，或称文艺精品，其评价标准应符合"六维"。"六维"包括：时代维度，即紧跟时代步伐、反映时代生活、凝聚时代精神、引领时代发展；人民维度，即"以人民为中心"的创作导向；精神维度，即培育和弘扬社会主义核心价值观；原创维度，即作品的原创、独创与创新；审美维度，即文艺作品的艺术性、观赏性与愉悦性；化育维度，即作品间接、潜移默化地对人的精神世界和审美能力产生影响。所以文艺精品标准是很高的。上列作品大抵符合这些标准。

优秀文艺作品具有带动作用，可以带动更多优秀作品的产生。而在根据传统文化资源进行文艺精品创作的过程中，还有这样那样的现实瓶颈存在，使得特色与优秀文化的转化难以顺利实现。课题组梳理了抚州特色文化资源，考察了抚州近年来的文艺创作情况，通盘考虑了我国整个"两创"发展的现实，认为在挖掘抚州优秀传统文化资源进行文艺创作的过程中，存在六大瓶颈，分别为三大理念瓶颈和三大现实瓶颈。课题组认为，这六大瓶颈并非凭抚州一己之力就可以全部克服和解决，但仍然需要正视其客观存在的现实，用长远发展的眼光来看待问题，制定一些更为深远的政策，整体上推动抚州特色文化发展，促进抚州优秀传统文化的创造性转化与创新性发展，助力抚州创作出更多文艺精品，实现文化走出去的目标。

一、优秀传统文化实现"两创"的三大理念瓶颈

经过课题组调研和分析，抚州地方特色文化与优秀传统文化要实现创造性转化与创新性发展，创作出文艺精品，存在 3 个理念上的矛盾和困境。

首先，以非物质文化遗产为代表的优秀传统文化的发展理念是以保护为导向的向内发展，与文艺精品及优秀文创产品的创作要求存在不同

抚州市具有丰富的非遗资源，截至 2021 年 5 月，共有非物质文化遗产 86 项，其中国家级 7 项，省级 42 项，市级 37 项。这些非遗资源涵盖了民间文学、传统音乐、传统舞蹈、传统戏剧、曲艺、传统美术、传统技艺、传统医药、民俗等类别。除了传统体育、游戏与杂技之外，抚州拥有其他所有非物质文化遗产类别项目。这些丰厚的资源显然是抚州进一步发展文化事业的重要 IP 来源。

然而，非遗 IP 的直接转化受到诸多限制。根据 2003 年联合国教科文组织《保护非物质文化遗产公约》，2015 年《非遗伦理原则》和中国非遗保护理念、法规和条文的规定，对于非遗资源的使用要非常谨慎。以非遗为代表的传统文化保护是向内展开的。联合国教科文非遗伦理原则对非物质传统文化保护的价值观包括是 3 个方面：第一，确保社区在保护进程中应有的中心作用。因为"非物质文化遗产"以相关社区、群体和个人的自我授权为特征，保留了文化创造者、传承者和实践者群体对文化遗产予以界定的权利；第二，符合现有国际人权文件的精神，符合相互尊重的需要，符合可持续发展的要求；第三，符合人类的整体利益和共同关切。换言之，根据上述非遗伦理原则，对非遗项目进行再创作，需要受到几重限制：第一，需要充分尊重传承人和项目所属社区民众的意见，不能"瞎改"；第二，不能"榨干"式开发，需要确保这些文化传统依然能够健康存续；第三，再创作的内容需要符合主流价值观。其中，第一点和第二点的判定标准非常模糊，常常被设定较低的阈值，稍微的突破都可能会被当地人判定为"不当"和"破坏"。

而优秀文艺作品和文创产品的创作，是需要突破的，是向外的。根据联合国教科文组织另一个重要的公约，即 2005 年《保护与促进文化表现形式多样性公约》，优秀文艺作品和文创产品是将人类文化遗产通过丰富多彩的文化表现形式来表达、弘扬和传承的，体现在借助各种方式和技术进行的艺术创造、生产、传播、销售和消费的多种形式。无论是获得重要奖项，得到广泛好评，还是粗浅地用"流量"来判定，其判定依据都不是这种创作在多大程度上忠实于原来的样子。

因此，对于抚州文化资源来说，要实现保护与开发并举，实际上是将向内和向外的两种路径统合起来，需要协调好二者的关系。要做好这种协调，需要了解传统文化资源改编的边界，也需要认真分析作品定位，以目标读者（观众）的认知和审美来重新构建经典。

其次，同一主题在不同媒介传播中存在不同的叙事方式

抚州拥有相当丰富的传统文艺作品的 IP 资源，既包括内容 IP，也包括形式 IP。著名的"临川四梦"就是抚州最有名的内容 IP。面对这类古代文艺经典，人们常常会忘记经典本身也是逐步建构的，最终的经典并非是原本的面

貌。以《牡丹亭》为例,《牡丹亭》的故事蓝本就是最初的IP,来自晋武都守李仲文和广州守冯孝将的儿女事。而如今学界普遍认同《杜丽娘慕色还魂记》是《牡丹亭》的直接蓝本。《牡丹亭》是汤显祖在他的时代,用当时最时尚的媒介手段,将一个已经存在的IP进行了改编,而后才得以成为经典的。杜丽娘因情复生,与柳梦梅最终修成正果的结局是在汤显祖的版本里才有的创作,在此前的版本中并不存在。接受了这一观点,才可以理解在如今的时代,媒介早已再次发生了变化,讲故事的方式甚至故事情节一定会随之变化。同样的,《牡丹亭》的故事,在如今的媒介中需要有不同的讲法,这并不是创作者的异想天开和标新立异,而是这一IP在如今文艺语境下的应有改编。

对于抚州现有的内容IP资源来说,不同的主题均需要转换叙事方式:

1. 以"临川四梦"为代表的叙事作品。在对这些作品的文字、人物、故事等元素进行重新创作的时候,可能会进入书面文学、传统戏曲、现场舞台表演的其他艺术形式和非现场的影视和流媒体表现等各种形式,甚至进入游戏、剧本杀、主题公园等不同领域。上述每一种表现形式都有各自的话语系统,形成各自与读者(观众)的独特互动方式。进入这些媒介进行再次创作的经典叙事也就需要进行完全不同的选材和改编。

2. 歌咏抚州自然、人文景观的作品。在抚州,曾巩、陆游、王安石等都留下过关于拟岘台的作品。颜真卿、曾巩、晏殊、汤显祖等也留下过有关抚州麻姑山、疏山、文昌桥等地的作品。除了将作品还原到对应的自然、人文景观,在景区景观和对外传播中发挥作用,服务于地方文化旅游发展之外,这些优秀的作品本身也是重要的传统文化IP资源,可以与相应的作者、历史事件和历史著名人物一起,重新进入叙事创作中,形成新的原创作品。

3. 革命历史故事。抚州红色遗迹众多,像中央苏区第四次"反围剿"战役遗址、湖坊中共闽赣省委、省革委、省军区旧址等还是国家级文物保护单位。在传统红色旅游和革命历史题材改编基础上,这些丰富的革命故事和历史故事元素,可以通过现代沉浸式和体验式的方式丰富感知,用新的方式将红色故事入脑入心地呈现给世人。

第三,文化产品供求双方的立场和视角不同存在脱节与矛盾

文化资源的持有人和转化者多数情况下会站在供给方角度思考文化产品

的生产问题，常常与需求方和文化消费者的立场相背离。我们平时看到外界和当代艺术家对我们熟悉的经典IP进行改编时，总会不自觉化身为经典的"捍卫者"，对新的改编和改变产生强烈的反感。国外奢侈品牌每年春节迎合中国市场的中国元素设计就总是难以得到国人的认可，尽管其在许多国外消费者看来非常别致，有高级感和设计感。典型的案例，如对《西游记》的各种改编，总有声音认为改编作品伤害了《西游记》原著或者1987版央视《西游记》电视剧。殊不知《西游记》小说本身就是改编的结果，更不用说1987版央视《西游记》对原著小说有大量的更改。而《功夫熊猫》《哪吒》《姜子牙》等动画片在国内上映时，也总有大量围绕这些改编作品是不是对原著造成伤害展开的讨论。

当文化资源涉及非物质文化遗产项目时，更会如此。如前所述，非遗项目的解释权在社区、群体和个人，也就是俗称的"传承人群体"。针对非遗的改编需要充分听从他们的意见。但由于传承人普遍受教育程度不高，他们对自己所传承的非遗项目最值得保护的核心部分认识未必清楚。即使他们在保护工作中观点非常准确、权威，但在针对非遗项目进行改编和再创作，以进入当代生活和当代审美方面，他们未必有清晰的认知。随着非遗保护工作的开展，这种脱节就显得更为突出了。

二、根据传统文化资源进行文艺精品创作的3个现实困境

上述理念上的瓶颈是传统文化IP进行改编和创作过程中普遍存在的问题，具体到依据传统文化资源进行文艺精品创作的工作和项目中，也有3项同样普遍存在的现实困境。

第一，资金困境。文艺精品生产需要足够的资金作为支撑。现有的资金主要有两类，一是财政支持的艺术基金类的资金，二是从市场渠道获得投资方的资金。这两类资金的获取都有很大限制。

国家艺术基金、江西省艺术基金等资助项目金额有限，只能满足基本创作需要。不过，财政部门提供的资金对作品的思想性和艺术性有较高要求，尽管时间和经费相对紧张，作品往往仍能获得较好的社会评价，获得奖项。而

资本市场并不以情怀为导向，市场投资作品需要迎合通俗、流行和"流量"需求，并且需要配合资金回笼而追赶一定的时间节点。因此资金一直是横亘在文艺精品创作道路上的第一道"拦路虎"，往往需要创作者不断妥协，或者放弃一部分艺术追求，或者放弃更为精彩而昂贵的技术，退而求其次。

不过，在课题组访谈中，也有艺术家表示资金和时间对于艺术创作而言并非多多益善，无上限的资金提供和宽松的时间未必能产生优秀作品，有时候有所限制反而能激发出艺术家更多灵感。

第二，边界困境。不管是根据真实历史改编的作品，还是根据有明确界定的文化传统IP改编的作品，都有一个很难把握的改编边界的问题，如果掌握不好，就会出现严重的问题。

以历史题材为例，改编的基本原则为有真实历史人物，有历史史实依据。历史剧的编撰一般来说有三种方法：一是对历史史实做出重大调整，作者展开合理想象，取舍、增删和重新组合历史，为其注入强烈的时代精神；二是作者在基本尊重历史真实的基础上，对历史素材做艺术加工；三是对历史史实不做大改动，只对历史史实所体现的精神，进行改编根据时代主题需要赋予新的精神。这3种改编方式看似清晰，实际上边界非常模糊，在实际创作中给创作者和艺术家带来很大挑战。

第三，时间困境。文艺精品的打造，需要时间的打磨。国家艺术基金、江西省艺术基金等资助项目资助期多数为1年，而且受制于财政实施的现实，资金到位和项目完成之间的时间往往不足1年，进一步缩短了创作打磨的时间。市场化的项目更是受到资本提供方和演出市场的影响，需要在有限的时间内以倒计时的方式组织创作，缺乏从容不迫的创作时间，对文艺精品创作有很大影响。

三、打通文化转化瓶颈的长远路径选择

在国家和地方政府大力扶持文艺精品创作，在网络时代和人才自由流动的当下，文艺创作有了基本的保障。过去时常作为主要问题提出的政策扶持少、人才缺乏等，已经不再是制约文艺创作的主要问题。在整体文艺创作从高

原走向高峰的道路上，文艺作品需要满足更高的要求，课题组提出的理念和实操中的六大瓶颈，是制约抚州文艺精品创作的主要问题。

产生六大瓶颈的原因很多，多数问题是在整个文艺精品创作中普遍存在的，并非抚州一地一己之力能够解决。为了推动抚州文艺精品创作，必须指出这些瓶颈的存在。但如果想要系统性地解决这些瓶颈，除了一一针对性地思考解决方式以外，还可以从更为长远的角度为解决问题做准备。在此，课题组提出3条打通文化转化瓶颈的长远路径选择。

第一，针对六大瓶颈中多次出现的概念与边界含混不清的问题，建议抚州市组织不同的研究力量，将含混不清的概念和边界弄清，为传统IP进行改编和创作做好充分准备。

针对非遗类型的传统IP，需要划清非遗项目中不可改编和可改编的界限。针对历史类型的传统IP，需要划清历史史实和人物的描述和改编界限。针对其他类型的传统IP，需要划清知识产权的归属等界限。

依托传统IP进行的文艺精品创作，需要对IP本身进行仔细的研究，在提供建设性和对策性研究的同时，组织专家将抚州当地的IP资源进行整理和分析，划分出每一种IP的改编边界，建立素材库，全球开放浏览，邀请全球的创意人才共同来创作抚州，借助全球之力将抚州文化推出去。

第二，针对六大瓶颈中频繁出现的需要根据媒介特征灵活改变叙事方式、在有限资金时间条件下实现高质量创作等对文艺创作提出较高层次要求的问题，建议抚州市进一步加强创意能力培育。

在借助外力的同时，加强抚州自身创意人才的培养。一方面对IP持有人，也就是各类非遗传承人和社区进行创意培训，与江西省和全国的高校一起举办相关传承人培训班，邀请各地创意人才与传承人一道进行头脑风暴，提高传承人群体自身的创意能力和理解力。

另一方面，频繁邀请各类设计大师、创意大师来抚州与当地创意人、学生交流对话，培养抚州自己的创意人才。同时，鼓励抚州当地的创意人才与全国、全球的有关专家交流与合作，从整体上提高抚州人的创意能力。

第三，针对六大瓶颈中频繁出现的其他方面对文艺创作提出高质量要求的问题，建议建立跨行业的"创意池"。

每个领域都有杰出的人才,但人才往往都聚焦各自的领域,要想创作出内容精彩、设计优异、叫好又叫座的文艺精品,需要多个行业的协作。临时针对单个项目的跨行业合作较容易达成,想要实现长期的创意输出,应该建立跨行业的"创意池"。为了实现这一目标,需要在机制上建立能够沟通各个领域人才的协调机构,组织跨行业的对话与合作。

第三节 国内外文艺奖项的初步梳理

一、江西省已经获得的国内外奖项

(一)"五个一工程"奖

1. 第十三届精神文明建设"五个一工程"(2012—2014)

(1)电影奖:《洋妞到我家》

简介:《洋妞到我家》是由陈刚执导,李春利编剧,徐帆、陈建斌、陈一诺、孙红雷、郭涛、佟丽娅等十多位华语明星参演的生活喜剧。影片讲述了中国奇葩一家人遭遇野蛮洋妞的爆笑故事,于2014年8月8日全国上映。

(2)电视剧奖:《领袖》(与贵州省委宣传部共同申请)

简介:《领袖》是由江西省委宣传部、上海市委宣传部、贵州省委宣传部联合出品,石伟执导,邵钧林编剧,王霙、温峥嵘、侯祥玲、夏天、郭广平、洪涛等主演的革命历史题材电视剧。该剧选取了我党我军历史上动荡最激烈、斗争最尖锐、变化最深刻的转折阶段,聚焦遵义会议前后以毛泽东为核心的第一代领导人的奋斗历程。

(3)戏剧奖:歌剧《回家》

简介:《回家》是由江西省歌舞剧院精心打造的江西第一部原创民族歌剧,该剧取材于台湾老兵回大陆老家探亲的真实故事,通过"保家""离家""想家""安家""寻家""回家"6个章节,讲述了台湾老兵罗旺兜38年后回家探亲曲折感人的故事。

(4)广播剧奖:《本色》

简介:《本色》是由江西广播电视台、市委宣传部、市广播电视台联合制作,中央人民广播电台高级编辑胡培奋导演,吴俊全、吕中、薛白等著名艺术家参演的 4 集广播剧。该剧以龚全珍老人的回忆为主线,生动再现了甘祖昌将军和龚全珍老人的部分生活场景,通过生活中的点滴细节,运用矛盾戏剧冲突,用质朴的声音成功塑造出了有血有肉、可亲可敬的老人形象,体现了甘祖昌将军和龚全珍老人坚定共产主义理想信念、永葆党员本色的崇高精神。

(5)歌曲奖:《老阿姨》

简介:歌曲《老阿姨》是由秦新民、陈涛作词,王黎光作曲,汤非原唱的歌曲。这首歌取材于龚全珍老人的真实事迹。该曲为汤非在 2014 年 1 月 29 日央视 1 套和 3 套晚 8 点黄金时间播出的《我们的中国梦——中央电视台"心连心"东西南北贺新春文艺晚会》中首唱并由韩磊在 2014 年中央电视台春节联欢晚会演唱。2014 年 9 月 13 日,该曲获得第十三届精神文明建设"五个一工程"优秀作品奖。

(6)图书奖:《瓷上中国——China 与两个 china》

简介:作者胡平以闻名天下的景德镇为题材,描绘了一个个精彩的中国故事。此书全面梳理了景德镇,尤其是景德镇瓷器的历史与现实,以雄辩的史实,宣示了景德镇瓷器在中国文化乃至世界文化史上不可撼动、无法逾越的地位。此书以宏观视野、宏大叙事、宏阔评说,深度解读与剖析了景德镇的历史辉煌、艰难沉浮,以及再次崛起前的阵痛与思考,打开了让世人走近景德镇、了解瓷文化的一扇窗。该书以景德镇为背景串起故事与人物的万花筒,涵盖城市、瓷器、文化、商贸、家族、人物等诸多方面,缤纷夺目,细腻精致,史料详尽。该书篇章布局烘托重大主题,融思想性、知识性、文学性与可读性于一体,将这个城市的千年历史和无数艺术家、企业家、文化人、工匠的传奇经历与中国的命运,与世界的关系紧密相联,使读者见识一个历史厚重又生动鲜活的景德镇。

2. 第十四届精神文明建设"五个一工程"(2014—2017)

(1)特别奖:《建军大业》

简介:《建军大业》是"建国三部曲"系列的第三部,是一部献礼建军 90 周年的历史片,由刘伟强执导,韩三平担任总策划及艺术总监,黄建新监制,刘烨、朱亚文、黄志忠、王景春、欧豪、刘昊然、马天宇等主演。该片讲述了

1927年第一次国内革命战争失败后,中国共产党为挽救革命,于当年8月1日在江西南昌举行八一南昌起义,创建由中国共产党领导的人民军队的故事。

(2)电影奖:《老阿姨》(与吉林省委宣传部、海南省委宣传部共同申请)

简介:《老阿姨》是由雷献禾执导,郭中束、史建全等编剧,陶慧敏和李雪健等人出演的故事电影。影片根据开国少将甘祖昌和妻子龚全珍的真实事迹改编,讲述了甘祖昌将军与龚老阿姨相携一生的革命情感,以及为教育无私奉献的大爱精神。

(3)戏剧奖:采茶戏《永远的歌谣》

简介:采茶戏《永远的歌谣》由赣南采茶歌舞剧院创排,著名戏剧导演张曼君执导。该剧以一首传唱了80多年,曾经在土地革命时期产生过重大作用和影响的著名歌曲《苏区干部好作风》贯穿全剧,讲述了苏区时期以村长李龙槐为代表的干部处处为民着想、替民办实事的故事。全剧通过有表现力的人物关系和感人的戏剧冲突,诠释了《苏区干部好作风》这首红色经典歌谣丰富、深刻的思想内涵,给人以思想上的共鸣、心灵上的震撼、行为上的思考。该剧以浓浓乡土风情的采茶调,热情歌颂了一个全身心浸润着乡情、乡恋、乡思、乡愁,有血有肉,胸怀大爱,充满人格魅力的苏区村干部。

(4)广播剧:《反腐第一枪》(与河南省委宣传部共同申请)

简介:广播剧的故事背景是1931年中华苏维埃共和国临时中央政府成立后,讲述了担任瑞金叶坪村苏维埃政府主席的谢步升,利用职权贪污腐败,严重损害了党和苏维埃政府形象故事。故事从对谢步升的审判大会开始,以倒叙的方式,讲述了苏维埃临时中央政府成立后第一声惩治腐败分子的枪声,把人们带入我党的第一次反腐狂飙。

(5)图书奖:《一百个孩子的中国梦》

简介:《一百个孩子的中国梦》,作者为董宏猷。该书通过描述当下一百个孩子的"梦境",将深邃的目光投向隐蔽的童心世界,那里既有发达地区孩子关于"学业"的烦恼,也有贫困地区孩子最起码的"生存"愿望,本书借助瑰丽、富有的想象的、极具童趣与童真的散文诗般的语言,反映了当代中国孩子的生存状态和深层心理,抒写了他们的向往与梦想。同时该书折射出了多元的社会生活和深厚的民族文化内涵,构筑了100个五彩斑斓的梦境。这是一部现实和梦幻交织的大梦之书。

（6）电视纪录片奖《航拍中国（第一季）》（涉及江西内容的获奖，国家新闻出版广电总局申报）

简介：《航拍中国第一季》是中央电视台推出，央视纪录国际传媒有限公司承制的航拍纪录片，共6集，余乐任总导演。该片是一部以空中视角俯瞰中国的纪录片。第一季选取新疆、海南、黑龙江、陕西、江西、上海六地为拍摄对象，在新疆、海南、黑龙江、陕西、江西、上海6个单元中，展现了中国东、南、西、北、中截然不同的地形地貌、气候环境、自然生态，以空中视角俯瞰中国，立体化地展示了中国历史人文、地理风貌及社会形态，让观众以一个全新的角度看到美丽中国、生态中国、文明中国。

3. 第十五届精神文明建设"五个一工程"（2017—2019）

（1）特别奖：电视剧《可爱的中国》（与浙江省委宣传部、福建省委宣传部共同申请）

简介：《可爱的中国》是由吴子牛执导，林江国领衔主演，缪婷茹、唐国强、张歌、印小天、郭广平联袂主演的革命历史剧。该剧讲述了红十军创始人方志敏投身革命，始终不忘初心、牢记使命，为中国人民解放事业无私奉献一生的故事。

（2）电影奖：《信仰者》（与中央纪委国家监委、中央军委政治工作部共同申请）

简介：《信仰者》是由中共弋阳县委、弋阳县人民政府与解放军文化艺术中心电影电视制作部（原八一电影制片厂）联合摄制的历史电影，由杨虎执导，黄少祺、葛子铭、王力可、赵毅等联袂主演。该片讲述了1935年为了配合红军长征，方志敏奉命率领红十军团北上抗日，途中遭到国民党军队追击包围，不幸被俘，入狱后不畏强权，每天坚持写作，壮烈牺牲前为后世留下了不朽著作的故事。

（二）影视剧奖

1. 第16届中国电影华表奖、第14届中国长春电影节"金鹿奖"最佳音乐奖：《建军大业》

简介：见第202页。

2. 第28届中国电视金鹰奖优秀电视剧奖:《破阵》

简介:《破阵》由江西尚世星河传媒出品,邵芳执导,富大龙、陈昭荣、王珂、吴谨西等主演,是一部年代情感谍战剧。该剧根据江西赣州的真实革命故事改编而成,从商战视角切入,讲述了国共两党在经济阵线的传奇斗争。

3. 第29届中国电视金鹰奖优秀电视剧奖、观众喜爱的女演员奖:《初心》

简介:《初心》是由中央电视台、江西省委组织部和宣传部、甘肃省委组织部和宣传部、解放军文化艺术中心电影电视制作部(原八一电影制片厂)、萍乡市委市政府、莲花县委县政府、北京天岳盛丰影视传媒有限责任公司、北京敖华文化传媒有限公司等单位联合出品,宋业明执导,吴京安、丁柳元领衔主演的人物传记剧。该剧讲述了"将军农民"甘祖昌始终牢记参加革命的目的和承诺,在中华人民共和国成立后毅然从高位请辞,携带妻儿回乡带领父老乡亲开发虎形岭,修水库,建发电站、水泥厂、农科所的一系列故事。

4. 2019年第23届曹禺剧本奖:《遥远的乡土》

简介:《遥远的乡土》讲述了清代道光年间,江右子弟余墨林罢官归乡后,从母亲手中接任义庄总理,洪灾暴发后筹粮五万石,救下白鹤村及天宝县百姓的故事。本剧将江西的天宝墨庄、永修样式雷、浒湾刻书、赣县王太夫人祠等江西文化元素融入其中,充满了浓郁的乡愁。

(三)曲艺奖

1. 第10届曲艺牡丹奖:鄱阳大鼓《晒秋》

简介:《晒秋》采用江西地方曲种鄱阳大鼓,表现了中国最美乡村婺源农俗景观——晒秋的场景,表达了人们丰收的喜悦和团圆的心愿。

二、全国性文艺新闻出版奖项

(一)精神文明建设"五个一工程"奖

1. 子奖项:文艺类图书、电影、电视剧(片)、戏剧、歌曲(1995年度起,将一首好歌和一部好的广播剧列入评选范围)。

2. 类型:电影、电视剧(片)戏剧、歌曲、文艺类图书。

3. 主管单位:中共中央宣传部。

4. 颁奖频次：5年两届。

5. 奖项设置：特别奖/优秀作品奖。

6. 特色：坚持理论联系实际，艺术贴近生活，弘扬时代主旋律，讴歌改革开放和现代化建设的成就，反映青少年一代健康向上的精神风貌。

精神文明建设"五个一工程"奖由中共中央宣传部组织，自1992年起每年进行一次，评选上一年度各省、自治区、直辖市和中央部分部委，以及解放军总政治部等单位组织生产、推荐申报的精神产品中5个方面的精品佳作。

评选奖项包括一部好的戏剧作品，一部好的电视剧（片）作品，一部好的电影作品，一部好的图书（限社会科学方面），一部好的理论文章（限社会科学方面）。并对组织这些精神产品生产成绩突出的省、自治区、直辖市党委宣传部和部队有关部门，授予组织工作奖。对获奖单位与入选作品，颁发获奖证书与奖金。1995年度起，一首好歌和一部好的广播剧被列入评选范围，"五个一工程"奖的名称不变。综合评选范围要求以及近3届获奖作品分析，"五个一工程"奖申请有以下几点趋势。

一是参评作品须在市场形成一定的传播范围，且产生了良好的社会反响。参评戏剧要求戏剧演出场次不少于30场；参评电影必须已在电影院线放映，票房收入原则上在1000万以上。少儿影片、农村题材影片、少数民族题材影片不设公映要求，但应在电影频道播放并产生良好社会影响。参评电视剧必须已在省级或省级以上电视台播出，并产生广泛社会影响。参评广播剧必须已在省级或省级以上电台播出3轮以上，并产生广泛社会影响。参评图书必须是国内原创作品，具有一定的社会影响，发行量不少于3万册（套）。其中，文学类图书包括长篇小说、报告文学和纪实文学。通俗理论读物和少儿读物中，文件学习辅导读物、文章汇编、诗歌、百科科普、漫画图画、低幼读物等不参评。近年来，奖项侧重主流价值与主流市场的融合。电影《战狼》《湄公河行动》《大唐玄奘》等一批口碑、票房双丰收的电影获评此奖。

二是秉持艺术贴近生活、最大程度满足社会大众需求的创作导向。众多获奖作品都取材于真实故事，例如"2009感动中国十大人物""新疆首届十大杰出母亲"阿尼帕·阿力马洪、四川省优秀共产党员菊美多吉、北川县原副县长兰辉、"最美玉环人"海山卫生院院长吴棣梅等人的先进事迹。部分参评作品的场景切近生活。话剧《活在阳光下》设置了一个典型成都生活的场景，把坐落在成都光华小区里的"清心阁"小院作为戏剧发生地。通过小院里发生的各种故事，展现城镇化进程中，城乡居民融合潮流里的真情实感。参评作品所涉主题符合潮流，具有重要的现实意义。音乐剧《妈妈再爱我一次》打造出了首部中国式亲情音乐剧，从一个侧面反映了当代中国亲子关系与家庭教育之间的困惑问题，在观众中产生了深远的影响和改变，积极推进了对传统孝亲观念的重塑。

三是突出地方特色，创作内容、形式多样化。黄梅戏《小乔初嫁》以安徽本土文化为底色，以三国时期为背景，以安徽历史文化名人小乔为中心人物。歌舞诗《仰欧桑》依托贵州省黔东南苗族地区流传千年的爱情叙事长诗、国家级非物质文化遗产，由仰欧桑创作。大型历史陇剧《西狭长歌》以成县著名的东汉摩崖石刻为背景，讲述了东汉末年，武都郡太守李翕为使险隘变通途，便利民众，促进商旅，主持修筑西狭中道的故事。部分作品在创作上融入了多种表现风格和手段，风格独特。舞剧《粉墨春秋》以中国古典舞为主要表演风格，借鉴中国戏曲及山西地方戏曲的诸多表演形式，用现代思维和视角，表现人性、人情、人理，挖掘人的本质，展现中国戏曲具有的内涵与魅力。

四是深入基层，地方重视。"五个一工程"奖自创立以来，参与面非常广泛，在基层的影响更为深入，每年都有三百多项作品参评。许多省级团委为此专门成立了由主管书记负责的组织领导机构，一些团省委书记还参与并创作了一批质量较高的作品。浙江、上海等地团组织及中国青年政治学院还组织实施了自己的"五个一工程"。

（二）中国文化艺术政府奖·文华奖

1. 子奖项：文华奖。

2. 类型：戏曲、话剧、歌剧、舞剧。

3. 主管单位：文化和旅游部。

4. 颁奖频次：3年一届。

5. 奖项设置：文华大奖、文华新剧目奖、文华单项奖（文华剧作奖、文华导演奖、文华编导奖、文华音乐创作奖、文华舞台美术奖、文华表演奖）。

6. 特色：专业舞台表演艺术的政府最高奖。

中国文化艺术政府奖下设文华奖和群星奖。前者为专业舞台表演艺术的政府最高奖，后者为群众文艺领域政府最高奖。中国文化艺术政府奖是文化部原有全国性10个文艺评奖（即文华奖、群星奖、孔雀奖、中国艺术教育大奖、中国青少年艺术大赛、全国戏剧交流演出奖、全国音乐舞蹈比赛、全国戏剧杂技曲艺木偶皮影金狮奖、全国美术展览奖、中国京剧奖）之一。整改后，设立中国文化艺术政府奖，下设文华奖、群星奖2个子奖项，评选工作3年一次。文华奖是专门用于奖掖专业舞台表演艺术的最高政府奖项。群星奖是群众文艺领域政府最高奖。

文华大奖的评奖对象为：国内各种所有制艺术表演团体创作排演的京剧、昆曲、地方戏曲、话剧、儿童剧、歌剧、舞剧、音乐剧，杂技、曲艺、木偶、皮影戏类和主题音乐会、歌舞晚会等。根据评选办法以及近3届获奖作品分析，该奖项有以下特点。

一是以爱国主义为主旋律，传承和弘扬中华优秀传统文化。获奖话剧《红旗渠》根据河南林县（现林州）人在太行山的悬崖峭壁上修建红旗渠的真人真事编排而成，体现了"自力更生、艰苦创业、团结协作、无私奉献"的红旗渠精神。获奖歌剧《红河谷》以20世纪初的西藏为背景，演绎了汉藏儿女生死相依的爱情故事和并肩抗战的英雄传奇。

二是以人民为中心，坚持把社会效益放在首位。文华奖获奖作品中塑造了一批来源于人民群众日常生活的优秀人物形象，对人民群众的生活有正确导向性，拥有良好的社会效益。吕剧《百姓书记》塑造了改革开放初期一位坚守为人民服务信念的优秀共产党员形象。豫剧《焦裕禄》展现了焦裕禄同志"求实、亲民"的可贵品质。河北梆子《李保国》讲述了李保国扎根太行山35年，让140万亩荒山披绿、10万多农民脱贫和创造28项科研成果、推广36项实用技术的故事。

三是思想精深、艺术精湛、制作精良。获奖舞剧《沙湾往事》以广东音乐人创作传世名曲《赛龙夺锦》的故事为主线，用当代舞蹈艺术元素演绎传奇故事，并用设计巧妙、优美生动的舞段诠释经典音乐的深刻内涵。其新颖的叙事方式、动人的故事、深厚的意蕴让观众感受到广东音乐的优美精彩和独特气质。获奖芭蕾舞剧《八女投江》加入的东北秧歌以及朝鲜族舞蹈"阿里郎"元素，将故事演绎得浪漫中有悲壮，悲壮中有唯美，传递了革命先烈不屈不挠的精神。

（三）中国文化艺术政府奖·群星奖

1. 子奖项：群星奖。
2. 类型：音乐、舞蹈、戏剧、曲艺。
3. 主管单位：文化和旅游部。
4. 颁奖频次：3年一届。
5. 奖项设置：群星奖。
6. 特色：群众文艺领域政府最高奖。

中国文化艺术政府奖下设文华奖和群星奖。群星奖是群众文艺领域政府最高奖。

群星奖为广大人民群众展示艺术才华、实现艺术理想，搭建了一个平台，调动了基层群众文艺创作和演出的积极性，促进了群众文化艺术的发展。根据评选办法以及近3届获奖作品分析，该奖项有以下特点。

一是小投入、小制作，坚持源自群众原创。奖项要求作品规模较小，音乐作品时间长度不超过8分钟，演出人数不超过16人；舞蹈作品时间长度不超过8分钟，演出人数不超过24人；戏剧作品演出时间不超过15分钟，演出人数不超过12人（含乐队人数）；曲艺作品演出时间不超过12分钟，演出人数不超过12人（含乐队人数）。由群众文化工作者和群众文艺爱好者创作和表演（除专业文艺院团演员和专业艺术院校在校师生创作或表演的作品外）的音乐、舞蹈、戏剧、曲艺类作品均可参加评选。

二是有个性、有创意。奖项要求作品生活气息浓郁，富有民族、地方特色。常德丝弦《今天再唱新事多》采用极具地方特色的常德丝弦传统表现形式，讲述了张姐在家里发现一封关于办升学酒宴的举报信，从此引发一系列家庭误会的新鲜事。《妙音踏舞》以国家级非物质文化遗产"拉孜堆谐"为表现形式，旋律优美，动作豪放，展现了西藏新农村的新生活、新变化和新发展。

三是小作品、大情怀。奖项要求作品体现社会主义核心价值观，体现民族精神和时代精神，传承和弘扬中华优秀传统文化。陕北说书《山里回来年轻人》以"乡愁"为主题,具有浓烈的乡土气息,鼓励年轻一代建设绿水青山和可持续发展的新农村。西河大鼓书《大营救》以"省港大营救"为背景,讲述了主人公东江纵队第二营救小组负责人"小刘",舍生忘死带领组员秘密营救在香港的文化名人冲破日寇封锁,最终安全转移的英勇事迹。

(四)中国广播影视大奖·中国电影华表奖

1. 子奖项:中国电影华表奖。

2. 类型:电影。

3. 主管单位:中共中央宣传部、国家广播电视总局、国家电影局。

4. 颁奖频次:2年一届。

5. 奖项设置:优秀故事奖、优秀男演员奖、优秀女演员奖、优秀导演奖、优秀剧作奖、优秀电影摄影奖、优秀电影音乐奖、优秀青年电影创作奖、优秀少儿影片奖、优秀农村题材影片奖、优秀少数民族题材影片奖。

6. 特色:中国电影三大奖、中国电影政府最高奖。

中国广播影视大奖是由广电总局原有的13个全国性文艺评奖于2005年整合创办而成的国家级广播影视奖项,是国家广播电影电视总局主办的全国性文艺评奖,下设中国电影华表奖、中国电视剧飞天奖、中国电视文艺星光奖3个子奖。

中国电影华表奖,是由中共中央宣传部、国家广播电视总局、国家电影局主办的电影奖项,正式设立于1994年,是中国电影界的政府奖,与中国电影金鸡奖、大众电影百花奖并称中国电影三大奖。华表奖由政府出资奖励优秀的电影工作者,属于鼓励性质的电影奖项,体现了中国共产党和国家对电影事业的热情鼓励和大力扶持。2005年起,华表奖改为2年一届,一般每年在北京举办。

根据华表奖评选办法以及近3届获奖作品分析,该奖项有以下特点。一是获奖的各类影片是思想性、艺术性、观赏性较好地统一的作品。《百鸟朝凤》《亲爱的》《红海行动》《战狼》系列等影片在弘扬主旋律、展现多样化之下,坚持"贴近群众、贴近生活、贴近实际"的原则,把社会主义核心价值体系融入了电影的创作过程,实现了思想性、艺术性和观赏性三者的有机统一。二是获奖作品有较高的市场回报。具体体现在社会反响好,且在投入产出比、国内外票房收入、电视观众收视率、后产品开发等方面（标准另定）成效显著。《中国合伙人》《致我们终将逝去的青春》等电影位居当年中国电影内地票房前10。《战狼2》《红海行动》高居中国电影总票房前10。这些作品均有较强感染力并深受人民群众喜爱，实现了社会效益和经济效益相统一。

（五）中国广影电视大奖·中国电视剧飞天奖

1. 子奖项：中国电视剧飞天奖。

2. 类型：电视剧。

3. 主管单位：国家广播电视总局。

4. 颁奖频次：2年一届。

5. 奖项设置：优秀电视剧奖、优秀编导奖、优秀导演奖、优秀男演员奖、优秀女演员奖。

6. 特色：中国电视剧政府最高奖。

中国广播影视大奖是由国家广播电视总局原有的13个全国性文艺评奖于2005年整合创办而成的国家级广播影视奖项，是国家广播电影电视总局主办的全国性文艺评奖，下设中国电影华表奖、中国电视剧飞天奖、中国电视文艺星光奖3个子奖。

中国电视剧飞天奖创办于1980年，于1981年开始评奖，每年举办一届，原名"全国优秀电视剧奖"，是国内创办时间最早，历史最悠久的电视奖项。中国电视剧飞天奖由国家新闻出版广电总局（原中国广播电影电视部）主办，为电视类的"政府奖"，是对上一年（或两年）电视剧思想艺术成就的一次检阅和评判。从2005年，改为2年一届，与中国电视金鹰奖隔年举办。

根据飞天奖评选办法以及近3届获奖作品分析，该奖项有以下特点。一是弘扬中国精神，凝聚中国力量，讴歌党、讴歌祖国、讴歌人民、讴歌英雄。《毛泽东》《历史转折中的邓小平》《外交风云》《右玉和她的县委书记们》《伟大的转折》《换了人间》《共产党人刘少奇》《可爱的中国》等作品贯穿了革命岁月、新中国成立、改革开放后等不同历史时期，将红色基因注入剧情，把崇高品格融于人物形象。二是立足现实、扎根生活，创作能引起广泛共鸣的现实题材作品。《大江大河》《急诊科医生》《小欢喜》等现实题材作品，通过讲述时代背景下平凡人的喜怒哀乐，折射出改革发展和社会变迁的画卷，与时代同呼吸、与人物共命运。《大江大河》通过3位小人物的人生轨迹呈现改革开放40年来经济、社会、文化的改变。《小欢喜》则关注"高考"这一社会热点话题，剧情与观众自身经历紧密结合，引发强烈情感共鸣，以最真挚、纯粹的感动实现了收视与口碑的双丰收。三是网络首播电视剧入围参评。入围的剧集作品包含《长安十二时辰》《破冰行动》等精品网剧，继白玉兰奖和金鹰奖后，飞天奖将网络剧集纳入评审范围，意味着国内三大奖项已正式认可网络领域的影视剧创作。

（六）中国广播影视大奖·中国电视文艺星光奖

1. 子奖项：中国电视文艺星光奖。

2. 类型：电视综艺节目（含音乐歌舞类、竞赛类文艺节目）、电视戏曲节目、电视纪录片、少儿电视节目、电视动画节目、电视文艺栏目。

3. 主管单位：国家广播电视总局。

4. 颁奖频次：2年一届。

5. 奖项设置：优秀电视综艺节目、优秀电视歌舞节目、优秀电视音乐节目、优秀电视戏曲节目、优秀电视文艺专题、优秀纪录片、优秀电视文学节目、优秀电视广告、优秀电视文艺栏目、优秀少儿电视节目、优秀电视动画节目、优秀电视科普节目。

6. 特色：国家广电总局3个政府大奖之一，是中国电视艺术的最高奖项。

中国广播影视大奖是由广电总局原有的13个全国性文艺评奖于2005年整合创办而成的国家级广播影视奖项，是国家广播电影电视总局主办的全国性文艺评奖，下设中国电影华表奖、中国电视剧飞天奖、中国电视文艺星光奖3个子奖。

根据星光奖评选办法以及近3届获奖作品分析，该奖项有以下特点。一是符合社会主义核心价值观的要求，倡导文化自信和文化自觉。《国家宝藏》由故宫博物院等8家国家级重点博物馆分别选出3件镇馆之宝，交予民众甄选。每件宝藏都拥有自己的明星"国宝守护人"，讲述"大国重器"的前世今生，尝试在文物与人之间建立联结，拉近当代人与历史文物的距离。《辉煌中国》全片以创新、协调、绿色、开放、共享的新发展理念为脉络，全面反映党的十八大以来中国经济社会发展取得的巨大成就。二是文化类、科技类节目题材创新成果显著。文化类、科技类节目在题材样式的拓展、文化内涵的挖掘、制作理念的创新等方面均实现了显著突破。以《朗读者》为代表的文化类节目，结合新的时代特点，实现了思想深度、精神高度、文化厚度的有机结合。节目制作严谨、底蕴深厚，同时老少皆宜，受众广泛。

（七）中国电影金鸡奖

1. 子奖项：中国电影金鸡奖。

2. 类型：电影。

3. 主管单位：中国电影家协会、中国文学艺术界联合会。

4. 颁奖频次：1年一届。

5. 奖项设置：最佳故事片、最佳中小成本故事片、最佳儿童片、最佳戏曲片、最佳科教片、最佳纪录片、最佳美术片、最佳编剧、最佳导演、最佳男主角、最佳女主角、最佳男配角、最佳女配角、最佳摄影、最佳录音、最佳美术、最佳音乐、最佳剪辑、导演处女作、评委会特别奖、终身成就奖。

6. 特色：是中国大陆电影界权威、专业的电影奖，与中国电影华表奖、大众电影百花奖并称"中国电影三大奖"。

中国电影金鸡奖是由中国电影家协会和中国文学艺术界联合会联合主办的电影奖项，创办于1981年，是中国大陆电影界权威、专业的电影奖，与香港电影金像奖、台湾电影金马奖并称"华语电影三大奖"，与中国电影华表奖、大众电影百花奖并称"中国电影三大奖"，与大众电影百花奖的评奖活动合称"中国金鸡百花电影节"。中国电影金鸡奖接受在中国大陆取得上映许可证的华语电影报名，由电影界的专家组成评奖委员会，并由专家实名制投票产生。

根据金鸡奖评选办法以及近3届获奖作品分析，该奖项有以下特点。一是奖给票房口碑双丰收的现象级电影。从2013年开始，以《中国合伙人》为起点，获得金鸡奖大奖的电影票房都表现良好。如《流浪地球》《我不是药神》《红海行动》《哪吒之魔童降世》等。二是着眼重大时代发展主题。《夺冠》《烈火英雄》《中国机长》等都是来源于生活、反映时代的影片。

（八）中国电视金鹰奖

1. 子奖项：中国电视金鹰奖。

2. 类型：电视剧、综艺节目。

3. 主管单位：中国文学艺术界联合会、中国电视艺术家协会。

4. 颁奖频次：2年一届。

5. 奖项设置：最佳电视剧奖、优秀电视剧奖、最佳导演奖、最佳编剧奖、最佳音乐奖、最佳综艺节目、最佳电视纪录片、最佳电视动画片、最佳男演员奖、最佳女演员奖、最佳摄像奖、评委会特别推荐作品、中国文联终身成就电视艺术家奖、观众喜爱的电视剧男演员奖、观众喜爱的电视剧女演员奖。

6. 特色：以专家评审与中国视协会员、观众投票相结合评选产生的常设全国性电视艺术大奖。

中国电视金鹰奖是经中宣部批准，由中国文学艺术界联合会和中国电视艺术家协会共同主办的电视奖项，创办于1983年，与中国电视剧飞天奖、上海电视节白玉兰奖并称为中国电视剧三大奖。金鹰奖是以专家评审与中国视协会员、观众投票相结合评选产生的常设全国性电视艺术大奖，前身为"《大众电视》金鹰奖"。1998年，第16届开始改名为"中国电视金鹰奖"。2000年，第18届开始升级为"中国金鹰电视艺术节"，并落户湖南长沙。2005年起，金鹰奖改为每2年举办一届，一般于每年10月在湖南长沙举行颁奖典礼。

根据金鹰奖评选办法以及近3届获奖作品分析，该奖项有以下特点。一是始终把观众的评价作为主要评价模式。金鹰奖以广大观众、中视协会员和业界专家相结合的评选方式，倾听观众的文化诉求，反映观众的审美取向，成为中国大众电视艺术消费的重要标尺。二是获奖作品题材广泛。获奖作品既有《十送红军》《外交风云》等弘扬中国精神的重大革命历史题材，也有《平凡的世界》《大江大河》等当代题材电视剧，也有《旋风少女》《春风十里不如你》等青春、情感类题材。

(九) 上海国际电影节金爵奖

1. 子奖项：上海国际电影节金爵奖。

2. 类型：故事片单元、纪录片单元、动画片单元、国际短片单元。

3. 主管单位：中国国家电影局指导、中央广播电视总台、上海市人民政府联合主办。

4. 颁奖频次：1年一届。

5. 奖项设置：最佳影片奖、评委会大奖、最佳编剧、最佳导演、最佳女演员、最佳男演员、最佳摄影、艺术贡献奖、最佳纪录片、最佳动画片、最佳真人短片、最佳动画短片。

6. 特色：是中国唯一的国际A类电影节上海国际电影节的最高奖项。

上海国际电影节是中国第一个获国际电影制片人协会认可的国际A类电影节，也是全球15个国际A类电影节之一，1993年首次举办，1994年获得国际电影制片人协会承认。电影节于每年6月上旬举行，为中国的国际A类电影节，最高奖名称为金爵奖，下设12个奖项，都由来自各国的国际评委评审产生。大岛渚、奥利弗·斯通、艾伦·帕克、阿萨亚、林权泽等都担任过上海国际电影节的国际评委。

根据金爵奖评选办法以及近3届获奖作品分析，该奖项有以下特点。一是展现多元包容特色。作为主竞赛单元的奖项，有来自英国、德国、菲律宾、波兰、罗马尼亚等国家和地区的优秀作品，着力推动多元文化。上海国际电影节的国际影展单元，也始终坚持多元包容的特色。二是助推华语电影更好地走向世界。《冰之下》《阿拉姜色》《拂乡心》《无处安放》等一批中国电影斩获最佳男演员、评委会大奖、最佳编剧、最佳真人短片等重要奖项。上海国际电影节已成为展示年度华语电影力量的最佳窗口，越来越多的电影人把参加上海电影节作为重要的影片推广机会。

（十）长春电影节金鹿奖

1. 子奖项：长春电影节金鹿奖。

2. 类型：电影。

3. 主管单位：中国广播电影电视部、吉林省人民政府、长春市人民政府。

4. 颁奖频次：1年一届。

5. 奖项设置：最佳华语故事片奖、优秀华语故事片奖、最佳外语故事片奖、优秀外语故事片奖、最佳编剧奖、最佳导演奖、最佳摄影奖、最佳音乐奖、最佳男主角奖、最佳男配角奖、最佳女主角奖、最佳女配角奖。

6. 特色：是中国第一个以城市命名的电影节。

中国长春电影是中国第一个以城市命名的电影节，创办于1992年，经国家新闻出版广电总局批准同意举办的国家级电影节。长春电影节每 2 年举办一次，最高奖名称为金鹿奖。

根据金爵奖评选办法以及近 3 届获奖作品分析，该奖项有以下特点。一是弘扬时代主旋律。《百团大战》《我和我的祖国》《远去的牧歌》《那年风华》等一系列反映重大历史、见证新中国发展历程的电影获得重要奖项。二是贴近生活，反映现实。《失孤》讨论拐卖儿童的社会问题，《我是路人甲》讲述漂泊并奋斗在横店追寻影视梦的"横漂"一族的故事，《春潮》展现一段时代背景下的"原生家庭"之痛。获奖影片也都具有较好的思想性和艺术性。

（十一）上海电视节白玉兰奖

1. 子奖项：上海电视节白玉兰奖。

2. 类型：电视剧、纪录片、动画片、综艺节目。

3. 主管单位：中国国家广播电视总局、中央广播电视总台、上海市人民政府。

4. 颁奖频次：1 年一届。

5. 奖项设置：最佳中国电视剧、最佳导演、最佳编剧（原创）、最佳编剧（改编）、最佳摄影、最佳美术、最佳男主角、最佳女主角、最佳男配角、最佳女配角、最佳海外电视剧（长）、最佳海外电视剧（短）、最佳动画片、最佳动画剧本、最佳系列纪录片、最佳纪录片、最佳电视综艺节目。

6. 特色：中国电视剧三大奖之一。

上海电视节白玉兰奖是由中国国家广播电视总局、中央广播电视总台、上海市人民政府主办，上海市广播电视局、上海广播电视台承办的国际性电视奖项，创办于 1986 年，与中国电视剧飞天奖、中国电视金鹰奖并称为中国电视剧三大奖。

根据白玉兰奖评选办法以及近 3 届获奖作品分析，该奖项有以下特点。一是现实题材作品质量大幅提升。时代生活变迁剧《大江大河》《山海情》、重大历史题材剧《觉醒年代》等获豆瓣高分，并强势引领奖项。二是女性题材作品的关注度提升。2021 年入围的双女主剧《流金岁月》和聚焦三个不同背景、不同阶层的"30+"女性故事《三十而已》分别拿下 6 项和 5 项提名，让女性话题得到社会的广泛关注。三是注重中国作品的国际推广。白玉兰奖设置了最佳海外剧奖，在纪录片和动画片单元也有海外作品获奖，并设置了国际传播奖。

（十二）四川电视节金熊猫国际传播奖

1. 子奖项：四川电视节金熊猫国际传播奖。

2. 类型：纪录片、电视剧、评委会特别奖。

3. 主管单位：国家新闻出版广电总局、四川省人民政府。

4. 颁奖频次：2年一届。

5. 奖项设置：最佳短纪录片、最佳长纪录片、最佳系列纪录片奖、最佳创意奖、最佳导演奖、最佳摄影奖、最佳电视剧奖、最佳编剧奖、最佳导演奖、最佳男演员奖、最佳女演员奖、最佳摄影奖、评委会特别奖。

6. 特色：是十八大后中国设立的唯一国际性影视综合大奖，以中国故事和国际传播为主旨。

金熊猫国际传播奖是国际性影视大奖，与四川电视节同步举办，评奖以"影像之境，世界之美"为主旨，体现平等、包容、互鉴、共享的理念和人类共同价值，面向全球影视制作机构征集作品。评选影片包括纪录片、电影、电视剧、动画四大类别。电视节通过影视作品多样的主题、独特的视角、艺术的表达，促进世界影视文化交流互鉴，和谐共生。

根据金熊猫国际传播奖评选办法以及获奖作品分析，该奖项有以下特点。一是实现中国影片海外播出上映。获得提名的《我们诞生在中国》《鸟瞰中国》《港珠澳大桥》等作品在全球票房总收入达3000多万美元。例如，《运行中国（第二季）》从人民休闲娱乐新方式等生活化内容切入，逐渐深入到互联网时代的产业融合新业态，最终以宏观层面的国家规划与发展建设作为收尾，展现了更加完整的中国样貌，显露出了更加鲜活的时代脉搏。二是产生广泛影响，注重中国故事的国际表达。兼顾人类共同的经验和思维，遵循公共价值，尝试寻找文化的共享。《从〈中国〉到中国》以《中国》《愚公移山》《从毛泽东到莫扎特》《上海新风》等怀旧影片为线索，每5集为一个系列，通过意大利、法国、美国、日本等地多位外国友人作为寻访者，分别讲述了各自眼中跨越40年的中国故事，全片浸透着浓郁的异国思恋与乡土情愁。《来自喜马拉雅的天河》则反映了人与自然和谐共生的共同追求。

（十三）中国戏剧奖·梅花表演奖

1. 子奖项：中国戏剧奖·梅花表演奖。

2. 类型：涵盖剧种包括京剧、越剧、昆剧、粤剧、闽剧、扬剧、秦腔、河北梆子等。

3. 主管单位：中国文联、中国戏剧家协会。

4. 颁奖频次：2年一届。

5. 奖项设置：戏曲类、话剧类、歌剧类。

6. 特色：中国戏剧表演艺术的最高奖项。

中国戏剧奖是2005年全国文艺新闻出版评奖整顿后经中宣部正式批准，由中国文联、中国剧协主办的全国性戏剧艺术综合奖项，下设中国戏剧奖·梅花表演奖、中国戏剧奖·曹禺剧本奖，每2年评选一次。中国戏剧奖·梅花表演奖是中国戏剧表演艺术最高奖，每2年一评，旨在表彰在表演艺术上取得突出成就的中青年戏剧演员。

（十四）中国戏剧奖·曹禺剧本奖

1. 子奖项：中国戏剧奖·曹禺剧本奖。

2. 类型：戏曲、话剧、歌剧、音乐剧、儿童剧和滑稽戏。

3. 主管单位：中国文联、中国戏剧家协会。

4. 颁奖频次：2年一届。

5. 奖项设置：戏曲类、话剧类、歌剧类。

6. 特色：全国性戏剧创作类专业奖项。

中国戏剧奖·曹禺剧本奖始创于2005年，由中国文联、中国戏剧家协会联合主办，旨在奖励优秀戏剧作品、培养优秀剧作家。参评剧本为舞台剧的底本，样式包括戏曲、话剧、歌剧、音乐剧、儿童剧和滑稽戏。该奖项自其前身全国优秀剧本奖设立已有30多年，培养了大批优秀剧作家，推出了数百部优秀剧作，对中国戏剧文学和戏剧创作的发展产生了极大的推动作用。

根据曹禺剧本奖奖评选办法以及获奖作品分析，该奖项有以下特点。一是弘扬主旋律，把握时代主题。大型现代戏花鼓戏《桃花烟雨》以"精准扶贫"为题材。《送你过江》讲述了1949年渡江战役期间苏北革命老区青年不怕牺牲、舍生取义、报效祖国的故事。二是思想性、艺术性、观赏性的有机统一。闽剧《双蝶扇》的初衷就是对"儒林"的一种回归，让观众重温闽剧典雅精致的另一面，彰显闽剧"儒林戏"的独特风采。昆曲《梅兰芳·当年梅郎》，选择从梅兰芳的青年时代切入，具有独到的认识与审美价值。话剧《三湾，那一夜》，以高度凝练的戏剧形式再现三湾改编这一中国共产党历史上的重要事件，具有穿透历史和当下的思辨力量。

（十五）中国曲艺牡丹奖

1. 子奖项：中国曲艺牡丹奖。

2. 类型：苏州弹词、山东快书、杭州摊簧、四川盘子、数来宝、四川清音、锦歌、小品、扬州评话、杭州摊簧、四川扬琴、绍兴莲花落、鄱阳大鼓、二人转等。

3. 主管单位：中国文联、中国戏剧家协会。

4. 颁奖频次：2年一届。

5. 奖项设置：节目奖、表演奖、文学奖、新人奖、理论奖、终身成就奖。

6. 特色：全国性曲艺艺术专业奖项，是曲艺界的最高奖。

中国曲艺牡丹奖 是中国文联、中国曲艺家协会主办的全国性曲艺艺术专业奖项，是中国曲艺界的最高奖，每年评选一次，每届设曲艺文学奖10个，曲艺表演奖10个。其宗旨是增强曲艺工作者的精品意识，奖励优秀曲艺作品和优秀曲艺演员，提高曲艺创作和曲艺表演的艺术质量，推动我国社会主义曲艺事业的繁荣和发展。中国曲艺牡丹奖评奖活动坚持为人民服务、为社会主义服务的方向和百花齐放、百家争鸣的方针，坚持弘扬主旋律，提倡多样化，坚持思想性、艺术性、观赏性相统一的原则，坚持公平性、导向性和权威性。

从获奖的作品来看,90%以上都反映现实生活，弘扬主旋律，作品的主题、题材、风格、样式也日趋多样化。获得表演奖的演员以中青年为主，他们大都常年活跃在各地舞台上，深受广大观众的欢迎。中国曲艺牡丹奖的设立，对曲艺创作和曲艺表演水平的不断提高、倡导广大曲艺工作者树立精品意识、促进曲艺艺术的全面发展起到了积极的推动作用。

（十六）茅盾文学奖

1. 子奖项：茅盾文学奖。

2. 类型：长篇小说。

3. 主管单位：中国作家协会。

4. 颁奖频次：4年一届。

5. 奖项设置：茅盾文学奖。

6. 特色：是中国第一个以个人名字命名的文学奖，是中国长篇小说的最高奖项之一。

茅盾文学奖是由中国作家协会主办，根据茅盾先生遗愿，为鼓励优秀长篇小说创作，推动中国社会主义文学的繁荣而设立的，是中国具有最高荣誉的文学奖项之一。奖项每4年评选一次，参评作品需为长篇小说，字数在13万以上。自2011年起，由于李嘉诚先生的赞助，茅盾文学奖的奖金从5万提升到50万，成为中国奖金最高的文学奖项。茅盾文学奖是最主流的中国文学的最高奖项。综观茅盾文学奖所有的获奖作品，大多是现实主义的、史诗的、民族性的，即多为现实主义文学。

（十七）鲁迅文学奖

1. 子奖项：鲁迅文学奖。

2. 类型：优秀中篇小说、短篇小说、报告文学、诗歌、散文杂文、文学理论评论的创作、中外文学作品的翻译。

3. 主管单位：中国作家协会。

4. 颁奖频次：单项奖每2年评选一次，鲁迅文学奖大奖每4年评选一次。

5. 奖项设置：全国优秀中篇小说奖、全国优秀短篇小说奖、全国优秀报告文学奖、全国优秀诗歌奖、全国优秀散文、杂文奖、全国优秀文学理论、文学评论奖、全国优秀文学翻译奖。

6. 特色：鲁迅文学奖是中国具有最高荣誉的文学奖之一。

鲁迅文学奖是以中国新文化运动的伟大旗手鲁迅先生命名的文学奖项，与老舍文学奖、茅盾文学奖、曹禺戏剧文学奖并称中国四大文学奖，创立于1986年。鲁迅文学奖是中国具有最高荣誉的文学奖之一，旨在奖励优秀中篇小说、短篇小说、报告文学、诗歌、散文杂文、文学理论评论的创作、中外文学作品的翻译，推动中国文学事业的繁荣发展。

鲁迅文学奖各单项奖每2年评选一次，每4年评选一次鲁迅文学奖大奖。按时间段评选出该评奖年度里某一文学体裁中思想性艺术性俱佳的作品。首次评奖从 1997 年开始。鲁迅文学奖包括：全国优秀中篇小说奖、全国优秀短篇小说奖、全国优秀报告文学奖、全国优秀诗歌奖、全国优秀散文、杂文奖、全国优秀文学理论、文学评论奖和全国优秀文学翻译奖。

鲁迅文学奖评选，坚持"为人民服务，为社会主义服务"，贯彻"百花齐放，百家争鸣"的方针，弘扬主旋律，提倡多样化，鼓励关注现实生活，体现时代精神，坚持导向性、权威性、公正性，坚持少而精、宁缺毋滥的原则，尽力评选出思想性、艺术性完美结合的优秀作品。

（十八）全国优秀儿童文学奖

1. 子奖项：全国优秀儿童文学奖。

2. 类型：小说、诗歌（含散文诗）、童话、寓言、散文、报告文学（含纪实文学、传记文学）、科学文艺、幼儿文学等。

3. 主管单位：中国作家协会。

4. 颁奖频次：3 年一届。

5. 奖项设置：小说、诗歌（含散文诗）、童话、寓言、散文、报告文学、科学文艺、幼儿文学、理论批评、青年作者短篇佳作。

6. 特色：中国唯一的纯文学性的儿童文学奖项。

全国优秀儿童文学奖同茅盾文学奖、鲁迅文学奖一样，是由中国作家协会主办的中国具有最高荣誉的文学大奖之一，是中国唯一的纯文学性的儿童文学奖项。它是为鼓励优秀儿童文学创作，推动我国儿童文学的发展、繁荣，为中国三亿多少年儿童提供更多更好的精神食粮而设立的。经中央宣传部批准，中国作协于 1986 年设立了全国优秀儿童文学奖。

根据获奖情况分析，该奖项有以下特点。一是坚持思想性与艺术性完美统一的原则，推出鼓舞少年儿童奋发向上、艺术精湛的佳作。二是所选作品应有利于倡导爱国主义、集体主义、社会主义的思想和精神，有利于倡导改革开放和现代化建设的思想和精神，有利于提高新一代精神素质、文化素质和审美情趣。对体现时代精神、塑造少年儿童新形象、为广大少年儿童所喜闻乐见的作品，尤应重点关注，同时兼顾题材、风格的多样化。三是在保证质量的前提下，兼顾儿童文学中幼儿、儿童、少年 3 个层次。每一届评委会根据儿童文学创作的实际状况确定该届评选的获奖作品数量。一般情况下，获奖作品不应超过 20 部。为保持此项大奖的权威性，应坚持少而精、宁缺毋滥的原则。

（十九）骏马奖

1. 子奖项：骏马奖。

2. 类型：少数民族作家用汉文或少数民族文字出版的长篇小说、中篇小说集、短篇小说集、诗集、散文集、报告文学、理论评论集、翻译等。

3. 主管单位：中国作家协会、国家民族事务委员会。

4. 颁奖频次：3 年一届。

5. 奖项设置：长篇小说奖、中短篇小说奖、诗歌奖、散文奖、报告文学奖、翻译奖。

6. 特色：少数民族文学的国家级文学奖。

骏马奖，是由中国作家协会、国家民族事务委员会共同主办的少数民族文学的国家级文学奖。参赛作品囊括少数民族作家用汉文或少数民族文字出版的长篇小说、中篇小说集、短篇小说集、诗集、散文集、报告文学、理论评论集、翻译等。

根据获奖情况分析，该奖项主要有以下特点。一是作品紧扣时代脉搏，书写出反映时代变迁和社会现实，把探索的目光深入到各民族悠久的历史，从民族历史文化纵深中发掘创作的资源。二是创作方式多样化，创作思想多元化。比如，李陀、扎西达娃、张承志等作家，大胆借鉴和吸收现代外国小说如意识流、象征、魔幻现实主义等创作手法，并与中国传统的小说技法融合并加以革新，找到适合自己的创作方式，表现丰富的社会历史文化内容。三是少数民族作家的民族性追求日益自觉，并不断地在文学中表现出各民族独特的民族性内涵和特色。

（二十）中国舞蹈荷花奖

1. 子奖项：中国舞蹈荷花奖。

2. 类型：舞蹈创作、舞蹈表演，舞蹈理论与舞蹈评论。

3. 主管单位：中国文学艺术界联合会、中国舞蹈家协会。

4. 颁奖频次：荷花奖舞蹈比赛原则上每 2 年举办一次，舞剧、舞蹈诗比赛每 3 年举办一次。

5. 奖项设置：舞蹈创作、舞蹈表演，舞蹈理论与舞蹈评论。

6. 特色：中国专业舞蹈艺术最高成就的专家奖。

荷花奖是由中国文学艺术界联合会、中国舞蹈家协会创意，1996年经中宣部立项、中央两办批准的全国性专业舞蹈评奖活动，旨在奖励优秀的舞蹈艺术作品，表彰成绩突出的舞蹈创作与表演人员，活跃舞蹈理论与舞蹈评论，推动我国舞蹈艺术事业健康发展。自1997年创建以来已成为标志着中国专业舞蹈艺术最高成就的专家奖。

荷花奖坚持先进文化的前进方向，鼓励创作贴近实际、贴近生活、贴近群众且思想性艺术性观赏性和谐统一的艺术精品，提倡题材、形式多样化和艺术上的创新精神，全力推出德艺双馨的舞蹈人才，不断提高中国古典舞、民间舞、芭蕾舞、现代舞、当代舞及舞剧和舞蹈诗的创作与表演水平。自举办首届评奖以来，荷花奖成功推出了大批优秀作品和舞坛新人。荷花奖以其评奖的导向性、公正性和权威性在国内外产生了广泛的影响。

三、国外相关文艺奖项

（一）国际竞争性电影节（A类）

1. 戛纳国际电影节

戛纳国际电影节，亦译作康城国际电影节、坎城国际电影节，创立于1946年，是当今世界最具影响力、最顶尖的国际电影节之一，国际A类电影节之一。其与柏林国际电影节、威尼斯国际电影节并称为欧洲三大国际电影节（世界三大国际电影节），最高奖项为"金棕榈奖"。

戛纳国际电影节的宗旨在于推动电影发展，振兴世界电影行业，为世界电影人提供国际舞台。戛纳国际电影节在现有核心价值的基础上，一直在进步发展，致力于发现电影行业新人，为电影节创造一个交流与创作的平台。

戛纳国际电影节在每年5月中旬举办，为期12天左右，其间除开展影片竞赛外，市场展亦同时进行。戛纳国际电影节分为"主竞赛""一种关注""短片竞赛""电影基石""导演双周""国际影评人周""法国电影新貌""会外市场展"等单元。

戛纳电影节注重艺术性，近年来入围电影节主竞赛单元的影片中，人性和社会题材占比显著。

2. 柏林国际电影节

柏林国际电影节，原名西柏林国际电影节，创立于1951年，是当今世界最具影响力、最顶尖的国际电影节之一，国际A类电影节之一。其与戛纳国际电影节、威尼斯国际电影节并称为欧洲三大国际电影节（世界三大国际电影节），最高奖项为"金熊奖"。柏林国际电影节长期以关注政治和社会现实闻名，宗旨在于加强世界各国电影工作者的交流，促进电影艺术水平的提高。柏林国际电影节原在每年6月至7月间举行，从1978年起提前至2月举行，为期2周。柏林国际电影节分为"主竞赛""遇见""短片竞赛""全景""论坛""特别展映""新生代"等单元。

柏林电影节创立于20世纪50年代初，以展示西德战后重建的成果及其文化的繁荣景象。其整体影片风格偏向写实，具有社会性。

3. 威尼斯国际电影节

威尼斯国际电影节，创立于1932年，是世界上历史最悠久的电影节，即世界上第一个国际电影节，被誉为"国际电影节之父"，国际A类电影节之一。其与戛纳国际电影节、柏林国际电影节并称为欧洲三大国际电影节（世界三大国际电影节），最高奖项为"金狮奖"。威尼斯国际电影节以"电影为严肃的艺术服务"为宗旨，以"提高电影艺术水平"为主要目的，将"艺术性"作为评判标准。

威尼斯国际电影节每年8月末至9月初在意大利威尼斯丽都岛举办。威尼斯国际电影节分为"主竞赛""地平线""未来之狮""VR竞赛""非竞赛展映""国际影评人周""威尼斯日"等单元。在电影黄金年代（20世纪30—60年代），威尼斯国际电影节是诸多世界电影大师的摇篮。

威尼斯电影节素有"先锋茶话会"之称，注重参赛作品艺术性与创新能力，正如其宗旨"电影为严肃的艺术服务"所述，极少会纳入考量影片的商业元素。

4. 洛迦诺国际电影节

洛迦诺国际电影节，是瑞士举办的最早、最大的国际电影节，也是世界影坛历史上最悠久的大型国际电影节之一，国际A类电影节之一。与戛纳国际电影节、威尼斯国际电影节、柏林国际电影节并称"欧洲四大电影节",素有"电影节王子"的美誉,最高奖项为"金豹奖"。该电影节得到瑞士政府有关部门和一些地方组织的支持和资助,每年 7 月和 8 月之间举行,为期两周。电影节规定,世界各国参加该电影节的影片,必须在电影节举行的前一年内完成,并尚未在瑞士公映过。

5. 圣塞巴斯蒂安国际电影节

圣塞巴斯蒂安国际电影节是获得国际电影制片人协会承认的国际 A 类电影节,创办于 1953 年,每年 9 月举行,最高奖是"金贝壳奖",是欧洲最负盛名和历史最悠久的大型 A 类电影节之一,奖杯造型来自于市区的"贝壳湾"。其在西语和拉丁美洲电影圈中有不可撼动的地位和深远的影响力。由国际影评人协会,全体会员票选出的,费比西国际影评人大奖(The FIPRESCI Grand Prix)创立于 1999 年,颁发给年度最佳电影,每年都会在圣塞巴斯蒂安国际电影节上颁发。

6. 蒙特利尔国际电影节

蒙特利尔国际电影节,又译为蒙特利尔世界电影节,是北美唯一由国际电影制片人协会认可的竞赛性国际 A 类电影节。该电影节创办于 1977 年,每年 8 月下旬在加拿大魁北克蒙特利尔举办。其宗旨是鼓励文化的多样性和各国人民之相互了解,刺激各大洲电影制作的提升来培育优质电影,拔擢电影工作者与新创作品,发掘和鼓励新进人才,并促进世界各地电影专业人士的交流。

7. 卡罗维发利国际电影节

卡罗维发利国际电影节,创办于 1946 年,每年 7 月份在捷克卡罗维发利举办,是世界上历史最悠久的电影节之一,是国际电影联合会确定的五大国际电影节之一,也是中东欧地区唯一的国际 A 类电影节,1948 年起正式授奖,最高奖为"水晶球奖"。该电影节的主要目的是为和平、为人类幸福、为各国自由而斗争,同不道德的影片作斗争。

主竞赛单元设有最佳影片水晶球奖、评审团大奖、最佳导演、最佳男演员、最佳女演员 5 个奖项。其他单元有专为社会主义而设的"东方阵营"、纪录片板块、展映近期佳片的"地平线与另一种视角"、鼓励不同寻常的电影语言与激情影像风格的"异象"等多个单元。

8. 开罗国际电影节

开罗国际电影节，是国际 A 类电影节，非洲三大电影节之一，由埃及电影作家和评论家协会主办，创建于 1976 年，每年一届，1991 年起开罗增加了竞赛单元。该电影节的宗旨是发展世界电影事业，促进各国之间的互相了解和经验交流。它规定凡是不带政治色彩的纯艺术性的故事片、纪录片、短片均可参展、参赛。

电影节设立的奖项以古埃及阿米诺菲斯国王的王后娜妃蒂命名，娜妃蒂以美貌著称，开罗博物馆里至今仍保存着她的塑像。该电影节原来设"娜妃蒂之金像奖"授予最佳故事片、最佳纪录片和最佳短片，"娜妃蒂之银像奖"授予最佳导演、最佳男演员、最佳女演员，"娜妃蒂之铜像奖"授予有特殊价值的影片；现在奖项设置被改为金字塔金奖、大尼罗河奖和评委会特别奖。

9. 东京国际电影节

东京国际电影节是世界九大 A 类竞赛型国际电影节之一，由东京国际映像文化振兴会主办，是一个获得国际电影节联盟承认，和戛纳国际电影节、威尼斯国际电影节、柏林国际电影节等著名电影节齐名的、亚洲最大的电影节，也是日本国内唯一获得国际电影制片人协会承认的 A 类竞赛型国际电影节活动。

东京国际电影节 1985 年首次举办，刚开始为每 2 年举行一次，1992 年起改为每年举行一次，定于每年 10 月下旬至 11 月上旬举行。东京国际电影节致力于发掘优秀的亚洲及国际电影，为年轻电影人提供更广阔的展示平台。电影节在 2013 年设立全新竞赛单元"亚洲未来"，旨在挖掘亚洲电影新人。

10. 莫斯科国际电影节

莫斯科国际电影节创办于 1959 年，是世界上历史第二悠久的国际电影节（仅次于威尼斯国际电影节），同时也是俄罗斯最大的国际电影节、世界最重要的国际电影节之一，是 15 个国际 A 类电影节之一，每 2 年举办一次，1999 年起改为每年一届。该电影节的主要目的是通过放映具有艺术价值和思想内容的影片，促进各国电影工作者交流经验和相互合作。

11. 马塔布拉塔国际电影节

马塔布拉塔国际电影节最早创建于 1954 年，最初是属于非竞赛性的，5

年后的第 2 届被国际电影制片人协会确定为竞赛性电影节。其主要目的是借用电影这个媒介展现拉美文化，鼓励电影人开诚布公地发表自己的观点并展开讨论。其建立专门机构帮助阿根廷电影得到广泛认知，并和发行机构建立长期合作关系，将阿根廷电影推向海外市场。电影节在 1971—1995 年期间中断，最高奖项为"金树商陆奖"。该电影节 1996 年后每年 3 月举行，奖项分为最佳影片、最佳导演、最佳男演员、最佳女演员、最佳剧本奖等等。

12. 华沙国际电影节

波兰的华沙国际电影节是中东欧地区最重要的电影盛会之一，每年 10 月份举办，为期 10 天，拥有华沙市长和国家文化遗产部部长的支持赞助。该电影节是国际 A 类电影节，也是一个获得国际制作人协会联盟认可的波兰电影活动。波兰华沙国际电影节是第 13 个国际电影节，之前的 12 个电影节分别是由戛纳、柏林、威尼斯、圣塞巴斯蒂安、洛迦诺、卡罗维发利、东京、马德普拉塔、莫斯科、蒙特利尔、上海和开罗等 12 个城市举办的国际电影节。国际制作人协会联盟将该电影节归入"国际竞争电影节"优秀类别之中，是第一个进入该联盟的波兰电影节。

2017 年 10 月，在波兰举行的第 33 届华沙国际电影节传来好消息，厦门导演高则豪执导的影片《杀瓜》获主竞赛单元最佳影片，即最高奖"华沙大奖"。这是中国电影第 2 次摘得该奖，上次获奖的是 2 年前的国产悬疑片《心迷宫》。2018 年 10 月 12 日，第 34 届华沙国际电影节在波兰首都华沙开幕，中国导演周立冬执导的《秋田》获得亚太电影联盟大奖，《围炉》入围纪录片竞赛单元，获得评委会特别推荐奖。大陆地区华语片《再见汪先森》入围第 36 届华沙国际电影节"自由精神"竞赛单元。

13. 印度国际电影节

印度国际电影节是印度第一个国际电影节，也是亚洲最早的 A 类国际电影节之一。1952 年举行第一届之后，不定期举行，直到 1978 年才固定下来，在每年 1 月举行一次，为期 2 周。该电影节奇数年在首都新德里举行，为比赛性，进行评奖。偶数年在全国各个邦的首府轮流举行，为非比赛性，不评奖。

电影节的主要目的是为世界优秀影片提供放映场所，为世界各国电影文化交流和世界各国人民的合作与友谊做出贡献。主要活动项目有：举行影片比赛评奖（奇数年）；举行会外或专场映出；召开讨论会；举办回顾展；开办电影市场。主要奖项有"金孔雀奖""银孔雀奖""铜孔雀奖"，分别授予最佳影片、导演、男女演员等。

14. 塔林黑夜电影节

塔林黑夜电影节是国际电影制片人协会认证的国际 A 类电影节，是欧洲东北部最大且最负盛名的国际电影节之一。包含 4 个竞赛单元（欧亚国际竞赛、环波罗的海国家 Tridens Herring 电影竞赛、Heavein 爱沙尼亚电影奖及北美竞赛—独立电影竞赛），3 个附属电影节（少年儿童电影节、短片和动画电影节、最东部分节），同时还有专门的行业活动和全年在线电影市场——黑色电影在线。

15. 上海国际电影节

详见国内文艺奖项部分（第 215 页）。

（二）国际竞争性专业电影节（B 类）

1. 卡塔赫纳国际电影节

卡塔赫纳国际电影节于 1960 年创办于哥伦比亚共和国玻利瓦尔省首府卡塔赫纳，被称为"南美洲惟一正式的国际电影节"，也是拉丁美洲地区首屈一指的电影节，得到了国际电影制片人协会联合会的承认和支持。该电影节规定伊比利亚半岛国家和拉丁美洲国家的影片可以参加比赛，其他国家和地区的影片可以参加会外放映。该电影节原来每年 3 月举行，1980 年起改在 6 月举行，为期 1 周左右，主要设有"印第安卡塔丽娜金像奖"，分为金像奖、银像奖、铜像奖 3 种。

2. 索非亚国际电影节

索非亚国际电影节是世界 50 大综艺电影节之一，是保加利亚影迷了解世界电影动态和展示巴尔干地区特色电影的窗口。该电影节为期 23 天，展映故事片、纪录片、短片等各种风格的电影，并设有 11 个奖项，其中包括最佳巴尔干地区电影奖等特别奖项。2021 年 3 月 22 日，中国导演周子阳凭电影《乌海》获得第 25 届索非亚国际电影节最佳导演奖。

3. 布鲁塞尔国际奇幻电影节

布鲁塞尔国际奇幻电影节始自 1983 年，一年一次，大约在每年 4 月份举行，与西班牙锡切斯电影节和葡萄牙国际电影节并列为世界三大奇幻电影节。该电影节举办期间，全球数万名电影业内人士、新闻记者、电影爱好者和游客会集于此，共享奇幻电影盛宴。该电影节以奇幻、惊悚、科幻和恐怖等题材为主，设置有金乌鸦奖、银乌鸦奖、银梅里爱奖、梅里爱奖、第七轨道奖、最佳惊悚奖、最佳观众奖等7个奖项。其中最高奖为金乌鸦奖，第二奖为银乌鸦奖。2011年第29届布鲁塞尔国际奇幻电影节中《狄仁杰之通天帝国》获得银乌鸦奖。

4. 伊斯坦布尔国际电影节

伊斯坦布尔电影节是土耳其最重要的电影节，每年都会吸引来自北美、欧洲、中东等多个国家的著名影片前来参展，同时也举办国际电影人和电影公司合作交流活动。来自不同国家的影片会在该电影节期间展映，最终将在参评影片中评出包括最高奖"金郁金香奖"在内的20多个奖项。第33届伊斯坦布尔国际电影节上，中国电影《白日焰火》代表参展。

5. 全州国际电影节

全州国际电影节是一个韩国的电影节，经费主要由韩国政府赞助，每年的4月左右在韩国全州举行，是国际电影制片人协会认可的电影节之一，也是亚洲重要的先锋影展。本电影节参展影片以数码影像和另类电影为主题，不设电影市场，较侧重于电影的艺术性和学术交流。第21届全州国际电影节上，中国导演高鸣凭借作品《回南天》获得国际竞赛单元最高奖。

6. 特兰西瓦尼亚国际电影节

特兰西瓦尼亚国际电影节是罗马尼亚第一个也是最大的国际电影节，被评为国际B类电影节。特兰西瓦尼亚国际电影节成立于2002年，发展迅速，很快成为罗马尼亚最重要的电影活动，也是该地区最引人注目的年度活动之一。特兰西瓦尼亚国际电影节是中东欧电影节联盟的成员，并且得到了"创意欧洲媒体"计划的支持。2011年，特兰西瓦尼亚国际电影节得到了国际电影制片人协会的认可，成为世界上最重要的40个电影节之一。第18届特兰西瓦尼亚国际电影节上，为庆祝罗中两国建交70周年，设置了"聚焦中国"单元，共展映了9部中国电影。该电影节期间同时举办了中罗电影交流史学术研讨会、罗马尼亚电影中文译制片海报图片展，并和中国电影资料馆联合举办了

"电影修复技术"大师培训班。

7. 澳大利亚悉尼国际电影节

澳大利亚悉尼国际电影节是澳洲最大的电影节，澳大利亚每年最大的电影盛会，是了解澳大利亚电影文化的最佳场所。其每年举办一届，每届评出10部最佳影片和10部最佳短片。该电影节的主要目的是了解世界各国的电影情况，促进澳大利亚电影工作者与外国电影工作者的密切合作，为发展本国的电影事业做出贡献。该电影节的宗旨是放映世界各国优秀的、新的及有创意的影片，使本国观众大饱眼福。第55届悉尼电影节（2008年）上，中国大陆、中国香港、中国台湾影片进行了展播美国梦工厂动画片《功夫熊猫》首映。

8. 萨拉热窝电影节

萨拉热窝电影节始办于1995年，尽管战争破坏了巴尔干地区正常的生活和社会秩序，但文化艺术的生命力比破坏力更为强大。在为期4年的封锁结束时，一支聚集在奥巴拉艺术中心的团队决定创建一个电影节，旨在延续和推广前南斯拉夫丰富的艺术和文化，并将因孕育这些文化和艺术而闻名的城市和国际化精神推向世界面前。目前，萨拉热窝电影节已经成为巴尔干地区最重要的电影盛会，名列欧洲十大电影节，最高荣誉奖为"萨拉热窝之心"最佳影片奖。

9. 基茨比厄尔国际电影节

基茨比厄尔国际电影节的举办地位于奥地利阿尔卑斯山的心脏地带，该电影节旨在与本地、国家和国际电影制片人、行业专业人士及对电影和电影感兴趣的人们相互接触。该电影节的重点是在当代电影艺术与该地区现有传统之间建立联系。2016年，基茨比厄尔国际电影节被添加到国际电影制片人协会联合会认可的电影节名单中，自此以来，它就在国际电影节领域中确立了年轻而坚定的地位。其被认可为专门针对年轻导演电影的竞争性电影节，专注于支持和促进国内和国际的新兴人才，使他们有机会向包括行业和媒体代表在内的广大观众展示他们的电影，使其被观看、讨论和推广。

10. 釜山国际电影节

釜山国际电影节创办于1996年，是韩国亦是亚洲重要的电影节之一，受到釜山市政府、电影界、企业界等各界的支持与资助。釜山电影节最早的举办的目的是促进韩国电影业的发展,致力于挖掘新人新作,为亚洲电影走向世界提供更广阔的平台。在4届影展之后,釜山电影节迅速发展壮大,俨然成为亚洲最具影响力的国际电影节,并吸引了全球电影人的目光与关注。

该电影节设"亚洲电影之窗""新浪潮""韩国电影全景""世界电影""广角镜""开放电影""特别企划项目"等7个板块。除了"亚洲电影之窗","新浪潮"单元,电影节基本属于非竞赛模式。除为竞赛单元而设的最佳亚洲新人奖以外,还设有功劳奖、工会奖、影迷奖、国际电影评论家协会奖、亚洲电影振兴机构奖、KNN观众奖等。2019年第24届釜山国际电影节上,中国导演霍宁的《拉一碗面》获得最佳纪录片奖,雷佳音凭借《长安十二时辰》获最佳男演员奖,姚晨凭借《都挺好》获得最佳女演员奖。2020年第25届釜山国际电影节上,戴莹和荣梓杉凭借《隐秘的角落》分获最佳创意奖和最佳新人男演员奖,迪丽热巴获最佳新星奖。

11. 锡切斯国际奇幻电影节

锡切斯国际奇幻电影节是西班牙最出名的电影节之一,主要以动作片、恐怖片、奇幻片作为评选对象。该电影节首次举办于1967年,每年10月初举办一次,举办地点是加泰罗尼亚沿海小镇锡切斯。王祖贤于1992年在第25届该电影节上凭借《倩女幽魂Ⅲ》获得最佳女主角奖。何超仪在第43届该电影节上凭《维多利亚壹号》勇夺最佳女主角奖,凭借连凯该片获得最佳特技化妆奖。刘德华2013年凭《盲探》荣获最佳男主角奖。

12. 安塔利亚国际电影节

安塔利亚国际电影节是欧洲和亚洲最早的电影节之一,在众多土耳其举办的电影节中也是时间最长的,为期1周。安塔利亚电影节源于20世纪50年代城市居民自发的文化活动。土耳其人每年夏天在当地以比较多元的形式举办包括电影、音乐会和戏剧在内的节庆活动。中国女导演文晏执导的《嘉年华》曾获得该电影节最高奖——最佳影片奖,主演文淇获得最佳女主角。这是中国电影首摘安塔利亚国际电影节最高奖项。

13. 孟买国际电影节

孟买国际电影节是印度最大的国际电影节之一,也是印度唯一由专业电影机构主办的国际电影。该电影节始于1997年,每年举办一届,举办地一直选在宝莱坞制作中心孟买。2012年第14届孟买国际电影节上，张艺谋获终身成就奖。2016年第18届孟买国际电影节上，贾樟柯获得杰出艺术成就奖，田文《印象蚌埠》获最佳摄影奖。

14. 基辅国际电影节

基辅国际电影节创立于1970年，是由国际电影制片人协会认定的国际竞赛性专门电影节。该电影节每年吸引约13万人次参与，是乌克兰最大的国际电影节。该电影节的目的在于分析当下世界电影潮流及未来潮流走势，扩大年轻电影人与电影学院之间的联系，发掘优秀的年轻电影人才，帮助乌克兰电影更快地融入国际电影发展潮流之中，同时将基辅建设为乌克兰的文化之都。

15. 明斯克国际电影节

明斯克国际电影节由白俄罗斯文化部主办，是波罗的海、中亚及中东欧地区重要的竞赛性电影节之一，又称为"落叶时节"明斯克国际电影节。明斯克国际电影节创立于1994年，是一项由国际电影制片人协会认证的波罗的海、中亚及中东欧地区最大的竞赛性专门电影节之一。电影节为电影行业从业者提供了一个具有教育性的平台。电影节通过多个单元，包括工作坊、研讨会及展览为年轻电影人提供了一个向大师学习的机会，也为电影人提供了一个讨论电影行业与电影艺术发展的平台。虽然电影节的论坛主要语言为俄罗斯语，但还是吸引了很多国际电影人。

该电影节的目的是为中亚、东南亚及中东欧地区等前社会主义国家保存其电影特色并为其保留展示的空间，展示被广泛认可的优秀故事长片及纪录片，让更多的年轻人参与到电影行业之中。

2018年第25届明斯克国际电影节上，中国影片《江湖儿女》荣获最佳导演和最佳女演员两项大奖。2019年第26届明斯克国际电影节上，中国影片《时光机》获得最佳纪录片大奖，《地久天长》获得故事片最佳摄影奖，中国导演黄璜的《武林孤儿》获得特别奖。

16. 斯德哥尔摩国际电影节

斯德哥尔摩国际电影节已逐渐成为北欧地区最受重视的电影节。这个电影节以新人新作为重点，为世界各地青年导演的电影作品提供同观众见面的机会，因此深受青年电影人的青睐。2006年，斯德哥尔摩国际电影节为鼓励新人设立的"一公里电影奖"由瑞典电影新人阿曼达·阿道夫松获得。瑞典电影局因此将为她下一部电影提供10万瑞典克朗（约1.4万美元）的资助。

17. 加尔各答国际电影节

加尔各答国际电影节创立于1995年，自创立以来一直致力于将世界各地的优秀电影引入加尔各答，将电影带给每一个普通百姓，建立一个包容互动的平台。自2011年以来，该电影节不断地发展扩大，如今的加尔各答电影节已成为印度的一大电影盛事，该电影节的包容性、互动性也得到了增强。自2014年以来，作为竞赛类专门电影节，该电影节开始注重对女性导演的扶持，并为女性导演专设一个竞赛单元。

18. 希洪国际电影节

希洪国际电影节起源于1963年，在1964—1968年，该电影节曾叫作"国际儿童电影和电视竞赛"，当时参赛影片主要是关于儿童和青少年的作品。1988年其正式改名为"希洪国际电影节"，并接受世界各国不同类型影片。

19. 都灵国际电影节

都灵国际电影节创办于1982年，原名为都灵国际青年电影节。它是每年圣诞节前欧洲最后一次电影盛会，一直以鼓励艺术探索而享誉影坛。但现在也挑选了少数类型商业电影入围参赛，以强调艺术与商业的平衡。中国导演贾樟柯曾获邀出任该电影节的国际评委。

20. 库马约尔国际电影节

库马约尔国际电影节创立于1991年，是由国际电影制片人协会认定的竞赛类专门电影节。该电影节的主要目的在于通过各类展映、论坛、回顾展等形式于国内外推荐并且传播黑色风格的长片电影（包括犯罪、恐怖、惊悚、科幻、谍战、推理侦探等类型）。该电影节吸引了世界各地最优秀的犯罪电影制作者来此展示其最新的作品。

该电影节还包含国际论坛及电影工坊等单元。这些单元从某个方面检视当代社会的问题，也是电影节的一大主题之一。这也是为何该电影节被列为50个不可错过的电影节之一。

21. 喀拉拉邦国际电影节

喀拉拉邦国际电影节创办于1998年，由印度喀拉拉邦政府支持、喀拉拉邦电影学院主办，该电影节是国际电影制片人协会认证的 B 类"竞赛型专门类电影节"。喀拉拉邦国际电影节以热烈的观众、多类型影片的展映和热情好客而闻名，致力于推广和传播世界优秀的高质量影片。电影节国际竞赛单元专门针对来自亚洲、非洲和拉丁美洲的影片，以鼓励该地区年轻电影人及即将入行的电影人。非竞赛单元有马拉雅拉姆电影、世界电影、国家关注、处女作和女性电影等。

2002 年，中国第六代导演王超执导的《安阳婴儿》获得该电影节最佳影片奖。2005 年，李少红执导，吴军、周迅、蔡明等主演的《生死劫》荣获该电影节金雀奖。耿军执导的故事片《烧烤》入围该电影节。2019 年，中国导演邢新彦凭借影片《Fortune》获得该电影节特别鉴赏奖。

22. 瓦伦西亚国际电影节

瓦伦西亚国际电影节是一个专门针对年轻电影人作品的电影节，设有 2 个类别的国际竞赛——故事片和短片。该电影节自 1995 年起每年在瓦伦西亚举行。该电影节要求电影制作人 40 岁以下，作品未在西班牙上映。该电影节在欧洲短片市场享有盛誉，它包括电影放映、致敬、回顾、圆桌会议、展览和书籍展示等环节。

23. 那慕尔国际电影节

那慕尔国际电影节创办于 1986 年，每年 10 月在比利时那慕尔举办，为期 8 天。其创办伊始被称为瓦隆尼亚电影节，1988 年开始，该电影节由法语圈国际组织承办，1989 年更名为"那慕尔国际电影节"，被国际制片人协会认证为竞赛性专门类电影节，专门针对法语影片，旨在提升法语电影及视听作品的影响力。电影节接受来自法语作为官方语言或第二语言的国家的法语剧情长片、动画片、短片或纪录片，呈现来自欧洲、加拿大和非洲的不同法语使用者的作品。电影节欢迎所有法语圈电影行业的工作者，包括导演、制片人、编剧、演员、承销商等，也为各界专家组织会议与工作研讨会和面向年轻人的电影教育活动。电影节有两个竞赛单元：一是剧情长片竞赛，包括主竞赛和长片处女作竞赛；二是短片竞赛，包括国际、国内和音乐片竞赛。电影节大奖为金骑士奖，包括最佳长片、最佳短片、最佳男演员、最佳女演员、评委会特别奖、最佳剧本、最佳摄影、最佳处女作、最佳音乐录影带等。另外，电影节还设有那慕尔省颁发的奖项：大众最喜爱剧情长片奖、观众最喜爱纪录片及短片奖、少年评委会奖。

（三）国际非竞争性电影节（C类）

1. 多伦多国际电影节

多伦多国际电影节是北美洲重要电影节之一，每年9月在加拿大多伦多举行。自1976年第一届多伦多国际电影节创办以来，共有近6000部影片在这里与世人见面，其中有大约300部曾登上奥斯卡金像奖提名名单和领奖台。

多伦多电影节不同于戛纳电影节和柏林电影节（展映并评奖的电影节类型），不重复其他电影节的模式，以展映新片为主，不评奖。随着影响力的不断扩大，多伦多电影节入围展映单元的影片质量也越来越高，很多电影在奥斯卡金像奖上斩获大奖。

多伦多电影节也是电影佳片的交易平台，很多非好莱坞电影，或者是美国非商业电影，都在这里找到了合适的发行方，这里成为一个促进电影交流和发展的良性平台。

2. 维也纳国际电影节

维也纳国际电影节是最重要的国际电影节之一。电影节以其独特的风格享誉世界。每年都会有世界各地的人来参加，其中大部分为年轻人。

历年该电影节的主单元都会展映一部分经过精心挑选的来自奥地利及世界各地的影片，部分影片还会在维也纳电影节首映。同时，电影节还将展映300部独立于主流电影审美之外及与政治相关的电影。除了最新的各个类型的长片之外，该电影节尤其注重纪录片、国际短片、实验电影及跨界电影的推广。

（四）国际纪录片和短片节（D类）

1. 坦佩雷国际电影节

坦佩雷电影节是欧洲第二大国际短片节，是北欧最古老的短片电影节，一直在国际上享有很高的声誉，也是全球少数几个拥有奥斯卡金像奖认证的电影节之一。

2. 奥伯豪森国际短片电影节

奥伯豪森国际短片电影节创立于1954年，是当今世界上历史最悠久的短片电影节，也是最大的短片交流平台之一。除了设置不同的展映单元，电影节还设有装备精良的录像图书馆,提供非营利性质的短片租赁服务,拥有一个收录 50 余年电影史中众多短片的独特资料库。

3. 克拉科夫国际短片电影节

克拉科夫国际短片电影节 1961 年在波兰历史名城克拉科夫创办,前 3 年只放映波兰本国短片,故称"波兰全国短片电影节",从 1964 年起扩大为国际性电影节。波兰各地和世界各国任何时期的短片均可参加评奖或会外展映。短片的长度不得超过 30 分钟,数量不受限制。评委会由国际著名短片艺术家、评论家组成。评奖项目包括最佳短纪录片、最佳短故事片、最佳科教片、最佳美术片等。

4. 圣彼得堡国际电影节

圣彼得堡国际电影节创办于 1988 年,是国际电影制片人协会认证的"国际 D 类电影节",即纪录片与短片电影节,是享誉全球的五大 D 类电影节之一。其最高奖项为"金半人马奖"。

5. 毕尔巴鄂国际纪录片和短片电影节

毕尔巴鄂国际电影节是在西班牙毕尔巴鄂举行的国际性纪录片和短片电影节,1959 年创建,每年 3 月或 12 月举办,为期 1 周左右。电影节每年有二、三十个国家参加,放映一百多部纪录片和短片。电影节的主要目的是通过放映世界各国的纪录片和短片来促进人与人之间、国与国之间的相互了解,介绍当今世界各国纪录片和短片的生产情况。世界各国纪录片和短片均可参加比赛或会外映出。影片的部数和出品时间不受限制,但须经电影节组织者预选通过。电影节设立评奖委员会,负责评奖工作。电影节的主要活动项目有:举行纪录片和短片的比赛;不参加比赛的纪录片和短片可参加会外映出;为纪录片和短片的导演、摄影师、编剧等举行专场映出;举办回顾展,放映某一个国家或某一著名人物摄制的有代表性的影片;召开讨论会,讨论当前纪录片和短片存在的问题;开展商业性活动,促使电影节的优秀纪录片和短片在电影院作商业性发行放映。设最佳纪录片和最佳短片奖。

该电影节是西班牙唯一获得国际电影制片人协会金像奖认可的 A 级国际纪录片节。它还被美国电影艺术与科学学院认证为奥斯卡金像奖的资格赛,也是英国电影与电视艺术学院大不列颠奖和西班牙戈雅奖的资格赛。

第五章 "十四五"时期抚州推进文艺精品创作建议

第一节 文艺工作者在新时代的新要求

每一个时代都会对这个时代的文艺工作者提出各种要求。进入新时代以来,时代和社会对文艺工作者提出了新时代的新要求。习近平总书记站在实现中华民族伟大复兴中国梦的高度,指出:"一个国家、一个民族不能没有灵魂。文化文艺工作、哲学社会科学工作就属于培根铸魂的工作,在党和国家全局工作中居于十分重要的地位,在新时代坚持和发展中国特色社会主义中具有十分重要的作用。"[1] 他还结合新时代我国文艺发展实际,对文艺工作者提出了许多既具体又带有全局性、战略性的要求。

一、以人民为中心的创作导向

坚持"以人民为中心的创作导向"是习近平总书记对文艺工作提出的总原则、总方针,它关系着文艺创作为了谁、要写谁、如何写,以及文艺作品最终由谁来鉴赏、谁来评判等一系列重要的理论命题。"文学艺术创造、哲学社会科学研究首先要搞清楚为谁创作、为谁立言的问题,这是一个根本问题"[2]。这个根本问题指出了一切文艺创作的前提,是所有年代文艺创作者都需要有意识或无意识回答的问题。为人民写作并不是新时代的独创。马克思就讲过,一

---

[1] 习近平. 坚定文化自信把握时代脉搏聆听时代声音 坚持以精品奉献人民用明德引领风尚[N]. 人民日报,2019-3-5.

[2] 同①。

切精神文化产品只是而且应该是人民日常思想和感情的表达,"人民历来就是作家'够资格'和'不够资格'的唯一判断者"①。列宁则提出,无产阶级的文学"不是为饱食终日的贵妇人服务,不是为了百无聊赖、胖得发愁的'一万个上层分子'服务,而是为千千万万劳动人民,为这些国家的精华、国家的力量、国家的未来服务"②。在1942年《在延安文艺座谈会上的讲话》中,毛泽东同志也曾明确提出,当时延安文艺"问题的中心"基本上就是"为群众"和"如何为"的问题,提出文艺不是"为着剥削者压迫者的文艺"而是"为人民的"③。可以说,"为人民"构成了马克思主义文艺观的永恒主题,更是新时代我国社会主义文艺的宗旨所在。④ 根据学者的总结提炼,习近平同志在有关文艺工作的系列重要论述中分3个层次阐述过这个问题。

第一,"为人民服务"是文艺工作者的天职。习近平总书记指出:"只有牢固树立马克思主义文艺观,真正做到了以人民为中心,文艺才能发挥最大正能量。以人民为中心,就是要把满足人民精神文化需求作为文艺和文艺工作的出发点和落脚点,把人民作为文艺表现的主体,把人民作为文艺审美的鉴赏家和评判者,把为人民服务作为文艺工作者的天职。"⑤ 也就是说,人民在文艺工作中具有表现、鉴赏和评判主体的地位,"为人民服务"理念对于创作者具有决定性意义。尤其是"把为人民服务作为文艺工作者的天职"的说法,进一步明确了文艺工作者在新时代从事文艺工作的最高使命和基本职责。

把为人民服务作为文艺工作者的天职,是由文艺的性质和新时代文艺的使命任务所决定的。文艺工作是培根铸魂的工作,"文艺是时代前进的号角,最能代表一个时代的风貌,最能引领一个时代的风气"⑥。在很多时候,文艺比其他任何形式都更具有震撼人心、持之以恒的力量。抗战时期,一首《黄河大合唱》让每一位中华儿女热血沸腾,激起了黄河般百折不挠、同仇敌忾的战斗

---

① 马克思,恩格斯.马克思恩格斯全集:第1卷[M].中共中央马克思恩格斯、列宁、斯大林著作编译局,译.北京:人民出版社,1956:90.
② 列宁.列宁全集:第12卷[M].中共中央马克思恩格斯、列宁、斯大林著作编译局,译.北京:人民出版社,1987:97.
③ 毛泽东.毛泽东选集:第3卷[M].北京:人民出版社,1991:855-860.
④ 丁国旗.新时代习近平对文艺工作者的新要求[J].社会科学辑刊,2021,4.
⑤ 习近平在文艺工作座谈会上的讲话[N].人民日报,2015-10-15.
⑥ 同⑤。

意志，正所谓"一曲大合唱，可顶十万毛瑟枪"，这就是艺术的力量。在当下实现中华民族伟大复兴中国梦的征程中，通过文艺为时代画像、为时代立传、为时代明德，把中国精神、中国价值、中国力量阐释好，宣传好，为广大人民群众提供最强大的精神激励，是所有文艺工作者最神圣的职责和使命。把为人民服务作为文艺工作者的天职，也是由文艺工作者的社会身份所决定的。所有的文艺工作者，都首先是一个社会工作者，在世界上最大的社会主义国家，对人民负责，全心全意为人民服务，应该是文艺工作者自觉践行的行为准则和工作宗旨。①

第二，诚心诚意做人民的小学生。首先，文艺创作的所有素材都来自人民，作为生活主角的人民最有资格、最应该成为文艺作品的主角，成为作品优劣高下最合格、最有能力的评判者。"文艺要赢得人民认可，花拳绣腿不行，投机取巧不行，沽名钓誉不行，自我炒作不行，'大花轿，人抬人'也不行。"②凡此种种，都是没有从心底认可人民、信奉人民的具体表现，是践行"以人民中心"的假动作，是内心虚空的表现。其次，人民创造历史，也是艺术形式的创造者。被认为是中国最早的诗歌作品《弹歌》——"断竹，续竹；飞土，逐宍"，就源自人民，是一首民间歌谣，是地地道道的人民创作。中国最早的诗歌总集《诗经》中的大部分作品的真正创作者也都是来自民间的一个个不知道名姓的劳动者，作品所描写的内容也大都是当时广大劳动人民的日常生活——劳动与爱情、战争与徭役、压迫与反抗、风俗与婚姻、祭祖与宴会等等生活场景。由人民创作、描写人民生活，这是早期文艺，也是后世文艺的重要特点。从诗歌到音乐、舞蹈、绘画、建筑等，莫不如此。总之，广大文艺工作者必须降下身段与人民同呼吸、共命运，多向人民学习，多向人民请教，从更深的层面去认识文艺工作中人民的重要地位，诚心诚意做人民的小学生。文艺属于人民，离开人民，文艺工作者将会一事无成。③

第三，把热爱人民落实在文艺创作全过程。习近平总书记指出："热爱人

---

① 丁国旗.新时代习近平对文艺工作者的新要求［J］.社会科学辑刊，2021，4.
② 习近平在文艺工作座谈会上的讲话［N］.人民日报，2015-10-15.
③ 同①。

民不是一句口号，要有深刻的理性认识和具体的实践行动。"①这句话道出了"热爱人民"的本质内涵和外在表现。所谓"深刻的理性认识"就是要深深懂得人民是历史创造者的道理，从思想情感上认识人民，理解人民。所谓"具体的实践行动"就是要深入群众、扎根生活，把对人民的理性认识运用到实际行为当中。作为人民群众中的一员，广大文艺工作者需要以高度的责任心和事业心，以更加锐利的目光、更加细致的情感、更加主动的态度来观察社会、了解时代，和人民群众交朋友，不断丰富自己对生活的理解和感受，进而提炼生活，写出真正打动人心的好作品。要像习近平同志提到的作家柳青那样，"熟知乡亲们的喜怒哀乐，中央出台一项涉及农村农民的政策，他脑子里立即就能想象出农民群众是高兴还是不高兴"②。这才是真正做到了和人民群众心连心，真正做到了身入、心入、情入，把热爱人民落实到了文艺创作过程中。③

二、培育和弘扬社会主义核心价值观

习近平总书记提出："社会主义核心价值观是当代中国精神的集中体现，是凝聚中国力量的思想道德基础。广大文艺工作者要把培育和弘扬社会主义核心价值观作为根本任务，坚定不移用中国人独特的思想、情感、审美去创作属于这个时代、又有鲜明中国风格的优秀作品。"④对于广大文艺工作者而言，培育和弘扬社会主义核心价值观一方面是提振民族凝聚力、实现文艺培根塑魂的化育作用、培育文化自信的需要，另一方面也是塑造提升新时代我国文化竞争力和文化形象，使西方社会了解中华文化和中华精神，实现中华民族伟大复兴中国梦的需要。⑤

第一，文艺是培育和弘扬社会主义核心价值观的有效载体。习近平同志曾指出："要通过教育引导、舆论宣传、文化熏陶、实践养成、制度保障等，

---

① 习近平在文艺工作座谈会上的讲话[N].人民日报，2015-10-15.
② 同①.
③ 丁国旗.新时代习近平对文艺工作者的新要求[J].社会科学辑刊，2021，4.
④ 习近平在中国文联十大、中国作协九大开幕式上的讲话[N].人民日报，2016-12-1.
⑤ 同③.

第五章 "十四五"时期抚州推进文艺精品创作建议

使社会主义核心价值观内化为人们的精神追求、外化为人们的自觉行动。"[1]文艺通过感人的故事情节、各种人物形象的塑造,将思想价值等精神层面的东西与故事发展、人物命运有机结合,能够在潜移默化中使读者欣赏作品的同时接受作品所传递的社会主义核心价值观,这种"内化"而不是"灌输"的方式,易于为人所接受。可以说,文艺天然地具有培育和弘扬社会主义核心价值观的潜力和能力,是培育和弘扬社会主义核心价值观持久而有效的载体。这就要求文艺创作者要不断提高自己的创作水平,尊重艺术规律,创作优秀作品,使对社会主义核心价值观的弘扬不流于空洞的说教。路遥在《平凡的世界》中有一段经典描写,孙少平在润生家发现《钢铁是怎样炼成的》这本书之后,一个人躲在村子打麦场的麦秸垛后面,用一天的时间便看完了。保尔·柯察金这个外国人的故事强烈地震撼了他幼小的心灵,"他突然感觉到,在他们这群山包围的双水村外面,有一个辽阔的大世界。而更重要的是,他现在朦胧地意识到,不管什么样的人,或者说不管人在什么样的境况下,都可以活得多么好啊!在那一瞬间,生活的诗情充满了他十六岁的胸膛"[2]《钢铁是怎样炼成的》给孙少平所带来的思想上的改变、个人灵魂上的净化和充实、对生命和生活的希望,都是优秀文艺作品的"内化"力量所带来的。正如习近平总书记所指出的:"艺术的最高境界就是让人动心,让人们的灵魂经受洗礼,让人们发现自然的美、生活的美、心灵的美。"[3]因此,创作上要"莎士比亚化",而不要"席勒式","席勒式"的振臂高呼并不会让读者热血沸腾,反而会使读者反感,达不到应有的效果。通过丰富的文艺形式、艺术形象,告诉人们什么是有价值的,什么是无意义的,什么是真善美,什么是假恶丑,这是优秀的、高质量的文艺作品的优势所在,也是使命所在。[4]

第二,社会主义核心价值观是文艺作品的灵魂。习近平总书记指出:"人类社会发展的历史表明,对一个民族、一个国家来说,最持久、最深层的力量是全社会共同认可的核心价值观。核心价值观,承载着一个民族、一个国家

---

[1] 习近平.把培育和弘扬社会主义核心价值观作为凝魂聚气强基固本的基础工程[N].人民日报,2014-2-26.
[2] 路遥.平凡的世界:第1部[M].北京:中国文联出版社,1986:10-11.
[3] 习近平在文艺工作座谈会上的讲话[N].人民日报,2015-10-15.
[4] 丁国旗.新时代习近平对文艺工作者的新要求[J].社会科学辑刊,2021,4.

的精神追求，体现着一个社会评判是非曲直的价值标准。古人说："大学之道，在明明德，在亲民，在止于至善。核心价值观，其实就是一种德，既是个人的德，也是一种大德，就是国家的德、社会的德。国无德不兴，人无德不立。如果一个民族、一个国家没有共同的核心价值观，莫衷一是，行无依归，那这个民族、这个国家就无法前进。这样的情形，在我国历史上，在当今世界上，都屡见不鲜。"① 社会主义核心价值观从国家之德、社会之德、人之德3个方面为新时代民族精神塑造提供了方向。社会主义核心价值观的培育和弘扬，已经成为新时代中国特色社会主义繁荣发展、实现民族伟大复兴国家战略的重要内容之一，是我国文化软实力的重要体现，是新时代广大文艺工作者的根本任务。社会主义核心价值观的提出以及对广大文艺工作者在弘扬社会主义核心价值观方面的要求，有着很强的现实针对性。从社会现实来看，改革开放以来，"我国经济发展很快，人民生活水平提高也很快。同时，我国社会正处在思想大活跃、观念大碰撞、文化大交融的时代，出现了不少问题。其中比较突出的一个问题就是一些人价值观缺失，观念没有善恶，行为没有底线，什么违反党纪国法的事情都敢干，什么缺德的勾当都敢做，没有国家观念、集体观念、家庭观念，不讲对错，不问是非，不知美丑，不辨香臭，浑浑噩噩，穷奢极欲。现在社会上出现的种种问题病根都在这里。这方面的问题如果得不到有效解决，改革开放和社会主义现代化建设就难以顺利推进。"② 这段话充分说明习近平同志看到了当下人们日常行为、生活实践与认识方面存在的较为严重的问题，以及对通过文艺进行改变的殷切希望。而这些问题的存在显然与习近平总书记所指出的新时期之后出现"以洋为尊""以洋为美""唯洋是从"，跟在别人后面亦步亦趋、东施效颦的现象，"热衷于'去思想化''去价值化''去历史化''去中国化''去主流化'那一套"③ 是无法分开的。这些问题是新时期之后我国思想学术、生活方式等长期"西化"的产物，是我们在核心价值观教育方面有所放松或缺失的必然结果。④

---

① 习近平：青年要自觉践行社会主义核心价值观——在北京大学师生座谈会上的讲话（2014年5月4日）[N].人民日报，2014-5-5.
② 习近平在文艺工作座谈会上的讲话[N].人民日报，2015-10-15.
③ 同②。
④ 丁国旗.新时代习近平对文艺工作者的新要求[J].社会科学辑刊，2021，4.

三、扎根人民、扎根生活

"扎根人民、扎根生活"是 2014 年习近平同志在文艺工作座谈会上的讲话中论述创作方法时提出来的。他说:"文艺创作方法有一百条、一千条,但最根本、最关键、最牢靠的办法是扎根人民、扎根生活。"①"扎根生活、扎根人民"这一创作方法或态度,是在深刻理解文艺源于人民、服务人民以及文艺要弘扬社会主义核心价值观、要出精品等前提下提出来的,并且只有在这些前提下来理解才是有新意、合乎时代要求的。这就是"扎根人民、扎根生活"是最根本、最关键、最牢靠的创作办法的原因。

第一,"扎根人民、扎根生活"是马克思主义现实主义创作的基本要求。毛泽东同志在《延安文艺座谈会上的讲话》中就提出:"人民生活中本来存在着文学艺术原料的矿藏,这是自然形态的东西,是粗糙的东西,但也是最生动、最丰富、最基本的东西;在这点上说,它们使一切文学艺术相形见绌,它们是一切文学艺术的取之不尽、用之不竭的唯一的源泉。"②在这一原则指引下,广大文艺工作者奔赴抗战和生活第一线,同人民群众始终保持鱼水相依的亲密关系,创作出了像《白毛女》《山乡巨变》等脍炙人口的作品,出现了赵树理、柳青等一批与人民心心相连、受人民欢迎的优秀作家。在中国特色社会主义进入新时代这一重要历史时期,习近平同志又一次强调了"人民是创作的源头活水,只有扎根人民,创作才能获得取之不尽、用之不竭的源泉"③这一思想。可以说,对于作家艺术家而言,只有深入生活,扎根人民,不断积累素材,用真心去体验群众的喜怒哀乐,创作才会有可靠的基础。艺术反映生活,不以生活为基础,作品必然抽象空谈,人物必然苍白无力。扎根人民生活、立足群众实践是文艺创作的根本途径。④

"扎根人民、扎根生活"并非彼此隔绝、相互独立,而是紧密相连的整

---

① 习近平在文艺工作座谈会上的讲话[N].人民日报,2015-10-15.
② 毛泽东选集:第 3 卷[M].北京:人民出版社,1991:855—860.
③ 习近平:坚定文化自信把握时代脉搏聆听时代声音坚持以精品奉献人民用明德引领风尚[N].人民日报,2019-3-5.
④ 丁国旗.新时代习近平对文艺工作者的新要求[J].社会科学辑刊,2021,4.

体。"扎根人民"实际上就是扎根人民的生活,而"扎根生活"也只能是扎根人民的生活。"扎根人民、扎根生活"一是要求作家要把身子真正扎下去,而不能以"采风""下乡"取代;二是要处理好文艺与人民、与生活、与时代的统一关系。此外,这里的"扎根人民、扎根生活"还有其更深层次的含义,这就是"扎根人民"反映的是文艺工作者与人民的关系,所强调的是文艺创作者与人民血肉相连的情感纽系;而"扎根生活"体现出来的则是文艺与现实的关系,所强调的是文艺工作者对于现实问题的关注及与时代发展命运的联系。这就在关注人民的前提之下,将更宽广的视角投注到整个社会的生活场景以及对社会发展的历史命运的理解之中。"扎根人民、扎根生活"还具有鲜明的时代标识,只有强调对时代的理解与把握,才能创作出优秀的文艺作品。[①]

第二,提炼生活是艺术创作的基本能力。艺术源于生活又高于生活,作家艺术家若没有对生活进行提炼,作品就可能永远爬行在生活的边缘,无法给人以美的享受,更难以给人提供思想的启迪。因此,提炼生活是文艺创作者必备的基本能力。一定程度上讲,作品质量的高低好坏是由创作者的艺术提炼功夫所决定的。提炼生活,首先要真正读懂生活、吃透生活、消化生活,不断提高对生活的阅读能力。"社会是一本大书,只有真正读懂、读透了这本大书,才能创作出优秀作品。"[②]只有扎根人民,扎根生活,阅读生活,读懂生活,文化文艺工作者才能"跳出'身边的小小的悲欢',走进实践深处,观照人民生活,表达人民心声,用心用情用功抒写人民、描绘人民、歌唱人民"[③]。在提炼生活过程中还会遇到诸如创作素材选取、创作原则运用、艺术构思方法、人物形象塑造等问题。如何艺术地应对这些问题,也是创作者提炼生活能力的一种表现。"生活中并非到处都是莺歌燕舞、花团锦簇,社会上还有许多不如人意之处、还存在一些丑恶现象。对这些现象不是不要反映,而是要解决好如何反映的问题。"[④]习近平总书记还强调文艺创作"应该用现实主义精神和浪漫主义情怀观照现实生活,用光明驱散黑暗,用美善战胜丑恶,让人们看到美好、看

---

① 丁国旗.新时代习近平对文艺工作者的新要求[J].社会科学辑刊,2021,4.
② 习近平在中国文联十大、中国作协九大开幕式上的讲话[N].人民日报,2016-12-1.
③ 习近平.一个国家、一个民族不能没有灵魂[J].求是,2019,8.
④ 习近平在文艺工作座谈会上的讲话[N].人民日报,2015-10-15.

到希望、看到梦想就在前方"①，因为这既是现实生活多元多面呈现本身的基本要求，也是社会主义文艺创作的必然追求，更是马克思主义文艺创作观的基本传统和特征。"现实主义精神"让我们扎根人民，深入现实，"浪漫主义情怀"让我们立足现实，提炼生活，弘扬真善美，传播正能量。②

第三，时代宏大叙事场景最值得反映和记录。当今世界正处于百年未有之大变局，当今中国综合国力发展之快、对世界影响之大同样百年未有。中国正处于大踏步前进并在前进的过程中不断为世界文化文明做出重要贡献的伟大时代，忠实地记录这个时代、深刻地反映这个时代、艺术地表现这个时代，把改革创新、以人为本、和平发展、社会和谐、与时俱进等一系列时代精神描摹出来，让中国和世界人民都感受到、领悟到并从心底由衷地认同我们的时代。这既是文艺创作者艺术生命的呈现，也是新时代文艺工作者人生价值的体现，更是时代赋予我们难得的艺术创新创造的机会。习近平同志寄语广大文艺工作者，要"坚定文化自信，把握时代脉搏，聆听时代声音，承担记录新时代、书写新时代、讴歌新时代的使命，勇于回答时代课题，从当代中国的伟大创造中发现创作的主题、捕捉创新的灵感，深刻反映我们这个时代的历史巨变，描绘我们这个时代的精神图谱，为时代画像、为时代立传、为时代明德。"③因此，文艺创作既要有生活的宽度，也要有历史的深度，更要有艺术把握生活的高度，这是文艺工作者作为"时代风气的先觉者、先行者、先倡者"④的具体体现。"扎根人民、扎根生活"重新为文艺创作者回归人民、回归生活提供了新的契机。恰如毛泽东同志当年批评的上海"亭子间写作"一样，曾经文艺界中追逐金钱、个人化写作、历史虚无主义、远离人民生活的问题比比皆是。"书房"写作、"宾馆"写作、"景区"写作曾经是许多作家的创作"真经"，抒发一己之小悲欢构成一些作家写作的全部情感，这些都是问题。"扎根人民、扎根生活"的提出是针砭文艺创作存在的各种问题与困境的一剂良药。它既是一种能力和本领，又是一种修养；既是创作者向人民学习、接受人民再教育、提

---

① 习近平在文艺工作座谈会上的讲话［N］. 人民日报，2015-10-15.
② 丁国旗. 新时代习近平对文艺工作者的新要求［J］. 社会科学辑刊，2021，4.
③ 习近平：坚定文化自信把握时代脉搏聆听时代声音 坚持以精品奉献人民用明德引领风尚［N］. 人民日报，2019-3-5.
④ 同①。

升自己创作能力的必然过程,也是出精品、创经典、繁荣发展社会主义文艺文化的必然之路;是时代的需要,更是走向"德艺双馨"的必然之路。①

四、德艺双馨的艺术境界

"德艺双馨"是习近平总书记在谈到文艺创作时总会提及的话题。习近平总书记认为"繁荣文艺创作、推动文艺创新,必须有大批德艺双馨的文艺名家"②。在中国文联十大、作协九大开幕式讲话中,他提到"广大文艺工作者要把崇德尚艺作为一生的功课,把为人、做事、从艺统一起来,加强思想积累、知识储备、艺术训练,提高学养、涵养、修养,努力追求真才学、好德行、高品位,做到德艺双馨。"③前述"以人民为中心"、弘扬社会主义核心价值观是文艺工作者之"德","扎根人民、扎根生活"是文艺创作者之"才"与"艺"。德在于养,艺要去修,创作者要想达到"德艺双馨",就要不断地在实践中磨砺、体悟、思考,要经历一个痛苦与超越的过程。④

第一,戒浮戒躁是文艺创作者的本分。习近平总书记曾经提到,"浮躁"是很多艺术家对当前我国文艺最突出的问题的一致看法。除此之外,他还提到在文艺创作方面存在的"有数量缺质量、有'高原'缺'高峰'的现象,存在着抄袭模仿、千篇一律的问题,存在着机械化生产、快餐式消费的问题",以及在一些作品中,"有的调侃崇高、扭曲经典、颠覆历史,丑化人民群众和英雄人物;有的是非不分、善恶不辨、以丑为美,过度渲染社会阴暗面;有的搜奇猎艳、一味媚俗、低级趣味,把作品当作追逐利益的'摇钱树',当作感官刺激的'摇头丸';有的胡编乱写、粗制滥造、牵强附会,制造了一些文化'垃圾';有的追求奢华、过度包装、炫富摆阔,形式大于内容;还有的热衷于所谓'为艺术而艺术',只写一己悲欢、杯水风波,脱离大众、脱离现实"的情况。而造成这种现象的原因,一是文艺"在市场经济大潮中迷失方向""在

---

① 丁国旗.新时代习近平对文艺工作者的新要求[J].社会科学辑刊,2021,4.
② 习近平在文艺工作座谈会上的讲话[N].人民日报,2015-10-15.
③ 习近平在中国文联十大、中国作协九大开幕式上的讲话[N].人民日报,2016-12-1.
④ 同①.

为什么人的问题上发生偏差",另一个则是"一些人觉得,为一部作品反复打磨,不能及时兑换成实用价值,或者说不能及时兑换成人民币,不值得,也不划算"①。文艺作品最终要由创作者来完成,创作者的德艺修养状况决定着文艺作品的水平和质量。习近平总书记指出:"文艺是给人以价值引导、精神引领、审美启迪的,艺术家自身的思想水平、业务水平、道德水平是根本。文艺工作者要自觉坚守艺术理想,不断提高学养、涵养、修养,加强思想积累、知识储备、文化修养、艺术训练,努力做到'笼天地于形内,挫万物于笔端'。除了要有好的专业素养之外,还要有高尚的人格修为,有'铁肩担道义'的社会责任感。在发展社会主义市场经济条件下,还要处理好义利关系,认真严肃地考虑作品的社会效果,讲品位,重艺德,为历史存正气,为世人弘美德,为自身留清名,努力以高尚的职业操守、良好的社会形象、文质兼美的优秀作品赢得人民喜爱和欢迎。"②

第二,养德与修艺是文艺创作者的必修课。对于文艺工作者而言,个人修养包括德行修养与艺术素养两个方面。关于养德的问题,习近平同志曾经说过:"道德之于个人、之于社会,都具有基础性意义,做人做事第一位的是崇德修身。这就是我们的用人标准为什么是德才兼备、以德为先,因为德是首要、是方向,一个人只有明大德、守公德、严私德,其才方能用得其所。修德,既要立意高远,又要立足平实。要立志报效祖国、服务人民,这是大德,养大德者方可成大业。"③习近平总书记对于德艺双馨的呼唤与重视,与其对新时代文艺工作者所肩负的历史使命和时代任务的科学认知是分不开的。正像他所说的:"文化文艺工作者、哲学社会科学工作者都肩负着启迪思想、陶冶情操、温润心灵的重要职责,承担着以文化人、以文育人、以文培元的使命。大家社会影响力大,理应以高远志向、良好品德、高尚情操为社会做出表率。"④他要求:"新时代的文化文艺工作者、哲学社会科学工作者明大德、立大德,就要有信仰、有情怀、有担当,树立高远的理想追求和深沉的家国情怀,把个

---

① 习近平在文艺工作座谈会上的讲话[N].人民日报,2015-10-15.
② 同①。
③ 习近平:青年要自觉践行社会主义核心价值观[N].人民日报,2014-5-5.
④ 习近平:坚定文化自信把握时代脉搏聆听时代声音 坚持以精品奉献人民用明德引领风尚[N].人民日报,2019-3-5.

人的艺术追求、学术理想同国家前途、民族命运紧紧结合在一起，同人民福祉紧紧结合在一起，努力做对国家、对民族、对人民有贡献的艺术家和学问家。要坚守高尚职业道德，多下苦功、多练真功，做到勤业精业。要自觉践行社会主义核心价值观，在市场经济大潮面前自尊自重、自珍自爱，讲品位、讲格调、讲责任，抵制低俗庸俗媚俗。良好职业道德体现在执着坚守上，要有'望尽天涯路'的追求，耐得住'昨夜西风凋碧树'的清冷和'独上高楼'的寂寞，最后达到'蓦然回首，那人却在，灯火阑珊处'的领悟。"①

第三，"德艺双馨"是时代的需要。"德艺双馨"一直都受到文艺管理部门和文艺工作者的重视。早在 2012 年和 2014 年，中国文联就出台了相关文件，提出了"台上台下一样，人前人后一样。做社会主义核心价值观的坚定守护者，积极践行文艺界'爱国、为民、崇德、尚艺'的核心价值观，坚决反对拜金主义、享乐主义、极端个人主义，坚决抵制'黄、赌、毒、黑'等违法乱纪行为，修身律己、磨砺品行、德艺双馨、行为世范"②等指导性规定。"爱国、为民、崇德、尚艺"都是修养的表现，在今天已经成为广大文艺工作者的心声和共识。习近平总书记反复告诫广大作家艺术家一定要处理好德与艺的辩证关系，要有"德艺双馨"的远大抱负，向大师看齐，对后世负责，要努力磨炼，要将对德与艺的追求体现在艺术创作中，表现在对生活的认识和体味中，对急功近利的贬斥中，体现在服务国家与人民的伟大事业中。③

第二节　"十四五"时期抚州推进文艺精品创作的建议

"十三五"以来，在以习近平同志为核心的党中央坚强领导下，在各级党委政府重视支持和社会各界的共同努力下，我国文艺事业百花竞放、硕果累累，呈现出繁荣发展的生动景象。抚州市的文化建设成果丰硕。"十三五"以来，抚州向着打造"全域文化旅游知名目的地"的目标迈出坚实步伐，新景点、新业态、新模式、新线路、新产品接连涌现，游客体验感不断提升，实现

---

① 习近平.一个国家、一个民族不能没有灵魂［J］.求是，2019，8.
② 文艺工作者践行社会主义核心价值观倡议书［N］.人民日报，2014-8-30.
③ 丁国旗.新时代习近平对文艺工作者的新要求［J］.社会科学辑刊.2021，4.

了"县县都有 4A 级景区和 4A 级乡村旅游点"。在"十三五"时期,抚州"文化走出去"成效显著,最可喜的是汤显祖戏剧节成为江西文化"新名片"。

"十三五"时期,抚州市一系列重大政策措施相继出台,艺术创作生态进一步改善。文艺战线积极围绕中心、服务大局,增强"四个意识"、坚定"四个自信"、做到"两个维护",艺术创作组织化程度进一步提高,艺术作品的整体质量显著提升。重大活动导向和示范作用进一步发挥,文艺人才队伍进一步壮大,艺术传播的广度和深度进一步拓展。在抚州市的各项事业中,文艺事业的重要地位和作用愈加突出。一是创作出了丰厚的文艺成果。承接了 2020 年江西文化巡礼展系列活动。根据武警江西总队抚州支队一级警士长李进明同志的英雄事迹,创作了大型盱河高腔现代戏《忠诚》,该剧目在 2020 年江西文化巡礼精品文艺剧目展演开幕式演出上受到专家和观众的一致好评。精品剧目盱河高腔《牡丹亭》荣获第 3 届江西省文学艺术奖。二是抓好主题性创作。抚州市紧扣决战脱贫攻坚、全面建成小康社会、建党 100 周年等主题,广泛动员文艺工作者开展艺术创作,创作出了大量强信心、暖人心、聚民心的艺术作品。据统计全市完成抗疫主题创作戏剧作品 19 件、音乐作品 34 首、舞蹈作品 30 部、曲艺作品 24 件,美术书法等其他作品 500 余件。大量优秀作品被江西文旅、学习强国等平台公开发布;23 件优秀美术作品入选省抗疫主题美术展,10 件抗疫作品荣获全省优秀抗疫作品;歌曲《美丽畲乡山外俏》荣获第 3 届少数民族艺术节山歌赛汉族山歌类三等奖;付晓辉同志书法美术作品分别荣获第 11 届"羲之杯"全国诗画家邀请赛一等奖、第 3 届"琅琊杯"诗画家精英赛一等奖;翁波波美术作品入选 2020 年戏曲百戏(昆山)盛典"戏曲百戏百人百画"作品展;傩面具木雕《开山》《傩王》、刻纸艺术《水浒叶子系列》、金银錾刻等作品分别在江西省首届当代工艺美术双年展荣获银奖、铜奖、优秀奖;许彬凯入选第 3 届江西青年美术家优秀作品展。三是抓好县区艺术生产工作的指导。资溪县畲族山歌《隔山唱歌好声音》荣获第 3 届少数民族艺术节少数民族山歌类一等奖;临川区抚州采茶戏《卖花线》、广昌盱河戏《姜女送衣》参演了 2020 戏曲百戏(昆山)盛典,反响热烈;乐安县文化馆与省文联联合创作的歌曲《农家笑》获评 2020 年度文艺精品创作资助项目。抚州市还建立了全市艺术创作生产项目数据库,并按季度调度实施完成情况。

"十四五"时期是我国全面建成小康社会、实现第一个百年奋斗目标之后,乘势而上开启全面建设社会主义现代化国家新征程、向第二个百年奋斗目标进军的第一个五年,也是社会主义文化强国建设的关键时期。实现中华民族伟大复兴,离不开文艺事业繁荣发展。文艺战线要全面把握新发展阶段、新发展理念和新发展格局,抓住新机遇,直面新挑战,感国运变化、立时代潮头,用精品力作吹响时代前进号角、展现时代风貌、引领时代风气,为中华民族提供丰厚滋养,为世界文明贡献华彩篇章,努力开创艺术创作繁荣发展新局面。

一、"十四五"时期文艺精品创作的总体要求

根据文化与旅游部《"十四五"艺术创作规划》,"十四五"时期的文艺精品创作要全面贯彻党的二十大会议精神,坚持以马克思列宁主义、毛泽东思想、邓小平理论、"三个代表"重要思想、科学发展观、习近平新时代中国特色社会主义思想为指导,深入贯彻落实习近平总书记关于文艺工作的系列重要论述精神,坚持为人民服务、为社会主义服务,坚持百花齐放、百家争鸣,坚持创造性转化、创新性发展,围绕举旗帜、聚民心、育新人、兴文化、展形象的使命任务,立足铸就中华民族伟大复兴的文艺高峰,推动社会主义文艺高质量发展,创作更多接地气、传得开、留得下的优秀作品,促进满足人民文化需求和增强人民精神力量相统一,推进社会主义文化强国建设,为全面建设社会主义现代化国家提供精神动力。

文艺创作的基本原则是:坚持党对文艺工作的全面领导。不断增强"四个意识"、坚定"四个自信"、做到"两个维护",始终在思想上政治上行动上同以习近平同志为核心的党中央保持高度一致,把党对文艺工作的战略部署和工作要求贯彻到文艺事业发展全过程各方面。坚持正确方向。始终坚持马克思主义在意识形态领域的指导地位,以社会主义核心价值观为引领,牢牢把握社会主义先进文化前进方向,确保国家文化安全。坚持把社会效益放在首位,努力实现社会效益与经济效益相统一。坚定文化自信。坚守中华文化立场,传承中华文化基因,讲好中国故事。坚持不忘本来、吸收外来、面向未来,创作生产更多具有中国特色、中国风格、中国气派的优秀艺术作品。坚持以人民为中

心的创作导向。把满足人民精神文化需求作为文艺和文艺工作的出发点和落脚点，把人民作为文艺表现的主体，把人民作为文艺审美的鉴赏家和评判者，把为人民服务作为文艺工作者的天职，用心用情用功抒写人民、描绘人民、歌唱人民。深入生活，扎根人民，观照人民生活，表达人民心声，不断实现人民对美好生活的向往。坚持提升作品质量。把提高质量作为文艺作品的生命线，实施精品战略，坚持思想精深、艺术精湛、制作精良相统一，创作推出更多传播当代中国价值观念、体现中华文化精神、反映中国人审美追求的优秀作品。促进各地区艺术创作、各艺术门类全面繁荣，不断向艺术高峰迈进。坚持艺术规律。研究新时代文艺工作对象、方式、手段、机制的新特点，新时代文艺作品创作、传播方式的新变化，建立健全符合文艺发展规律的体制机制和管理措施。坚持把创新精神贯穿于艺术创作生产全过程，推动观念和手段相结合、内容和形式相融合、各种艺术要素和技术要素相辉映，提升作品精神高度、文化内涵和艺术价值，增强艺术表现力。

"十四五"时期抚州文艺创作的发展目标为：牢牢把握社会主义先进文化前进方向，发挥抚州红色文化、戏曲文化、古村落文化、禅宗文化、中医药文化等特色优势，打造文化强市，实现艺术创作生产扶持资助体系进一步完善；不断增强原创能力，提升剧本质量；各艺术门类创作活跃，精品迭出，逐步实现从高原到高峰的跨越；不断增强国有文艺团体创新创造活力和内生动力，提升创演质量、管理水平、服务效能，进一步巩固和发挥主导地位和引领作用，民营文艺团体发展更加繁荣有序；高水平创作人才脱颖而出，逐渐形成层次分明、专业齐备的艺术人才培养体系；艺术与科技结合更加紧密，线下演出与线上演播融合发展，艺术传播力进一步提升，国际影响力和竞争力显著增强。

二、推进抚州新时代艺术精品创作及走出去

根据《"十四五"艺术创作规划》，"十四五"时期的文艺创作要以习近平新时代中国特色社会主义思想为引领，全面展现新时代我国在经济、政治、文化、社会、生态文明建设方面取得的重大成就、积累的宝贵经验，反映新时代精神和现实生活。

（一）重大时间节点。"十三五"期间，抚州围绕中国共产党成立100周年、全面建成小康社会、党的二十大、北京冬奥会等已做了许多工作，接下来，可围绕新中国成立75周年、中国人民抗日战争暨世界反法西斯战争胜利80周年等重大时间节点，围绕党史、新中国史、改革开放史、社会主义发展史等领域统筹创作规划，遴选重点选题，组织创作团队，创作推出一批精品力作。

（二）重大国家战略和抚州发展定位。围绕人类命运共同体、"一带一路"倡议、创新驱动发展、乡村振兴和高质量发展等国家重大战略，以及抚州市"全省高质量跨越式发展示范市、全国践行'两山'理论先行区、江西对外开放重要窗口、全国文化强市标杆城市"的发展定位，创作推出一批精品力作。

（三）重要精神财富。充分发挥江西省和抚州市红色文化优势，围绕党在革命时期、建设时期、改革时期形成的井冈山精神、苏区精神、长征精神、方志敏革命精神等红色精神，以及中央苏区纪念馆建设等工作开展创作。

（四）优秀传统文化。打好汤显祖和禅宗文化牌，围绕培育和践行社会主义核心价值观，结合中华民族在长期实践中形成的独特思想理念和道德规范，坚定文化自信，坚持创造性转化、创新性发展，坚持守正创新，创作推出一批展现中华民族历史地位和影响力、阐发中华文化富于历史性、跨文化性的永恒魅力和当代精神气韵的优秀作品，铸牢中华民族共同体意识。

进一步加强艺术创作规划和资源统筹，不断提高文艺创作组织化程度，发挥制度优势，形成集体创作、合力攻关的良好氛围。不断引导广大文艺工作者深入生活，扎根人民，从人民的实践和多彩的生活中汲取营养，以精品奉献人民。坚持现实题材、革命题材、传统题材并重，紧紧围绕重大时间节点、重大国家战略和其他重大主题，突出选题的思想性、时代性，从剧本创作入手，落实创作责任主体，推出一批优秀新创作品，挖掘整理、复排提升一批传统（保留）剧目。持续推动艺术创作、各艺术门类均衡发展，全面提升艺术创作水平，勇攀新时代文艺高峰。用好国家艺术基金和其他基金资金，进一步优化资助机制。推动艺术与科技融合，加大数字技术应用力度。

按照抚州市"十四五"规划总体安排，抚州市文艺精品创作重点考虑以下具体领域：

（一）提高社会文明程度。坚持以社会主义核心价值观引领文化建设，加强社会主义精神文明建设，推动形成适应新时代要求的思想观念、精神面貌、文明风尚、行为规范。全面深入开展习近平新时代中国特色社会主义思想教育培训，加强党史、新中国史、改革开放史、社会主义发展史学习教育，结合庆祝中国共产党成立一百周年等重大活动，弘扬党和人民在各个历史时期奋斗中形成的伟大精神，传承红色基因。结合《抚州市文明行为促进条例》宣传文明城市和农村精神文明，宣传网络精神文明，与互联网企业合作展开相关的精品宣传。

（二）打造"中国戏都"文化品牌。推动以王安石、曾巩、汤显祖、陆九渊、晏殊等为代表的临川文化传承、保护和发展，进一步打响汤显祖戏曲文化品牌，高标准举办汤显祖戏剧节暨国际戏剧交流月活动，复排盱河高腔《临川四梦》，组织经典剧目赴海外交流演出，进一步推动汤显祖戏曲文化走向世界，唱响抚州"中国戏都"文化品牌。抓好汤显祖大剧院经典剧目演出、《寻梦牡丹亭》实景演出等特色演出项目，推动文化传承、演艺传播与旅游体验等融合发展。

（三）加强特色文化传承保护。推广金溪"大坊创意村"做法，吸引更多中外文化艺术家加入到古村落保护与利用中来，实现传统村落活态保护、活态传承、活态发展。做好非遗文化传承保护工作，创建国家级抚州戏曲文化生态保护试验区，推动国家和省、市非遗项目的创新应用。围绕非遗、文物遗迹展开创作，建设素材库。弘扬壮大传统中医药文化，挖掘"盱江医学"传统中医和"建昌帮炮制技艺"非物质文化遗产价值，推动中医药文化传承。实施"经典故事"工程，传播红色文化。

附件　抚州文艺作品研究文章索引清单

附1　采茶戏研究文章索引清单

序号	标题	作者	出处	刊发时间/期数
1	《抚州采茶戏唱腔研究》	谭倩媛	硕士学位论文，江西财经大学	2019年
2	《抚州采茶戏的历史回顾、发展前景及相关问题》	黄建荣 高赟	《东华理工学院学报（社会科学版）》	2007年第1期
3	《抚州采茶戏发展现状的问题与对策》	汪媛 邓伟民 汪高发	《戏剧之家》	2005年第5期
4	《抚州采茶戏音乐的文化语境分析》	白明辉	《福建茶叶》	2016年第3期
5	《抚州采茶戏音乐形态研究》	孔蕊	《福建茶叶》	2018年第6期
6	《抚州采茶戏音乐形态研究》	谢凌岩	《福建茶叶》	2016年第12期
7	《抚州采茶戏音乐研究》	汪媛	硕士学位论文，江西师范大学	2006年
8	《抚州采茶戏音韵研究》	梅淑娥	硕士学位论文，南昌大学	2008年
9	《民族文化中的音乐表现——抚州采茶戏音乐文化的研究》	吕彬	《音乐时空》	2014年第22期
10	《如何加强抚州采茶戏的保护与发展》	喻莉	《影剧新作》	2013年第4期
11	《探究江西抚州采茶戏音乐文化形态的传承轨迹》	吕彬	《戏剧之家》	2014年第16期

续表

序号	标题	作者	出处	刊发时间/期数
12	《探究江西抚州采茶戏音乐文化形态的传承与保护轨迹》	刘威	《智库时代》	2019年第36期

附2 抚州旅游研究文章索引清单

序号	标题	作者	出处	刊发时间/期数
1	《才子之乡 凤凰展翅——江西省抚州市打造文化生态名城见闻》	聂贝妮 聂爱平	《老区建设》	2008年第13期
2	《残垣古村的新生——抚州坪背村整体规划建设设计》	马娜丽	硕士学位论文，南昌大学	2020年
3	《处理好四种关系 促进抚州全域旅游发展》	黄鹰西 丁德良	《抚州日报》	2018年8月8日
4	《对发展抚州文化旅游的思考》	胡婷婷	《特区经济》	2008年12月
5	《发挥比较优势 发展抚州文化产业》	谭海斌	《当代江西》	2012年第2期
6	《发挥文化生态优势 做大做强抚州旅游产业》	黄耀波	《光华时报》	2012年1月20日
7	《抚州旅游电子商务发展现状及策略分析》	肖海燕 胡婷婷	《老区建设》	2013年第24期
8	《抚州旅游信息化平台建设现状及新型平台构建》	涂海丽 黄国华	《老区建设》	2013年第22期
9	《抚州旅游形象定位分析》	胡婷婷 彭志红	《老区建设》	2010年第10期
10	《抚州旅游业发展历程与经验启示》	宋月婵 黄晨	《旅游纵览（下半月）》	2019年第18期
11	《抚州傩文化生态旅游资源开发研究》	廖夏林 金卫根 许俐俐	《东华理工大学学报（社会科学版）》	2010年第3期

续表

序号	标题	作者	出处	刊发时间/期数
12	《抚州生态旅游产业资源及发展研究》	肖海燕 胡婷婷	《旅游纵览(下半月)》	2013年第22期
13	《抚州市发展全域旅游的对策研究》	黄鹰西 丁德良	《延边党校学报》	2020年第1期
14	《抚州市临川文化旅游产业发展战略的对策》	赵彬雁	《旅游纵览(下半月)》	2017年第8期
15	《抚州市旅游产业融资方式研究》	袁志华 温桃	《价值工程》	2020年第19期
16	《抚州市旅游业可持续发展研究》	周美玲 马杰	《科技信息(学术研究)》	2006年第6期
17	《抚州市旅游业资产证券化研究》	周军霞	《老区建设》	2019年第6期
18	《抚州市旅游营销策略研究》	胡婷婷	《中国商贸》	2011年第32期
19	《抚州市生态旅游产品开发研究》	金卫根 黄木长 孙丽萍 李秋华	《东华理工大学学报(社会科学版)》	2007年第2期
20	《抚州市生态旅游资源的保护性开发》	吴瑞娟 金卫根 孙丽萍	《江西能源》	2004年第4期
21	《抚州市特色小镇可持续发展中存在的问题与对策研究》	周美玲 夏虹	《老区建设》	2018年第24期
22	《抚州市温泉旅游开发研究》	何小芊 刘宇	《东华理工大学学报(社会科学版)》	2012年第4期
23	《抚州市休闲农业发展中存在的问题及对策研究》	游涛	硕士学位论文,江西农业大学	2017年
24	《抚州市中心城区旅游形象策划》	陈雪瑶 黄勋 李彤	《科教导刊(中旬刊)》	2010年第8期

续表

序号	标题	作者	出处	刊发时间／期数
25	《抚州文化旅游产品整合及开发研究》	熊文平	《江西教育学院学报》	2012年第1期
26	《抚州文化旅游发展需做到"IP先行，协同发展"》	陈唤 凌榕 钟婷 张新宇 张玉琪	《市场观察》	2020年第1期
27	《抚州文化旅游资源开发研究》	熊文平	《农村经济与科技》	2012年第5期
28	《抚州智慧旅游发展研究》	胡小红 刘燕荣	《合作经济与科技》	2018年第22期
29	《搞活做优抚州旅游产业》	黄耀波	《江西政协报》	2019年11月19日
30	《关于发展观光休闲农业的思考——以江西省抚州市为例》	熊文平 钟业喜	《农业考古》	2011年第6期
31	《关于抚州生态旅游发展的几点思考》	黄鹰西	《旅游纵览（下半月）》	2016年第20期
32	《基于蚁群算法的抚州旅游路线研究》	徐亚馨 郑勇明 彭凤梅 刘婧	《电脑与电信》	2019年10月
33	《基于SWOT模型的改善抚州市招商引资对策研究》	饶源中	硕士学位论文，南昌大学	2010年
34	《江西南城县旅游地学资源特征及旅游开发对策研究》	刘丹	硕士学位论文，东华理工大学	2018年
35	《江西省城市旅游效率评价与区域差异研究》	张华勇	硕士学位论文，中国海洋大学	2014年
36	《江西省传统村落空间分布及保护发展策略研究》	吴婷婷	硕士学位论文，江西财经大学	2020年
37	《江西省南丰县乡村旅游发展研究》	黄全德	硕士学位论文，仲恺农业工程学院	2015年

续表

序号	标题	作者	出处	刊发时间/期数
38	《江西省乡村旅游景区空间格局及优化研究》	孙国念	硕士学位论文，江西师范大学	2019年
39	《江西文化旅游研究》	周叶	博士学位论文，武汉大学	2014年
40	《讲好抚州故事推进古村落文化开发》	吴文新	《抚州日报》	2018年1月10日
41	《旅游业：抚州绿色发展战略突破口》	陈福生	《抚州日报》	2015年12月15日
42	《浅谈抚州地区旅游业发展中存在的问题及对策》	李向东 刘海泉	《江西财税与会计》	2000年第7期
43	《浅谈日本对抚州乡村旅游发展的启示》	方敏	《佳木斯职业学院学报》	2017年第11期
44	《全域旅游视域下抚州市休闲农业与乡村旅游开发研究——以临川仙盖山农业观光园为例》	许修挺	《大众标准化》	2019年18期
45	《生态旅游产业可持续发展研究》	陶表红	博士学位论文，武汉理工大学	2012年
46	《文化旅游产品开发模式及整合对策研究——以抚州市为例》	熊文平	《当代经济》	2016年第14期
47	《新常态下影响江西乡村生态文化游需求的因素分析——以抚州为例》	李羽飞 李励宇	《现代经济信息》	2018年第24期
48	《迎接抚州旅游产业发展的春天》	本报评论员	《抚州日报》	2014年4月1日
49	《长江中游城市群旅游空间结构研究》	徐佳婧	硕士学位论文，华中师范大学	2016年

续表

序号	标题	作者	出处	刊发时间/期数
50	《做大做强抚州旅游产业的思考》	黄耀波	《光华时报》	2012年3月16日

附3 抚州品牌与传播研究文章索引清单

序号	标题	作者	出处	刊发时间/期数
1	《才子之乡 凤凰展翅——江西省抚州市打造文化生态名城见闻》	聂贝妮 聂爱平	《老区建设》	2008年第13期
2	《"寻梦·牡丹亭"实景演艺项目的品牌运营探究》	曾佳颖	《北极光》	2020年第1期
3	《城市文化品牌的塑造与传播研究——以抚州市打造"汤显祖"为核心的城市文化品牌为例》	侯丽娟	《老区建设》	2016年第24期
4	《城市文化塑造中的新闻传播——以抚州市重推汤显祖文化创国家历史文化名城为例》	谢平	《新闻研究导刊》	2020年第20期
5	《传承文化血脉 打造旅游品牌 守护精神家园——抚州市人大常委会古镇古村保护开发情况调研纪实》	彭敏群	《时代主人》	2012年第11期
6	《打好汤显祖品牌 推动中华优秀传统文化走出去——在江西抚州的调研与思考》	萧大维	《思想政治工作研究》	2018年第4期
7	《抚州城市感官品牌传播策略的研究》	彭志红	《现代商业》	2014年第33期
8	《抚州市地理标志产品的发展现状及对策研究》	邹静	《老区建设》	2018年第18期

续表

序号	标题	作者	出处	刊发时间/期数
9	《基于政府管理视角的抚州市文化旅游品牌建设对策研究》	李佳	硕士学位论文，南昌大学	2019年
10	《抢抓向莆铁路开通机遇 打造抚州旅游品牌》	黄小刚	《抚州日报》	2013年12月31日
11	《如何发挥历史名人的当代对外传播效应——江西抚州打好汤显祖"国际牌"》	崔远程 涂中平	《对外传播》	2017年第1期
12	《试论博物馆在传播区域文化中的积极作用——以抚州市博物馆"临川文化展"为例》	章伟云	《东华理工大学学报（社会科学版）》	2012年第2期
13	《网络视阈下抚州傩文化传播研究》	黄振华 李惠惠	《现代职业教育》	2015年第22期
14	《文化旅游品牌发展与提升——以抚州文化旅游品牌为例》	熊文平	《当代经济》	2019年第2期

附4 汤显祖及其作品研究文章索引清单

序号	标题	作者	出处	刊发时间/期数
1	《"临川四梦"文学渊源探讨》	赵山林	《文学遗产》	2006年第3期
2	《〈临川四梦〉与元杂剧的文体因缘》	程芸	《文学遗产》	2006年第6期
3	《〈牡丹亭〉评点本、改本及选本研究》	张雪莉	博士学位论文，复旦大学	2010年
4	《〈牡丹亭〉王思任评点本研究》	明晶	硕士学位论文，湖北大学	2017年

续表

序号	标题	作者	出处	刊发时间/期数
5	《〈牡丹亭〉引"经"研究》	陈思杨	硕士学位论文,四川外国语大学	2018年
6	《不老的汤翁 永远的戏都》	陈福生	《抚州日报》	2017年10月11日
7	《"临川四梦"传播研究》	翟笑千	硕士学位论文,河南大学	2017年
8	《〈牡丹亭〉的传播研究》	王燕飞	博士学位论文,上海戏剧学院	2005年
9	《〈牡丹亭〉海外传播研究》	段仁婷	硕士学位论文,浙江师范大学	2019年
10	《〈牡丹亭〉在文学史上的经典化》	朱万曙 秦军荣	《抚州日报》	2017年9月13日
11	《"一带一路"倡议与汤显祖文化传播的相互影响》	周鑫琴 廖华英 陈彩芬	《长春教育学院学报》	2019年第12期
12	《传播学视野下的〈牡丹亭〉》	陈宁	硕士学位论文,陕西理工学院	2012年
13	《从"临川四梦"到〈临川梦〉——汤显祖与蒋士铨的精神映照和戏曲追求》	杜桂萍	《文学遗产》	2016年第4期
14	《抚州旅游:做足汤翁文章 突出名人生态》	陈云斐	《光华时报》	2016年10月28日
15	《弘扬汤显祖 抚州有担当——在2016年中国·抚州汤显祖剧作展演暨国际高峰学术论坛开幕式上的致辞》	张鸿星	抚州市人民政府、东华理工大学、中国戏曲学会汤显祖研究分会.汤学聚珍——2016年中国·抚州汤显祖剧作展演暨国际高峰学术论坛论文选集	2016年

续表

序号	标题	作者	出处	刊发时间/期数
16	《弘扬汤显祖戏剧文化 打造全域性旅游胜地》	陈福生	《抚州日报》	2017年6月21日
17	《激活传统 感受传承——"江西抚州纪念汤显祖逝世400周年文化活动"的感官体验构建》	孙冬宁 黎珏吟	《艺术评论》	2016年第7期
18	《论"临川四梦"对唐代相关小说的改编》	吕贤平	硕士学位论文，暨南大学	2004年
19	《"临川四梦"戏曲文化旅游演艺产品开发探析》	刘宇	《旅游纵览（下半月）》	2016年第18期
20	《民俗视角下"临川四梦"研究》	饶亚男	硕士学位论文，南昌大学	2014年
21	《汤显祖戏曲资源的影视产业开发——以〈牡丹亭〉为例》	姚馨灵	《湖北工程学院学报》	2016年第5期
22	《浅探"临川四梦"演出传播中的不均衡现象》	王省民	《当代戏剧》	2010年第2期
23	《让抚州"汤学"研究走向世界》	明华	《抚州日报》	2016年2月1日
24	《首届汤显祖文化戏剧节文化传承与创新论坛交替传译实践报告》	左悦	硕士学位论文，广西师范大学	2018年
25	《汤显祖"临川四梦"中的民族文化理念纵论》	黎羌 宋华燕	抚州市人民政府、东华理工大学、中国戏曲学会汤显祖研究分会.汤学聚珍——2016年中国·抚州汤显祖剧作展演暨国际高峰学术论坛论文选集	2016年

续表

序号	标题	作者	出处	刊发时间/期数
26	《汤显祖的"梦幻剧场"及其人文关照》	焦凤翔	《甘肃高师学报》	2007年第6期
27	《汤显祖岭南诗研究》	罗畅	硕士学位论文,海南师范大学	2017年
28	《汤显祖咏物诗研究》	张洪晋	硕士学位论文,燕山大学	2020年
29	《汤显祖与晚明曲坛》	吴凤雏	抚州市人民政府、东华理工大学、中国戏曲学会汤显祖研究分会.汤学聚珍——2016年中国·抚州汤显祖剧作展演暨国际高峰学术论坛论文选集	2016年
30	《"临川四梦"典故研究》	姬宜辰	硕士学位论文,福建师范大学	2018年
31	《"临川四梦"神话意象研究》	庞钦月	硕士学位论文,渤海大学	2014年
32	《"临川四梦"释梦》	郑越	硕士学位论文,青海师范大学	2019年
33	《"临川四梦"文本之砌末研究》	黄薇	硕士学位论文,曲阜师范大学	2020年
34	《"临川四梦"引诗研究》	韩江	硕士学位论文,山西师范大学	2013年
35	《"临川四梦"与赋体文关系研究》	郭慧茹	硕士学位论文,山西师范大学	2015年
36	《从"临川四梦"看汤显祖讽世意识的演变》	黄三平	《兰台世界》	2011年第25期

续表

序号	标题	作者	出处	刊发时间/期数
37	《情，梦，幻——汤显祖人生与戏曲研究初探》	毛小曼	硕士学位论文，郑州大学	2004年
38	《汤显祖"临川四梦"的讽世内容与讽世特征》	黄三平 许宪国	《求索》	2012年第8期
39	《汤显祖"情分善恶"在"临川四梦"中的体现》	孟令阳	硕士学位论文，东北师范大学	2018年
40	《汤显祖"至情"文论观研究》	公维玲	硕士学位论文，辽宁大学	2011年
41	《汤显祖唯情美学思想研究》	吴锐	硕士学位论文，湖南师范大学	2016年
42	《汤显祖文学思想的人性意识》	张祥丽	硕士学位论文，新疆大学	2010年
43	《汤显祖序体文研究》	辛玮	硕士学位论文，闽南师范大学	2019年
44	《晚明佛教与汤显祖"情至"文学创作的关联研究》	柳旭	博士学位论文，吉林大学	2016年
45	《戏剧文学巨匠——汤显祖》	周育德	《江西日报》	2015年9月24日
46	《"临川四梦"当代昆曲改编研究》	孔亚楠	硕士学位论文，湖南师范大学	2016年
47	《临川"四梦"与中国戏曲演剧结构》	龚国光	《江西社会科学》	2001年第1期
48	《汤显祖戏曲作品中的梦幻艺术》	寇涛	《文学界（理论版）》	2010年第5期
49	《以临川四梦为例看汤显祖的"至情论"戏剧思想》	李法亮	硕士学位论文，江西师范大学	2016年
50	《以人传戏 以戏传人——〈临川梦〉对〈牡丹亭〉的文化建构探究》	吉灵娟	《四川戏剧》	2019年第11期

续表

序号	标题	作者	出处	刊发时间/期数
51	《译者行为批评视域下汪榕培〈临川四梦〉英译研究》	温湘频 吴立溪	《戏剧之家》	2019年第33期
52	《因为这一片至情——在2016年中国·抚州汤显祖剧作展演暨国际高峰学术论坛闭幕式上的致辞》	傅云	抚州市人民政府、东华理工大学、中国戏曲学会汤显祖研究分会.汤学聚珍——2016年中国·抚州汤显祖剧作展演暨国际高峰学术论坛论文选集	2016年

附5 抚州文化研究文章索引清单

序号	标题	作者	出处	刊发时间/期数
1	《"临川文化"的概念、内涵、外延二题——临川文化的个性特征》	周世泉 廖应生	《抚州师专学报》	1994年第4期
2	《"临川文化"的概念及其命名考略》	周世泉	《抚州师专学报》	1991年第4期
3	《"顺势而为" 推动抚州文化产业跨越发展》	段高辉	《抚州日报》	2016年11月2日
4	《把抚州打造成文化产业发展强市——抚州文化产业发展方略研究》	罗崇辉 周茵	《东华理工大学学报(社会科学版)》	2013年第4期
5	《从世界性民族性区域性看抚州千年文化价值》	陈福生	《抚州日报》	2015年10月13日
6	《抚州非物质文化遗产特征及其旅游开发》	刘宇 何小芹	《东华理工大学学报(社会科学版)》	2014年第4期

续表

序号	标题	作者	出处	刊发时间/期数
7	《抚州古村落传统文化的保护与利用》	余晟华 吴文新 倪振泷	《东华理工大学学报（社会科学版）》	2018年第1期
8	《抚州历史名人文化旅游资源开发研究》	熊文平	《边疆经济与文化》	2019年第3期
9	《抚州历史文化资源与旅游产业融合发展研究》	徐正华	《当代经济》	2019年第10期
10	《抚州民歌中小调音乐艺术特征及演唱处理研究》	陈骞	硕士学位论文，江西师范大学	2019年
11	《抚州傩戏的网络传播研究》	李惠惠 黄振华	《戏剧之家》	2015年第24期
12	《抚州傩戏演制与文化内涵》	章军华	《东华理工大学学报（社会科学版）》	2009年第2期
13	《抚州市中医药发展规划（2016—2025年）》		《抚州日报》	2017年7月5日
14	《抚州特色戏曲文化发展中的政府作用研究》	郝琴	硕士学位论文，江西财经大学	2018年
15	《基于GIS技术的赣鄱古代书院和文化名人时空分布特征分析》	曾莹	硕士学位论文，江西师范大学	2012年
16	《江西非物质文化遗产保护利用与产业发展研究》	王志平	博士学位论文，南昌大学	2013年
17	《江西抚州非物质文化遗产保护与旅游开发研究》	韩双斌	硕士学位论文，南昌大学	2007年
18	《江西抚州农村傩文化及其旅游开发探析》	廖夏林 金卫根 金奕敏	《农业考古》	2010年第6期
19	《江西南丰傩文化传播研究》	高海桂	硕士学位论文，河北大学	2013年

续表

序号	标题	作者	出处	刊发时间/期数
20	《江西傩文化遗产特别权力保护模式的探讨——以江西省抚州傩文化保护为例》	余燕 黄胜开	《农业考古》	2011年第4期
21	《临川古戏台研究》	肖爱民	硕士学位论文，江西师范大学	2006年
22	《临川民歌——盘歌的艺术魅力》	吴凡	《东华理工大学学报（社会科学版）》	2011年第3期
23	《临川民间彩词探析》	张发祥	《东华理工大学学报（社会科学版）》	2011年第2期
24	《临川文化古今谈》	蒋建农	中国现代史学会、中国现代文化学会、中共抚州市委、中国现代文化学术研讨会论文集	2005年
25	《临川文化旅游开发研究》	熊文平	硕士学位论文，江西师范大学	2011年
26	《临川文化研究谱新篇——〈临川文学史〉出版面世》	周旺	《抚州师专学报》	1998年第4期
27	《临川文化研究与发展趋势综论》	章军华	《东华理工大学学报（社会科学版）》	2008年第3期
28	《临川文化中的地域性色彩在旅游环境建设中的应用研究》	曹幸 昌毅	《九江学院学报（社会科学版）》	2017年第3期
29	《论抚州历史文化的传承路径》	何建华 王丹 李梦嫄	《老区建设》	2018年第8期
30	《明代抚州书院述略》	张发祥	《东华理工大学学报（社会科学版）》	2013年第4期
31	《明清时期临川士绅与地方社会》	朱琳	硕士学位论文，南昌大学	2011年

续表

序号	标题	作者	出处	刊发时间/期数
32	《浅谈"临川文化"概念的表述》	赵昭	《抚州师专学报》	1994年第4期
33	《浅议古代抚州书院的祭祀》	张发祥	《东华理工大学学报（社会科学版）》	2018年第4期
34	《情系临川文化——抚州师专80年代以来临川文化研究综述》	张世俊 黄建荣	《抚州师专学报》	1996年第2期
35	《融入地方文化 凸显学报特色——东华理工大学学报（社会科学版）与"临川文化研究"》	王菊梅 宋秀珍	《东华理工大学学报（社会科学版）》	2008年第4期
36	《书院与理学文化对当代区域文教发展作用的调查研究》	孔德通	硕士学位论文，江西师范大学	2016年
37	《推进文化产业发展需要加快政府管理创新——以江西省抚州市为例》	黄义华	《今日中国论坛》	2013年第5期
38	《为"戏都"抚州的文化实践叫好！》	袁莉	《中国文化报》	2017年10月20日
39	《文化自信的造型表达》	沈华耀	硕士学位论文，中国艺术研究院	2017年
40	《重塑江南名镇风采 再创抚州书乡辉煌》	周国富	《抚州日报》	2012年4月7日

附6 抚州其他文学与文人研究文章索引清单

序号	标题	作者	出处	刊发时间/期数
1	《"格套""脱套"与明清传奇的创作》	梅珩	硕士学位论文，中国艺术研究院	2018年

>> 附件 抚州文艺作品研究文章索引清单 <<

续表

序号	标题	作者	出处	刊发时间/期数
2	《"临川二谢"交游考及交游诗研究》	黄玉林	硕士学位论文,江西师范大学	2016年
3	《"临川二谢"诗词研究》	王维亚	硕士学位论文,东华理工大学	2014年
4	《北宋临川王氏家族及文学考论:以王安石为中心》	汤江浩	博士学位论文,福建师范大学	2002年
5	《北宋末临川诗人群体及其文学史意义》	伍晓蔓	《文学遗产》	2007年第5期
6	《曾巩的交游与创作》	余丽	硕士学位论文,南昌大学	2016年
7	《江西宗派研究》	伍晓蔓	博士学位论文,四川大学	2004年
8	《临川二谢(谢逸、谢薖)词比较》	王维亚	《湖南科技学院学报》	2013年第3期
9	《凌寒独自开,为有暗香来》	刘洋	硕士学位论文,内蒙古大学	2005年
10	《论临川文学家对制义的独特贡献》	高琦 李小兰	《淮阴师范学院学报(哲学社会科学版)》	2000年第5期
11	《明代抚州府作家研究》	王钦华	硕士学位论文,上海师范大学	2009年
12	《浅谈王安石对传统词的改革》	郭瑞林	《湖南科技大学学报(社会科学版)》	1998年第1期
13	《宋代"临川四才子"诗歌研究》	孙运萍	硕士学位论文,辽宁师范大学	2018年
14	《宋代江南路文学研究》	王祥	博士学位论文,复旦大学	2004年
15	《宋代江西文化地理研究》	刘锡涛	博士学位论文,陕西师范大学	2001年

续表

序号	标题	作者	出处	刊发时间/期数
16	《宋代江西文学家的地域分布及其文学影响》	詹伟强	硕士学位论文，江西财经大学	2009 年
17	《宋代南丰曾氏与文学》	包忠荣	硕士学位论文，南昌大学	2006 年
18	《宋代诗社与江西诗派》	陈小辉	《西南交通大学学报（社会科学版）》	2016 年第 2 期
19	《王安石、王安礼诗文创作比较》	杨安邦	《抚州师专学报》	2001 年第 2 期
20	《王安石诗文言志思想研究》	史俊杰	硕士学位论文，青海师范大学	2017 年
21	《王安石唐诗学研究》	张培	博士学位论文，河南大学	2014 年
22	《王安石易学与诗学》	华夏	硕士学位论文，北京第二外国语学院	2018 年
23	《王安石与佛教》	张煜	博士学位论文，复旦大学	2004 年
24	《熙丰文化背景下的临川三王诗歌研究》	王苑	硕士学位论文，山东师范大学	2015 年
25	《谢逸词研究》	朱开校	硕士学位论文，山东师范大学	2010 年
26	《谢逸诗歌研究》	向文燕	硕士学位论文，湖南大学	2015 年
27	《晏殊的籍贯和出生地小考》	涂木水	抚州师专学报	2001 年第 1 期
28	《晏殊诗文校注》	王翠莲	硕士学位论文，广西师范学院	2013 年
29	《游子·寓贤：元末明初流寓江南的江西文人研究》	陈青松	博士学位论文，南开大学	2014 年
30	《元代江西抚州文人群体论略》	李超	《曲靖师范学院学报》	2015 年第 4 期